朝鮮総督府官僚の統治構想

李　炯　植　著

吉川弘文館

目次

序　論

1　研究の対象

植民地期の朝鮮の歴史を理解するためには、朝鮮史、日本の対外政策史、国際関係史といった数多くのアプローチが存在する。本書は、この中でも、日本の朝鮮に対する諸政策に焦点をあて、その実務を担った朝鮮総督府の官僚の政治的役割と諸構想を明らかにするものである。植民地統治のあり方は、植民地の政治過程――植民地権力と民族独立運動との間で行われた弾圧・同化・懐柔・妥協・交渉という様々な政治を含む――によって規定されるのと同様に[1]、日本の国内政治からも大きな影響を受けざるを得なかった。朝鮮統治政策においては、支配政治勢力が対立、競合、妥協するなかで立案された政策が一方的に貫徹されるのではなく、その実行過程において、被支配者から反発、抵抗、交渉（バーゲニング）というフィードバックを通じて変容しつつ実行されたり、または挫折したりすることになる。朝鮮統治政策に影響を及ぼす支配ブロックとしては朝鮮総督府、朝鮮軍、在朝鮮日本人、議会、内閣、軍部、宮中グループ、天皇などの諸勢力が挙げられる[2]。日本の植民地統治において内閣や議会の介入は決して無視できないが、表1で提示したごとく、他の欧米列国の植民地に比べると、植民者（在朝日本人）の影響力が微弱であったのみならず、被支配者（朝鮮人）の政治参加が極度に制限された政治空間の中で、植民地統治機構および植民地官僚は強大な権限をもつようになった。

表1　植民者の特権の比較

	統治体制への植民者の高い統合程度	統治体制への植民者の低い統合程度
植民者特権の高い制度化	ローデシア　西南 アルジェリア ケニア モザンビーク	アフリカ ナチ イースト
植民者特権の低い制度化	北アイルランド	満洲 朝鮮 台湾

Caroline Elkins・Susan Pedersen, *Settler Colonialism in the Twentieth Century: Projects, Practices, Legacies*（New York: Routledge, 2005）5頁.

しかしながら、一九八〇年代までの植民地政治史の研究は、植民地権力（日本帝国主義）対民族独立運動という二項対立的な分析の枠組みによって、言い換えれば、植民地内部に視野を限定する形で行われ、植民地権力そのものに対する分析は抜け落ちがちだった。そのため、植民地政策決定過程に対する分析が欠落することとなり、政策を立案した総督府官僚がいかなる政策意図を持ち、立案した政策が民族運動を含む諸政治勢力との政治力学の中で、いかに修正、変更され決定されたか、またそれがいかなる政治的な意味合いをもっていたのかについての分析は、いまだ十分とはいえない。

一九九〇年代に入ってから、このような研究事情は少しずつ改善されつつあった。支配政策決定過程やそこでの諸政治勢力の役割についての分析が蓄積されてきた。その結果、支配政策と内地政界との相互関係や朝鮮総督府と「内地」の政策諸集団との、必ずしも一枚岩ではない支配層内部の相剋・妥協の過程が明らかになりつつある[3]。さらに最近では支配ブロックの一員として植民地朝鮮に居住する日本人が注目され、植民地支配における彼らの役割や動向が解明されつつある[4]。

このように、日本の植民地支配政策の研究が蓄積されていく中で、日本の植民地官僚に対する関心が高まってきた。二〇〇四年から三年間続いた国際日本文化研究センターの「日本の朝鮮・台湾支配と植民地官僚」に関する共同研究は二〇〇七年二月、国際シンポジウムを開催し、その成果として二〇〇八年論文集を発刊した。韓国では成均館大学の東アジア学術院が中心になって共同研究を進めてきた。朝鮮における植民地官僚に関する先行研究については、すでに松田利彦氏が整理しているので、(5) 本書では本書と直接関わる研究や最近新しく発刊された研究書に絞って検討することにしたい。

木村健二氏は、一九二〇年代における朝鮮総督府の経済官僚について、その人事や政策を、内地政界との相関関係から検討した。(6) 木村氏は、当該期の人事の特徴を、党派、出身地、学校などの事情によるとし、二大政党の政権交代に伴って総督・政務総監から部局の課長クラスにいたるまで激しく交替したと論じている。総督府人事における政党政治の影響の度合については再論の余地がある。

岡本真希子氏は、日本の植民地統治の担当者である朝鮮、台湾総督府の組織、制度、人事を解明した。(7) 植民地と本国との間に位置する植民地官僚の存在を検討して民族問題と植民地官僚の複雑な相関関係を明らかにした。だが、官僚が残した回想録や伝記についてはあまり利用していないため人事異動が持つ政治的意味や総督府の内部権力構造が十分に解明されていないだけではなく、制度と人事異動を中心とした分析のため、実際の政策との関連性についてはあまり分析がなされていない。(8)

最後に、松田利彦氏は、朝鮮総督府官僚の半分以上を占めている警察官僚を研究対象とした。(9) 松田書は保護国期、武断統治期、文化統治期、一九三〇年代前半期、戦時期と分け、それぞれの警察制度下での抗日対策と対民衆政策を鳥瞰した、植民地警察に関する本格的な研究書である。また同書は、朝鮮民衆の生活に隈なく浸透しただけなく、「警察の民衆化」、「民衆の警察化」に代表される対民衆統合政策を駆使しながら、植民地支配を貫徹させる姿を緻密に分析している。このような分析は、弾圧一辺倒の警察という先行研究の警察像を大きく修正した。

このような成果にもかかわらず、今までの植民地研究は、必ずしも表に表れない植民地官僚の役割に十分に注目してこなかった。その結果、朝鮮統治を管轄する最高の統治機構である朝鮮総督府や朝鮮総督府官僚が朝鮮統治政策決定過程においてどの程度の権限をもっていたのか、植民地官僚や官僚制がいかに多様な変化を遂げていったか、そのなかで彼らの意識や行動はどのように変容し、それが植民地統治政策にどのように反映されていったかという基本的な分析が大幅に欠落し、それが植民地時代全体の理解に対しても大きな障害となってきたといえるだろう。本書ではこの欠落を埋めるため、また「植民地政治史」を解明するための一つの試みとして、武断統治期と文化統治期の総督府官僚に注目しながら、本国と総督府の政治関係を扱うことで、日本と植民地の相関関係の解明を試みたい。本書で主な研究対象とする朝鮮総督府官僚は、政策決定に大きな影響力を持つ日本人高等官に限定する。

2　日本の植民地官僚の特徴

諸外国の植民地支配と比較した場合、植民地官僚制にあらわれる日本の植民地支配は次のような特徴をもっていた。まず、欧米の植民地官僚に比べ、日本の植民地の場合は、植民地官庁に多数の官僚を抱えていたという点である。末端官僚までを含む大勢の官僚を送り込み、徹底的な末端支配を貫徹させようとするスタイルが日本植民地支配の特徴である。[10] 植民地朝鮮は、フランスの植民地アルジェリアを除くと世界最大の移住植民地であり、植民者の中で植民地官僚が占める比率が圧倒的に高い。

第二に、植民地帝国日本は、他の欧州列強などと異なり、専門的に植民地官僚を養成することなく、内地からの転任によって賄っていた。英国では、ＩＣＳ（Indian Civil Service）やＣＡＳ（Colonial Administrative Service）と呼ばれる、オックスフォード大学ないしケンブリッジ大学を優秀な成績で卒業し、さらにきわめて難度の高い文官高等試験を突破したエリート官僚集団が植民地統治の中核となっていた。[11] フランスでは、官僚の任用について英国ほど厳密ではなかったが、植民地官吏育成学校（École Coloniale）で、植民地統治に必要な特別教育を施して植民地に送り込んだ。[12] このような事例と比較してみる際、日本の植民地官僚の場合は、現地語を習得せず、植民地に対する知識が全くない状態で、植民地に赴任したという点が目につく。[13]

第三に、欧米列強型の支配とは違い、植民地帝国日本の植民地支配では、一九二九年の拓務省設置まで、中央政府に本格的な植民地統治機関が置かれなかった。特に朝鮮では総督に大きな権限が与えられ、本国政府による一元的・体系的な支配は行われなかった。内地の諸政治勢力から掣肘を受けなかったわけではないが、他の植民地に比べても、朝鮮総督は立法・行政・司法にわたる強大な権限を持っており、その専制性が著しい。[14] したがって、朝鮮総督の「相対的な自立性」の下で、[15] 植民地朝鮮の政策決定過程においては、官僚の権限や裁量は日本本国以上に大きな意味を持つことが予想される。

第四に、朝鮮総督府官僚は、イギリスやフランスの植民地官僚とは違い、定住性が強い。[16] すなわち、朝鮮で官僚生活を始めた官僚の大部分が朝鮮で官僚生活を終え、退任後朝鮮総督府と関連した国策会社に再就職する官僚が少なくなかった。そのためか、彼らは朝鮮と本国の利害関係が対立する際、朝鮮の特殊事情と朝鮮総督の「総合行政権」[17] を武器に、地域としての朝鮮を代弁した場合が多い。[18]

このように、日本の植民地官僚でありながらも、同時に永住者として植民地朝鮮と特殊な利害関係を持っている彼らの内地官僚や在朝日本人とは違うメンタリティーを理解しなければ、植民地帝国日本の複雑な緊張関係は説明できない。[19]

3　分析視角と研究方法

本書は上記の先行研究を踏まえて、次の三点を本論文の課題として設定したい。

（1）本国政治史との相関関係（朝鮮総督の政治的位置）

本書の基本的な枠組みは、朝鮮対日本という二項対立的な図式ではなく、朝鮮社会・朝鮮総督府・日本という三角関係の中で日本の統治政策を解明しようとするものである。ゆえに、朝鮮社会と朝鮮総督府という関係だけではなく、その背後にある朝鮮総督府と日本本国との関係や、日本本国の朝鮮観、朝鮮統治構想といった点についても明らかにする。朝鮮統治政策は、植民地社会の様々な主体（支配者と被支配者、在朝日本人……）のみならず内地の政治勢力が参入するなかでつくられたものである。しかしいままでの植民地研究においては、植民地権力を過大に評価するあまり、植民地政策が、強大な権限を持つ朝鮮総督を頂点とする朝鮮総督府によって立案され、実行・貫徹されたというイメージが未だに色濃く残っている。だが、朝鮮総督府は本国の諸政治勢力から全く何の掣肘も受けずに独立的に存在しつづけたわけではない。とりわけ一九二〇年代には植民地帝国日本の統合の中心勢力として政党が本格的に植民地に進出し、政党主導の植民地統治を実現しようとした[20]。すなわち、植民地―国内双方における政治過程を統一的にとらえることによって、日本の植民地統治のあり方をより立体的・構造的に描き出す必要がある。本書は本国と総督府の政治関係を扱うことで、日本史と植民地史が個別に扱われてきた研究のあり方を変え、本国―植民地の相関関係を解明したい。

（2）朝鮮総督府の権力構造

第一次世界大戦後の日本の朝鮮統治政策は、第二次世界大戦期の「皇民化政策」から遡及して直線的に理解される傾向がある。だが、実際には、植民地支配の担い手である朝鮮総督府ですら一枚岩とはいいがたく、様々な政策構想や国際環境が交差するなかでの、試行錯誤の連続であった。たとえばいわゆる文化統治時代、内務省出身官僚と「生え抜き官僚」は、日本の制度や法律を朝鮮にそのまま適用する内地延長政策をめぐって対立した。また南次郎総督在任期間には、大野緑一郎政務総監を初めとする満洲国出身官僚と「生え抜き官僚」が、創氏改名に代表されるいわゆる「皇民化政策」や戦時統制をめぐって激しく対立した。[21]また朝鮮言論界は寺内総督時代を「児玉政治」、水野錬太郎政務総監時代を「守屋政治」、有吉忠一政務総監時代を「大塚政治」、下岡忠治政務総監時代を「下岡政治」、湯浅倉平政務総監時代を「斎藤政治」と呼んだように、[22]各時期ごとに中心的な役割を果たしている官僚が存在し、彼らの政策や統治観は総督府の政策基調にも反映された。本書はとうてい一枚岩とはいえない総督府内部の権力構造に注目しながら、朝鮮総督府官僚の植民地政策における役割を解明する。

（3）植民地官僚の政策観・帝国意識の摘出

朝鮮総督府は内務省出身、大蔵省出身など様々な出身背景をもつ官僚から構成されていたが、[23]本書ではその中でも「生え抜き」官僚に注目したい。本書でいう「生え抜き官僚」とは、統監府時代から朝鮮に在職していた者や、高級官僚としての経歴を朝鮮でスタートさせ、官僚人生の大部分を朝鮮で送った日本人高級官僚群を指している。植民地社会では衆議院議員選挙法が実質的に敷かれず、「民意」の反映がきわめて制限され、本国とは異なる政治空間の中で朝鮮総督府官僚が異民族統治の担い手になり、本国官僚とは比べものにならない強大な権力を振るう。彼らのほとんどは朝鮮で官僚生活を終え、朝鮮で天下り、在朝日本人の最上層部を形成することで、内地延長を主張する内務省出身官僚などとは異なる植民地官僚としての独特な官僚意識や行動パターンを形成するようになる。

彼らは朝鮮と内地との利害が対立した際、朝鮮の特殊事情や朝鮮総督の「総合行政権」を引き合いに出して朝鮮の利害を代弁するケースが多い。本研究は「生え抜き」朝鮮総督府官僚の土着性に注目しながら、「生え抜き」朝鮮総督府官僚が、現実をいかに認識し、いかなる政策を練り、何を契機として政策の転換を構想するようになったのか分析する。さらに異民族統治を担う朝鮮総督府官僚が普段は表に出すことのない意識、朝鮮統治観を一次史料の分析を通じて析出する。

本書は官僚人事、統治政策、統治政策をめぐる議論からあらわれる統治構想の三側面を中心として分析する。内地の政争に対して超然的な立場をとろうとした朝鮮総督府は、一九二〇年代に入ってから、内閣による人事、予算、政策などを通じた朝鮮統治全般への干渉に直面する。その中で朝鮮総督府の人事は、内閣の交替とほぼ連動して行われていたので、総督府人事は朝鮮統治政策と密接な関係を持っているといえるだろう。

日本の官僚制度における植民地官僚の人事は、極めて個人的な色合いの濃い人間関係のなかで決定された側面が強い。そのため一見些細なことに見える人脈関係も、政策の決定や政策の実行の過程では無視できないファクターとして作用する。[24] 特に総合行政機構であった朝鮮総督府は、様々な出身背景を持っている官僚から構成されており、彼らは必ずしも同一の朝鮮統治観を持っていたわけではないので、官僚の個人個人のキャリアや朝鮮統治観が統治政策に反映されただろう。官僚たちの様々な朝鮮統治観が統治政策とどのように結びつき、どのような統治構想を編み出したかについて、主に植民地居住者の政治参与を含む「帝国統合」という観点からとらえたい。

本書ではまた、総督府官僚や総督府周辺人物の様々な「朝鮮統治論」を言説として読み解く。本書では雑誌や論文など、当時の言論空間に現れた史料のほかに、政策主体の内部文書や回顧録を用い、そのなかで総督府官僚がどのような統治構想を持っていたかを分析し、表向きに語られた内容との落差を問題としていくことにしたい。具体的には、国会図書館憲政資料室所蔵の斎藤実文書、寺内正毅文書、さらに、研究者があまり利用してこなかった朝鮮関係資料である立花小一郎文書、大塚常三郎文書、関屋貞三郎文書、守屋栄夫関係文書、水沢市立斎藤実記念館所蔵の雑誌などを利用して植民地官僚の統治観を解明してみたい。

4　本書の構成

本書は七章からなる。第一章と第二章では主に一九一〇年代の武官総督時代をあつかうが、朝鮮総督府官僚の構成とその特徴を分析した上で、三・一運動を契機として植民政策の根本的な見直しが行われ、植民地政策に対する百家争鳴的な議論が噴出するようになる状況を描く。植民地官制改正を巡る各政治勢力のせめぎあいの中で、植民地官制改正に対する立場上の相違は朝鮮統治、三・一運動に対する善後策と絡んで、様々な形の根本的な朝鮮統治策として登場するが、その官制改正の政治過程と善後策において現れる統治構想を分析する。

第三章、四章は三・一運動を契機として生じた植民地政策の変化に着目し、内地延長政策を巡る総督府内部の議論、特に地方制度と朝鮮民事令改正を巡る新来官僚と「生え抜き官僚」の議論を中心とした統治構想の相違を明らかにする。

第五章、六章、七章は積極＝同化政策が日本の財政事情の悪化により行き詰まっていくなか、財政政策を巡る議論を中心として、朝鮮総督府が統治政策の転換を模索する過程を描く。また朝鮮統治の政党化が進展するなかで、民族運動の高揚と朝鮮統治の政党化の間に板ばさみになった朝鮮総督府の官僚が政策対案として構想した朝鮮自治論の背景、進行過程、およびその内容を解明する。

注

（1）　並木真人「植民地期朝鮮人の政治参加について―解放後史との関連において―」（『朝鮮史研究会論文集』第三一集、一九九三年一〇月)。

(2) 水野直樹「植民地支配政策史研究の現状と課題」(国際日本文化研究センター『世界の日本研究 二〇〇二—日本統治下の朝鮮：研究の現状と課題—』二〇〇三年)。

(3) 一九九〇年代の「本国・植民地間関係史」については、鳥海靖・松尾正人・小風秀雅『日本近現代史研究事典』(東京堂出版、一九九九年)三〇二頁の駒込武による整理を参照されたい。その後、支配政策と内地政界との相互関係についての研究が相次いだ。

(4) 代表的な研究としては、木村健二『在朝日本人の社会史』(未来社、一九八九年)、高崎宗司『植民地朝鮮の日本人』(岩波書店、二〇〇二年)、奇柔呈『일본인 식민사회의 정치활동과 '조선주의'에 관한 연구』(서울대학교정치학과박사논문、二〇一一年)、内田じゅん「植民地期朝鮮における同化政策と在朝日本人—同民会を事例として—」(『朝鮮史研究会論文集』第四一集、二〇〇三年一〇月)やUchida, Jun, *Brokers of Empire : Japanese Settler Colonialism in Korea, 1876–1945* (Harvard Univ Council on East Asian, 2011)と李昇燁「三・一運動期における朝鮮在住日本人社会の対応と動向」(『人文学報』第九二号、二〇〇五年三月)が挙げられる。

(5) 松田利彦「研究の現状 朝鮮における植民地官僚」(松田利彦・やまだあつし編『日本の朝鮮・台湾支配と植民地官僚』思文閣出版、二〇〇九年)を参照されたい。

(6) 木村健二「朝鮮総督府経済官僚の人事と政策」(波形昭一・堀越芳昭編『近代日本の経済官僚』日本経済評論社、二〇〇〇年)。

(7) 岡本真希子『植民地官僚の政治史』(三元社、二〇〇八年)。

(8) 岡本氏の著書に対しては、筆者の書評(『日本植民地研究』第二二号、二〇一〇年)を参照されたい。

(9) 松田利彦『日本の朝鮮植民地支配と警察』(校倉書房、二〇〇九年)。松田氏の著書に対しては、中沢俊輔の書評(『史学雑誌』第一一九編第四号、二〇一〇年四月)と筆者の書評と紹介(『日本歴史』第七五三号、二〇一一年二月)を参照されたい。

(10) 日本の支配下にあった朝鮮の状況を、フランスの支配下にあったベトナムと比較してみると、一九三七年、フランスは二九二〇人のフランス人行政官、一万七七六人のフランス軍、そして約三万八〇〇〇人からなるベトナム人官吏の補助部隊を

もって、人口一七〇〇万人のベトナムを支配した。同じ年日本は、公職もしくは専門職についている二四万六〇〇〇人の日本人と、日本人に従属するポストについている六万三〇〇〇人の朝鮮人職員をもって人口二一〇〇万の朝鮮を支配していた。インドにおけるイギリス人の支配機構やベトナムにおけるフランス人の支配機構に比べ、朝鮮における日本人のそれははるかに大きい（ブルース・カミングス著、鄭敬謨・林哲共訳『朝鮮戦争の起源』第一巻、シアレヒム社、一九八九年、四六―四七頁）。またオースタハメルは韓国に対する日本の行政的占領が非常にこまかく成り立ったことは植民社会構成員との「協力」をほとんど完全にあきらめた植民支配様式の一つの結果と説明している（ユルゲン・オースタハメル『植民地主義とは何か』論創社、二〇〇五年、一三四頁）。さらに、韓国の代表的な政治学者崔章集氏は、日本の植民地支配下で過大成長した国家機構が、以後、米軍政下でまた強化され、過大成長国家として民衆部分を抑圧し、資本蓄積を保証したという過大成長国家論を提示した（최장집『현대한국정치의 구조와 변화』까치、一九八九年）。

（11）浜渦哲雄『英国紳士の植民地統治―インド高等文官への道―』（中央公論社、一九九一年）や本田毅彦『インド植民地官僚―大英帝国の超エリートたち―』（講談社、二〇〇一年）を参照されたい。

（12）須具脩一「印度支那の佛蘭西官吏制度」（『法学論叢』第四七巻第五号、一九四二年）や Willian B. Cohen, *Rulers of Empire: the French Colonial Service in Africa* (Hoover Institution Press, 1971) を参照されたい。ちなみに、オランダの場合は、デルフトにある官立大学に植民官吏養成所（The Royal Academy at Delft）やライデンにインド学校（The State School at Leyden）などを設置して植民地地理と現地語に関する事前教育を実施したのみならず、インドネシア司法官僚の場合はイスラム法の博士号所持を資格要件とした（A. Lawrence Lowell, *Colonial Civil Service—The Selection and Training of Colonial Officials in England, Holland and France* (New York; London: Macmillan, 1900, 第二章を参照されたい）。

（13）植民地専門官僚の育成に関する議論がなかったわけではない。例えば、法制局参事官江木翼（後拓殖局部長）は、「我殖民地に対しても原則として普通任用の制を用る可成学校卒業後又は官吏試験直後直に任用し任用の後は之に特別の教育を施すを以て宜しきに適したるものなりと信ず」と主張している（江木翼「殖民地官吏の養成及任用」『国家学会雑誌』第二二巻第三号、一九〇八年三月、後に『殖民論策』聚精堂、一九一〇年所収）。

（14）橋谷弘「近代日本は植民地で何をし、何を残したか」（佐々木隆爾編『争点　日本の歴史』第六巻、新人物往来社、一九九一年）。イギリスは早くから中央政府に植民省（一八五四年）や印度省を設置して植民地政府を統制しており、英国議会もまた植民地に関する立法権を持っていたのみならず、植民地における最高裁判所は本国に設置された。フランスの場合、一八九四年植民省を設置したものの、機能を十分に発揮できなかったが、第一次世界大戦以後次第に植民地に対する統制を強化していった。フランス政府と植民地政府との関係については David Calvin Reynolds Heisser, *The Impact of the Great War on French Imperialism, 1914–1924* (Ph. D. diss., University of North Carolina, 1972) や David Archibald Leitch, *The Colonial Ministry and Governments - General in the French Empire before 1914* (Ph. D. diss., Cambridge University, 1985) を参照されたい。

（15） 朝鮮総督の権限と地位については、拙論「조선총독의 권한과 지위에 대한 시론」（『사총』第七二号、二〇一一年一月）を参照されたい。

（16） 英国人インド高等文官は、退職後大半が本国に帰って植民地と関連を結んでいる民間企業に再就職したという（前掲本田『インド植民地官僚―大英帝国の超エリートたち―』第三章三節［退官後の活動］を参照せよ）。インド高等文官はインドでの土地取得を禁止されており、インド行政庁は職務の頻繁な移動を通じて職務の忠実度を維持して、職員が地域有志として根をおろすのを防止したという（前掲ユルゲン・オースタハメル『植民地主義とは何か』一三二頁）。フランスの植民地官僚らは英国の官僚に比べて頻繁に勤務地を移しており、朝鮮総督府官僚に比べて定住性が落ちるという。

（17） 朝鮮総督は朝鮮地域の行政事務に関連した上奏と裁可を奏請する権限を持つ政務総括権をはじめとして出兵請求権、命令発布権、監督権、制令制定権、宮務権を持って朝鮮地域の行政事務を総括するという意味で、当時言論では「総合行政権」という用語が使われた（京城日報社『朝鮮年鑑』一九四四年、七〇―七一頁）、정안기「日本帝國의 군수행정과 朝鮮總督府의 군수동원정책―1943 년 軍需會社法의 朝鮮 施行問題를 중심으로」（『전시기의 조선경제』경제사학회 2009 년 연말 학술대회 논문집）。

（18） 地域としての「朝鮮」に注目した研究としては、一九二〇年代後半から一九三〇年代初めにかけて産業政策を巡って朝鮮の地域的利益を主張しながら、日本政府と対立した朝鮮総督府に注目した金済正『대공황 전후 조선총독부 산업정책과 조선인 언론의 지역성』（서울대학교국사학과박사논문、二〇一〇年）や在朝日本人の地域的な政治意識に注目した前掲奇『일본인 식민사회의 정치활동과 '조선주의'에 관한 연구』が挙げられる。

（19）　Frederick Cooper, Ann Laura Stoler, eds., *Tensions of Empire: Colonial Cultures in a Bourgeois World*（University of California Press, 1997）の序章“Between Metropole and Colony; Rethinking a Research Agenda”を日本の植民地統治に援用してみると、次のような緊張関係としてまとめられる。①日本人対朝鮮人、②帝国の中心対帝国の周辺、③朝鮮総督府対在朝日本人、④朝鮮総督府対中央朝鮮協会、⑤内地延長主義対植民地主義、⑥朝鮮総督府対朝鮮軍、⑦植民地国家対植民社会などコロニアルヘゲモニーをめぐる競争、競合、葛藤、対立、交渉、妥協する多面的且つ中層的な統治構造に注目する必要がある。

（20）　第一次世界大戦後、一九二〇年代以降、政党は日本の政治行政の中での重要性を高め、やがて日本の統治構造の中で統合の主体となる（三谷太一郎「政党内閣期の条件」中村隆英・伊藤隆編『近代日本研究入門』東京大学出版会、一九七七年、御厨貴『政策の総合と権力―日本政治の戦前と戦後―』東京大学出版会、一九九六年、一頁）。

（21）　水野直樹『創氏改名』（岩波書店、二〇〇八年）、拙論「南次郎総督時代における中央朝鮮協会」（『日本歴史』第七二〇号、二〇〇八年五月）を参照されたい。

（22）　石森久弥『朝鮮統治の批判』（朝鮮公論社、一九二六年）二三九頁。ちなみに南総督時代は塩原時三郎学務局長が中心的な役割を果たしている。

（23）　一九一〇年代には朝鮮総督府と内地との人事交流が盛んではなくなったが、三・一運動後、大規模の人事異動が行われ、内地から大勢の官僚が移入されることになる。木村健二氏は朝鮮総督府官僚を「本国招聘組」、「情実組」、「朝鮮総督府生え抜き組」、「残留組」と区分した。岡本真希子氏は武断政治期からの在勤者を「旧在来官吏」、「文化政治」期以降に赴任し朝鮮で在勤しつづける官吏を「新在来官吏」、その後随時に本国から直接投入される官僚を「移入官吏」として区分していた。また高等文官試験合格後まもなく朝鮮に赴任し朝鮮で官僚生活をスタートした官僚を「生え抜き官吏」として区分した。

（24）　岡本真希子「朝鮮総督府・組織と人」（『東洋文化研究』第四号、二〇〇二年三月）一六七頁。

第一章　寺内正毅総督在任期における統治構想

韓国併合から、一九一九年の三・一運動ののち、官制改革が行われ、武官総督制や憲兵警察制が廃止されるまでの時期は、一般に武断統治時代と呼ばれている。一九一〇年代のこの時期は、日本の朝鮮支配の法的・制度的整備が進み、財政的基盤がつくられた重要な時期であるが、にも関わらず、史料上の制約によって、植民地研究の中で一番研究蓄積が薄い時期でもある。この時期の朝鮮統治の特徴は、憲兵警察による治安維持、独立運動の弾圧、言論・出版・集会・結社などのあらゆる政治的自由の制限と、教育による民族文化の抹殺、土地調査事業による朝鮮人からの土地収奪、そして会社令に象徴される民族産業抑圧とされる。(1)このような指摘は植民地支配の抑圧性・暴力性を批判・告発するのには有効である。しかし、政策決定の経緯、その意図、実態など、植民地支配権力側の統治政策を構造的かつ立体的に把握するのには多少の限界がないわけでもないだろう。従って本章では、統治政策の本国との関連や朝鮮総督府の権力配置に注目しながら、第一次山本権兵衛内閣期に行われた官制改革、財政独立五ヵ年計画と一九一五年に制定された朝鮮伝染病予防令に注目したい。本章で特に山本内閣期の人事、官制改革、予算に注目するのは、これが三・一運動以後の朝鮮統治改革と密接に結びついていたと思われるからである。三・一運動以後の朝鮮統治改革は、山本内閣期に推し進められた一連の植民地政策を継承（植民地官制改正）したり修正（植民地財政独立）したりしたという性格をもっていた。山本内閣は大正政変後に噴出した反藩閥・反軍閥のエネルギーを利用し、一連の統治改革を推し進めたが、これに対して朝鮮総督府がいかに認識し、いかなる反応を見せたか、その動向を明らかにしたい。

また伝染病予防令をめぐる警務総監部と内務部との対立に注目し、山県伊三郎ら文官官僚と対比しながら、寺内派官僚が植民地の現実をいかに認識し、いかなる政策を練ろうとしたか、総督府内の多様な見解や構想を浮き彫りにしたい。史料としては『寺内正毅関係文書』、『立花小一郎日記』、『小橋一太日記』などを利用して官制改革と財政独立計画をめぐる内閣と内務省の動向を明らかにしたい。

一　総督府人事

①統監・副統監人事

一九〇九年七月、閣議で韓国併合の方針が決定され、政府はこの閣議決定に基づき併合準備を着々と進めていた。伊藤博文韓国統監の後任に就任した曽禰荒助は健康もすぐれず、翌年一月六日韓国駐箚軍司令官大久保春野大将より、無能であると非難されるなど、更迭は時間の問題であった。三月一七日、山県有朋は桂太郎首相に後任統監を内議し、四月五日、桂首相は寺内正毅陸相に韓国統監の就任を打診し[2]、承諾を得た。寺内は桂に面会し副統監を置くことを建言し[3]、五月一一日、元逓相で山県有朋の養子である山県伊三郎に韓国副統監への就任を交渉、五月一三日承諾を得る。予定通り五月三〇日付で曽禰が更迭され、一九一〇年六月陸軍大臣寺内正毅が統監に、副統監には山県伊三郎が就任した。

②総督府人事

山県副統監は寺内統監からの「内地よりの官吏の任用には有能なる人材を」との要望に応じて、候補者を物色する。山県有朋は、養子伊三郎に「韓国併合は、予の宿論なり。苟も現内閣の政策にして、予の宿論と一致する以上は、一路邁進、速に之を断行せざる可からず。又た韓国統監府の要部に於ける官吏は、予之を推薦すべきを以て、汝宜しく此の旨を体し、腹心の人物を率いて彼地に赴き、国家の為に努力せざる可からず」[4]と意見を述べ、人事異動への協力を約束する。山県副統監は総務局長として、最初逓相時代の次官であった仲小路廉に白羽の矢を立てたが、仲小路が「千思万考」[5]の末、辞退すると千葉県知事有吉忠一に交渉した[6]。一方、韓国内部次官岡喜七郎は内地知事への転任を希望し、その意志を、曽禰統監を通じて桂首相に伝えた[7]。山県副統監は岡の後任に徳島県知事時代の部下であった宇佐美勝夫（富山県知事）を推薦し、平田東助内相の承認を得た。

朝鮮総督府は一九一〇年八月、韓国併合に伴って統監府と韓国政府の諸機関を統合・改編して創設され、同年九月三〇日に公布された朝鮮総督府官制（明治四三年勅令第三五四号）に基づき、一〇月一日に設置された。寺内は急激な変化を避けて、韓国政府の官庁と統監府の機関を統合し政費の緊縮に努めた。韓国政府の官庁のうち、内部・度支部・農商工部は総督府に移し、韓国政府所属官庁のうち、不必要になった表勲院および会計検査局などを廃止した。また、学部を縮小し内部の一局として存置し、統監府の司法庁を司法部に改編し、新たに総務部を設けた。しかし統監府と韓国政府で重複する機構もあったため、これによって韓国人・日本人職員合わせて一四三四人が減員となり、人件費七六万五〇〇〇円の削減となった[8]。保護国時代、韓国政府の各次官をはじめ、重要な局課長はすでに日本人で充員されていたから、総督府体制に移行しても大きな変動はなかったが、大臣を廃止して長官に替え、それと同時に朝鮮人高等官らを解雇し、その欠員を日本人官僚によって代替した。こうして改編された統治機関を充員するために、また現任者が追出された朝鮮人ポストを埋めるために内地から新たに官僚が赴任する。

表2は、一九一〇年総督府設置当時の総督府首脳部の顔ぶれである。この中で部局長は大きく三つのグループに分けられる。まず、第三次韓日協約が締結される前、韓国政府に傭聘されたり統監府に赴任したりした、鈴木穆や児玉

表 2　寺内総督期の総督府首脳部

就任官職	名前	出身	高校	大学	朝鮮赴任前の職	本国帰還年
政務総監	山県伊三郎	山口		欧州留学	逓信大臣	19. 8
総務部長官	有吉忠一	京都	三高	帝大 1896	千葉県知事	11. 3
内務部長官	宇佐美勝夫	山形	一高	帝大 1896	富山県知事	19. 8
度支部長官	荒井賢太郎	新潟	一高	帝大 1892	大蔵省主計局長	17. 6
農商工部長官	木内重四郎	千葉	一高	帝大 1888	農商工部省商工局長	11. 7
司法部長官	倉富勇三郎	福岡		司法省法学校速成科	東京控訴院検事長	13. 9
司税局長	鈴木穆	東京	一高	東大 1899	大蔵省書記官	19. 8
学務局長	関屋貞三郎	栃木	一高	東大 1899	鹿児島県内務部長	19. 8
地方局長	小原新三	岩手	一高	東大 1897	奈良県内務部長	19. 8
土木局長	持地六三郎	福島	一高	帝大 1893	台湾総督府通信局長	20. 6
会計局長	児玉秀雄	山口	二高	東大 1900	大蔵省書記官	16. 10
勅任参事官	秋山雅之介	広島	一高	帝大 1890	陸軍省参事官	17. 10
外事局長	小松緑	福島		エール大	外務省翻訳課	16. 10
通信局長	池田十三郎	東京		帝大 1892	東京郵便局長	17. 6
鉄道局長	大屋権平	山口		東大 1883	鉄道技師	17. 7
取調局長官	石塚英蔵	福島	一高	帝大 1890	関東洲民政長官	16. 10

秦郁彦『戦前期日本官僚制の制度・組織・人事』(東京大学出版会，1981 年）から作成.

表 3　寺内総督期の地方長官

朝鮮配属	氏名	出身地	学歴	前職	本国帰還年
京畿道長官	檜垣直右	山口	東京師範	岡山県知事休職（1906. 7）	1916. 2
黄海道長官	趙羲聞	漢城		黄海道観察使	
江源道長官	李圭完	全州	陸軍戸山学校	中枢院参議	
全南道長官	能勢辰五郎	岡山	外務省語学生徒	大邱理事官	1911. 5 死亡
全北道長官	李斗璜	漢城	漢文修学	全北観察使	
忠南道長官	朴重陽	慶北	東京青山学院	慶北観察使	
忠北道長官	鈴木隆	千葉	漢学	東京府内務部長（1910. 10）	1919. 9
平南道長官	松永武吉	薩摩	東大 1893	島根県知事休職（1908. 3）	1922. 9
平北道長官	川上常郎	愛媛	早稲田 1897	大邱財政監督局長	
慶南道長官	香川輝	山口		滋賀県知事依免（1908. 3）	1914. 6
慶北道長官	李軫鎬	漢城	漢文修学	平南観察使	
咸南道長官	武井友貞	東京	東大 1888	宮崎県内務部長（1910. 10）	1913. 2
咸北道長官	申応熙	漢城	陸軍戸山学校	中枢院参議	

網掛けは内地から新しく赴任した官僚．秦郁彦『戦前期日本官僚制の制度・組織・人事』（東京大学出版会，1981 年）から作成.

秀雄のような官僚らである。次に第三次韓日協約でいわゆる「次官政治」が施行された際、韓国政府次官として赴任した荒井賢太郎、石塚英蔵らの官僚たちである。そして最後に、山県が副統監に就任してから韓国に赴任した、有吉忠一、宇佐美勝夫、小原新三などのような内務官僚と持地六三郎などがこれにあたる。とりわけこの中で、石塚・持地・関屋貞三郎のように、児玉源太郎（児玉秀雄の父親）台湾総督の下で勤めた官僚らが児玉と同郷の寺内の下でまた勤めることになっており、人事異動の点で大変興味深い。

一方、地方行政組織を見ると、従前の道観察使を道長官に改称し、朝鮮人道観察使を淘汰して六人だけを残した。全羅南道長官能勢辰五郎（外務省出身）、平安北道長官川上常郎（大蔵省出身）のような統監府官僚から抜擢されるかまたは内地から新たに赴任した日本人道長官がこれに代わった。

新たに道長官に就任した人物は、武井友貞咸鏡南道長官を除くと主に第一次・二次西園寺内閣時代、原敬内相によって藩閥官僚として休職に処された官僚か、または寺内と個人的な繋がりがある人物であった。香川と檜垣は寺内総督と同じ山口出身で、特に檜垣は寺内と寺子屋の同門であった(9)。松永武吉は帝大出身だが、薩摩派黒田清隆逓信大臣の秘書官として官僚生活をはじめた(10)。また鈴木隆は、一八七二年新川県知事成川尚義の推薦で玄関門番として勤め、以後、県の属吏から昇進を重ね、郡長、県参事官、書記官を歴任し、長らく内務部長として各府県で勤めた(11)。そしてこれ以後、道長官のポストが空くと朝鮮総督府内の昇進で空席を埋めたので、本国からの充員はなかった。ちなみに山本内閣の時、行政整理の現地調査で朝鮮に出張した内務省地方局長小橋一太は、原内務大臣に朝鮮総督府地方官僚について「現在ノ内地人道長官中ニモ適任者ト信シ難キ者アルカ如シ。又内務部長ニ収税吏出身ノ者多キハ朝鮮地方行政ヲ開発スル所以ニアラサルベシ」、「鮮人ノ将来ニ関スル事項等ハ鮮人長官ニ対シテ打開ケ能ハサル事情アルカ為事務官各自ニ単独行動ヲ執リ道長官アルモ唯其位地ヲ充タスニ過キサルカ如キ場合アリ道事務ノ統一方法ヲ缺ケリ」、警察事項の秘密は「鮮人道長官ニ対シテ明白ニ告知シ能ハサル場合多シ。如此事項ニ関シテハ道長官ヲ遠ケ警察側ヨリ道ノ内務部長又ハ財務部長ニ交渉シ決行スルノ外途ナキヲ以テ自然道長官ノ感情ヲ傷フ場合尠カラサルヘシ(12)」と報告した。

さて、従来朝鮮総督府を動かす中心的主体は、陸軍、特に長州閥、そしてその中でも初代総督寺内正毅に連なる勢力であったと言われてきた(13)。しかしながら、この時期の総督府の内実を丹念に見てみると、必ずしも一枚岩とはいいがたかったことがわかる。同じ山県閥である寺内総督と山県伊三郎政務総監はそれぞれ憲兵と内務部を中心とした人脈を築き上げたものと理解されてきたが(14)、両者の間には総督府設置当初から感情的な溝が潜在していた。総督府内の寺内人脈は、憲兵隊が中心であり、文官では寺内の女婿である児玉秀雄や陸軍省時代の部下である首席参事官秋山雅之介(15)などが、総督官房を中心に布陣していた。

初代憲兵隊司令官明石元二郎は寺内総督に次ぐ「副総督」と称され、その実権は政務総監山県伊三郎をも圧していたという。さらに一九一二年四月、寺内総督は局課の統廃合を行う官制改正を試みた。その主な内容は、まず総務部を廃止して官房に総務局・外事局・土木局を新設し、従来各部にて取り扱ってきた文書事務を総務局総務課に、従来内務部地方局土木課、度支部税関工事課及び総務部会計営繕課に分属していた総ての土木事務を土木局の管掌に移した。次に内務部に属していた衛生事務や海港検疫、移出牛検疫、密漁取調および港則執行の事務を警務総監部に移し、旧慣を調査する取調局は廃止して参事官室の分掌とした(16)。要するに一九一二年官制改正は、各部局の事務を総督官房に集中させ、総督権限を強化する制度設計にほかならなかった。寺内は、官制改正と共に総督官房に腹心の人物を配置する。総務局長には寺内の女婿である児玉が就任した。新設された総務局は会計、人事を掌握して総督府権力の中心機関として浮上し、児玉は総督府内で「小寺内」と称された(17)。また寺内総督は秋山を信頼し、秋山参事官の審議を経なければ決裁できなかったという。一九一〇年代、参事官室は各部局で立案した法令案の審議の外に、重要なる行政処分まで審議し[18]、強力な権限を持っていた。土木局には佐久間左馬太台湾総督の依頼により休職中の台湾総督府通信局長持地六三郎を採用し[19]、外事局長には小松緑を採用した。このように総督府内の「寺内派」が「総督の殊遇を受け万事を支配せん」とした結果、木内重四郎農商工部長官以下の「不平党の憤懣[20]」は甚だしかった。

一方、政務総監人脈は、山県の内務省時代の人脈が大きな役割を果たしていた。山県は前述したように赴任する際、自分の腹心である有吉・宇佐美を連れて来た。また地方局長および学務局長には宇佐美内務部長官の推薦で、小原新三と関屋貞三郎が[21]、秘書官には桑原八司（休職した広島県事務官）が就任するなど、内務部を中心として内務省出身者が結集した。彼等は食事時間になると、内務部長官室の一隅に集まり、高等官が全部出席して食事を共にしつつ甲論乙駁し、部務を語りあうことで意思統一を計ったという[22]。もともと総務部は各部からの書類を集めて山県政務総監の名で査定するため、総務部長官は各部長官の首位に立つ地位だったが、有吉は韓国併合問題に不満を持ち早々に内地に引き上げてしまう[23]。そのため山県は有力な腹心を失い、総督府内での影響力を急激に失ってしまう。

このようにして官制上のみならず寺内は警察・人事・会計・法制など、地方行政を除く総督府の全権を掌握する。のみならず寺内は「武弁的出身なりしと雖も」、朝鮮問題について多くの経綸を持ち、「上は施政の大方針より、下は内治、殖産、興業、交通、教育、宗教、司法、警察、衛生、病院等の各事業に至るまで、一として主張あらざるなく、一として之に干渉せざる無かりき[24]」施政だったという。寺内は文化統治時期の斎藤実総督と違って長官会議でもしばしば各長官が提出した意見を排斥し、これに対してしつこく強弁すると「罵声」で応じながら、退かなかったことも少なくなかったという[25]。その反面、同じ親任官である山県政務総監は総督府内で「木偶扱い」されていた[26]。

この時期の朝鮮総督府首脳部と地方長官の人事は次のような特徴を持っている。まず、山県派官僚らが朝鮮総督府を掌握したが、内実としては武官を中心とする総督派と内務部を中心とする政務総監派に分かれており、総督派が政務総監派を圧倒していた。第二に、朝鮮総督府の部長官、局長、地方長官は統監府時代の官僚と韓国併合前後に赴任した官僚らで補充され、総督府が設置されて以降からは、本国からの官僚流入はそれほどなく、欠員が生じれば内部昇進を通じて補充したのだった。それでは、なぜ本国から官僚が新しく補充されなかったのだろうか。

上述したように、朝鮮総督府は韓国併合と前後して主に内務省から官僚を補充してきた。内務省から官僚を補充しようとするなら、内務大臣の同意が必要だった。韓国併合時期の桂内閣では、山県派の平田東助が内務大臣であったため、内務省とのコミュニケーションが比較的円滑だった。ところが、西園寺内閣・山本内閣の時期は藩閥の打破と政党政治実現をめざす原敬が内務大臣に就任したため、総督府との関係も疎遠になったものと考えられる。すなわち、寺内は内務省の干渉をできるだけ受けないようにするために、総督府官僚は総督府で育成して補充する方式を採択したのだと推測されるのである。次節では、寺内がこのような人事政策をとるようになった政治的背景として、第一次山本権兵衛内閣における植民地官制改革[27]の過程を見ていくこととしたい。

二　山本内閣における植民地官制改革

第二次西園寺内閣は「臨時制度調査会」を設置して本格的に行・財政整理に着手した。臨時制度調査会で立案した朝鮮に関する主要な行政整理の中には、①政務総監を廃止して民政長官を置き、各部長官の代わりに局長を設置すること、②通信局および鉄道局を府内の局にすること、⑧税関を海関局と改称してその数を減らすこと、⑨平壌および大邱の覆審法院を廃止すること、⑪朝鮮総督府土木会議を廃止することが含まれていた[28]。また台湾総督府、関東都督府、樺太庁長に対しては、「台湾総督府及関東都督府ノ制ヲ改メ純然タル地方長官トシ樺太庁ハ廃シテ北海道庁ノ一支庁トシタリ」という構想を含めた。内閣は総督府に国庫補助金一二三五万円の中、二三五万円の減額と事業の繰り延べを要求した(29)。このような内閣の行・財政整理方針に応じて、朝鮮総督府は一九一二年四月中央と地方、行政および司法機関を整理・統合した。総務部を廃止し、官房に総務・外事・土木の三局を置き、農商工部の殖産、商工二局を農林、殖産二局に改組し、一官房四部九局体制に改変した。この際、通信局を逓信局に改称し、取締局、専売局、印刷局を廃止して高等官二八人、判任官七〇人を罷免した。また前年度に比べて国庫補助金二三五万円を削減した。

このような西園寺内閣の行・財政整理方針は政友会を与党とする山本内閣にも継承された。山本首相は原が導く政友会と提携しながら、第一次護憲運動で噴出した反藩閥・反軍閥エネルギーを利用して行・財政整理、陸海軍大臣現役武官制の改正、文官任用令改正、植民地官制の改革を推進していく(30)。

まず、山本権兵衛首相は従来の慣例を破り山県有朋と相談しないまま、土佐出身の楠瀬幸彦中将を一九一三年六月二四日付で陸軍大臣に抜擢した(31)。また引き続き七月一五日付で、宮中席次を改正して大勲位・首相・各大臣・元帥・親任官などとの順序とし、改正前に比べて元帥および朝鮮総督の宮中席次を降格させた。この改正は山本首相の強力な指示で内閣書記官長が準備し、宮内省の同意を得て貫徹させたという(32)。八月に入ると山本首相は朝鮮総督府の官制改正を公にする。八月八日付『大阪朝日新聞』は、山本首相と岡野敬次郎法制局長官が官制改革の成案を講じているが、武官専任制廃止だけでなく、より広範囲の改革が議論されていると報道している。これに対し、寺内は女婿児玉に八月一二日に「政府側にて多少総督府に向ひ改正を希望しあるか如く相見候間、何れ其辺の事情分明次第帰任の事に可致候間、少々遅れ可申此辺御含置被下度希旨山県君へ御申入置被下度(33)」と書翰を送っている。

山本首相は、台湾領有当時台湾総督の武官制に極力反対し、世論の支持がなくても積極的に植民地官制を改正する意志を持っていた人物として知られていた。[34] 朝鮮の産業政策は山本内閣の財政方針によって強く掣肘され、また拓殖局廃止後、総督府の事務管轄は内務省の一局に移されたのみならず、朝鮮総督職への文官任用を可能とする改正説まであがると、新聞紙上には、寺内総督の辞任説が飛び交った。[35]

このような状況のなか、八月二五日、児玉総務局長は「内地ニテハ総督文官説有之候趣ナルカ朝鮮統治ノ大方針ハ併合ノ詔書ニ明示セラル、候処ニシテ容易ニ之ヲ変更シ得ヘキモノニアラス。而テ総督カ陸海軍ヲ統率シ諸般ノ政務ヲ統轄スルコトモ亦タ詔書ノ明記スル処ニシテ単ニ官制ノ改正ヲ以テ之カ趣旨ヲ変更シ得ヘキ性質ノモノニアラスト確信仕候」[36]と、天皇の詔書に明記された総督の権限と資格は官制改正を通じても簡単に変更できないことを寺内総督に伝えていた。九月一日、寺内総督は山本首相の官邸を訪問して総督府所管事項およびその他の重要案件について長時間協議した。[37] 寺内は九月四日山県有朋に「殖民地官衙官制改正問題に就ては、山本首相とも三回意見之交換致候得は、結局一致は難致存申候。其終始大要は閣下へ内密御聴に入候方適宜と存候間、入江秘書官へ其旨依頼仕候間、御聴取願置候」[38]と報告していた。

このように、東京では寺内総督と山本首相が宮中席次、官吏任用令、朝鮮統治について会見するなど、朝鮮統治改革は急速に進行した。山本内閣は行財政整理、朝鮮総督府官制改革、宮中席次改正、東洋拓殖株式会社首脳部の更迭などで朝鮮総督府を全方向から圧迫していた。[39] これに対して寺内は激しく反発して辞任する意思を暗にもらすと、[40] 新聞紙上に寺内の辞任説が登場する状況となった。寺内の辞任に対して、明石は総督現役武官制の廃止、軍隊統率権の剥奪、憲兵警察の廃止は、決して現在の朝鮮支配体制に致命的な影響を及ぼさないと寺内を説得した。[41]

一〇月になると、山本内閣は植民地官制改正を本格的に議論し始める。山本首相は一〇月六日台湾、朝鮮官制草案を原内相に見せて検討を要請すると、原は調査すると約束する。[42] 以後、内務省は植民地官制改正を主導することになる。原は台湾総督府官制制定の際、総督の武官専任制に反対し、一九〇八年四月には寺内陸軍大臣と協議して武官が任用された樺太庁長官（当時は楠瀬幸彦陸軍中将）に内務省官僚で腹心の床次竹二郎を任命するなど[43]、日本の政治家の中で、誰よりも植民地長官の文民化に積極的な立場を表明する人物だった。

山本内閣は行政整理のために、一九一三年六月六日付で、拓殖局を廃止して、その業務を内務省と外務省に移管した[44]。内務省に移管された植民地業務は内務省地方局拓殖課が担当することになった[45]。六月一日に原内相は小橋一太衛生局長に地方局長任命を知らせ、地方局長が拓殖課長も兼ねるため、責任が重大だと伝える[46]。

引き続き山本内閣は朝鮮総督府を内務省の監督に属させることに決めた。これに対して朝鮮総督府は、予算査定を従来通り大蔵省で担当するよう内閣に要請した。六月一七日、開かれた閣議で政府はこれを承認しないという趣旨の電信を高橋是清大蔵大臣が総督に送ることに決めた[47]。総督府官制には内務省の朝鮮総督府に対する監督を明記しなかったものの、内務省が朝鮮総督府に対する介入、干渉を強化しようとしたものと考えられる[48]。以後、内務省は一九一七年七月拓殖局が復活する時まで、予算と植民地関連法令の査定を通して植民地統治に強大な影響力を及ぼすことになる。

内務省地方局長小橋は一九一三年八月七日、宇佐美と共に朝鮮地方制度について討論し、午後からは市来乙彦大蔵省主計局長を訪れ、植民地予算問題について協議した[49]。地方制度、予算問題に関与していたことが垣間見られる。このような状況に対して寺内は八月九日、児玉に内務省との交渉について次のように伝えている。

宇佐美長官帰参候。居留地撤去按其他も中々容易には相運申間敷、水野先生（内務次官水野錬太郎　筆者）も中々政事通に成られ申候見受候。四囲之事情より察すれは我等は陰密を付られ居る心地致頗る不愉快に相感申候。我等も滞留永々と相成候処、折角持参之制令按可成は速に相運ひ度、今少々滞京致候方可然乎と存申候[50]。

朝鮮総督府は一九一二年から居留地を撤廃して府制を実施する方案を審議した。だが、府の性格（議決機関にするのか諮問機関にするのか）と協議員の選任方法（選挙を通じて選出するのか、官選か）をめぐって総督府官僚の間には意見対立があった。結局、府を議決機関とする案は撤回され、寺内の最終判断で府協議員の選任方法を官選と決め、制令案を七月二五日付で内務省に移牒した。[51] しかし内務省は長い論議をくりかえし、その挙句に朝鮮総督府が用意した府制令案をなかなか通過させなかったため、寺内は激しい怒りを感じていた。

このような中で、原内務大臣は小橋地方局長を八月二九日から朝鮮に出張させる。小橋は八月三〇日、総督府の各部長官と面談して、午後には京城民団事務所を視察するなど約三週間、朝鮮に滞在しながら、朝鮮事情を調査した。朝鮮視察から帰ってきた小橋は九月二一日、水野錬太郎内務次官を訪問し、引き続き原内務大臣に「朝鮮行政視察報告」という出張報告書を提出する。この報告書には①警察制度に関する件、②官吏任用に関する件、③行政整理に関する件、④地税増徴に関する件が含まれている。この報告書は財政上の理由を挙げて憲兵警察制を普通警察制へと漸進的に移行させ、その代りに道長官に警務部長（憲兵佐官級将校）に対する指揮権を付与すること、朝鮮総督府行政組織の縮小（四部九局の統廃合）、地税増徴などを主要な内容としているが、その後の植民地官制改革の骨格になっているという点で注目に値する。

小橋地方局長の朝鮮出張以後、内務省は地方局を中心に植民地官制改正に本格的に着手することになる。一〇月一六日付『読売新聞』は内務省が植民地官制改正を企画し、経費節減および人員淘汰のために準備しており、樺太庁の官制改正の発表前後に、朝鮮・台湾両総督府の官制を改正すると報道している。

一一月一一日、小橋は植民地官僚の加俸減額決定と朝鮮総督府に対する補助金削減について原内相に報告し、[52] 一二月二八日・二九日には、原内務大臣、水野次官と共に植民地官制を協議した。引き続き三〇日には内務大臣官邸で倉富勇三郎法制局長官、馬場鍈一、松村真一郎法制局参事官と会合して朝鮮・台湾の官制について協議、決定した(53)。根本的な改正として、総督を文官制にすることと憲兵警察制度を変更することを含んでいる。内務省と法制局が合意した決定を具体化した案文が『倉富勇三郎関係文書』に残されている「朝鮮総督府官制改正案」である。この案は、①総督文武官併用制（現役文官専任制の廃止）・軍隊統率権の剝奪、②総督の天皇直隷条項の削除、内務大臣の監督権明記（奏任文官の進退も内務大臣を経るように変更）、③親任官の政務総監を廃止し、勅任官の総務長官を設置、④統治行政機構の簡素化（四部九局を四部二局に）と人員削減、⑤憲兵警察制の廃止を含んでいるが(54)、シーメンス事件で山本内閣が倒れることによって、結局、挫折することになる。

このように、山本内閣下に推し進められた植民地官制改革は、倉富法制局長官が主導したのではなく(55)、山本首相の発議でスタートし、原内務大臣―水野内務次官―小橋地方局長―赤池濃拓殖課長につながる内務省官僚が中心になって推進したものであった(56)。

三　財政独立五ヵ年計画

寺内は一九一〇年五月三一日、桂首相に「合併後本国の財政上より視るも、韓国財政は特別に一団と相成候方適当乎と相考申候。即租借地並に樺太と同一と致候方、内外両方面とも都合宜く発達可致と存申候(57)」と述べ、朝鮮の財政を租借地や樺太のように特別会計にすることを提案した。一九一〇年六月三日、閣議で「併合後韓国に対する施政方針」が決定され、台湾総督府の前例に従って朝鮮総督府の会計は特別会計にすることが決まった。これによって、以後の総督府会計は日本の会計法に基づいて朝鮮での収益と一般会計の補充金によって運営されることになる。

日本政府が朝鮮で特別会計を採択したのは、台湾と同じく漸次日本の補充金を廃止し、朝鮮での収益だけで賄う「財政独立」を目指したためである。帝国議会でも朝鮮総督府に早期の財政独立化を要求していた。一九一二年二月二七日、貴族院議員曽我祐準が朝鮮財政独立に対する展望を質疑すると、荒井賢太郎度支部長官は朝鮮人の負担を勘案すると、現在急激な増税は難しいこと、土地調査事業が終ってから地税の増額が可能であることを明らかにした(58)。このような帝国議会の圧力を意識したためか、寺内総督は一九一二年七月、訓示を通じて「一〇年計画を目標ニシタ一般財政計画ヲ樹立スルコト(59)」、すなわち一〇年後の財政独立を表明した。引き続き一九一三年三月四日、第三〇回議会で松本恒之助が、台湾は一〇年計画を立てて九年目に財政独立を達成したが、朝鮮は何年かかるのかと質すと、荒井は「何年目ト云フコトハハッキリ申上ケラレマセヌガ、余リ遠イ歳月ヲ俟タヌデ出来ルデアラウト思ヒマス、台湾ノ例モアリマスカラ、凡ソ十年ナリ其位ノ間ニハ相当ニ独立シテ経営ハ出来ルデアラウト当局ハ考ヘテ居リマス(60)」と答えている。

荒井度支部長官が帝国議会で明らかにしたように、朝鮮総督府は土地調査事業が終る一九一八年に地税増徴を計画していた。しかし総督府の地税増徴は実際には一九一四年から急速に推進されることになる。なぜ総督府は当初計画していた財政独立計画を修正しなくてはいけなかったのだろうか。

拓殖局が廃止されてその業務が内務省に移管されると、内務省は植民地行政で強大な影響力を行使したという点は前述した。その上、山本内閣は西園寺内閣に引続き行・財政整理、緊縮財政を掲げて朝鮮総督府に対して政府補助金を削減する政策を行った(一九一三年、一九一四年は各々前年度に比べて二五〇万円、一〇〇万円を削減した)。第二節で紹介した小橋地方局長の報告書には地税増徴に関する件が含まれている。この報告書で、小橋は土地調査が完了した後に増税しようという総督府の主張に反論して、米価が六年前に比べて倍以上に騰貴しただけでなく、朝鮮人は併合前

に正税以外に種々な税金を納付してきたので、増税しても支障がないと主張している。(61)

結局、このような内閣の方針により、朝鮮総督府は財政独立五ヵ年計画を発表し、鈴木穆司税局長は補充金削減分を埋めるために一九一四年から増税することを明らかにした。(62)まず、土地調査事業の終了を待たないで一九一四年に地税に対して従来の標準一三級を七級に直し、税率を改正して約四割を引き上げた。また、従来ほとんど地税を免除されていた市街地に対して市街地税を新設した。さらに煙草税令を制定して従来の耕作税、販売税に加え、新しく製造税と消費税を創設した。(63)引き続き一九一六年には法人所得税を創設して、一九一八年には戦時所得税を創設するなど増税を繰り返して次第に補助金を縮小した。(64)

総督府が財政独立五ヵ年計画を発表すると、在朝日本人は激しく反発した。主に都市で生活していた在朝日本人は、今まで宅地に対して税金の免除を受けてきたが、総督府が主要市街地二六ヵ所と居留地に各々宅地税と家屋税を賦課しようとすると、在朝日本人は増税による地価暴落を憂慮し、猛烈な増税反対運動を展開したのだ。一月二五日、在京城民団議員、商業会議所議員、その他の地主および有志は商業会議所に集まって会合を開催し、朝鮮増税調査同志会を組織した。以後、委員を選定して総督府に意見書を提出し、総督府に説明を要求した。またそれだけでなく寺内総督、総理大臣、各国務大臣、倉富法制局長官、内閣書記官長、貴・衆議院議長、各政党幹部、東京の各新聞社に電報を送って増税の不当性を知らせた。さらに上京委員五人（山口太兵衛、深見清、田中半四郎、高橋章之助、牧山耕蔵）を選んで東京に派遣した。(65)彼らは寺内総督と面談し、(66)帝国議会にも請願した。また、全羅北道にある日本人地主は全北地主同志会を組織して、折橋時三郎など代表者四人を東京に送って寺内総督と貴・衆議院に対して地租増徴案の撤廃を請願した。(67)『東京日日新聞』一九一四年二月二日付「朝鮮の増税問題」という記事は、朝鮮総督府の増税計画を取り上げてこれを論じ、在朝日本人らの増税反対の理由を紹介している。

このような在朝日本人の増税反対運動に応じて、一九一四年二月二日、衆議院（第三一回）で法橋善作（政友会）は租税増徴に対する激烈な反対があるが、その実況がどうなのか、これによって朝鮮における将来の発展が阻害される点はないのかと質問した。(68) 山本内閣の与党である政友会は増税による補助金削減に賛成したが、在朝日本人の増税反対陳情に接した法橋は、総督府に在朝日本人の世論を認識させるために帝国議会で質問したと見られる。これに対して荒井は「朝鮮ノ民度ハ併合前ニ較ベレバ著シク達シテ居リマス、其ノ結果トシテ今後多少ノ負担ヲ増シマシテモ、決シテ民度ノ発達ニ弊害ヲ来スコトハナイノミナラズ、相当ナコトヲ致シテ行クガ宜カラウト思ヒマス」(69)と従来の主張を翻している。朝鮮総督府が、わずか二年の間に「民度が顕著に発達」したと答えると、二月二一日に貴族院で、仁尾惟茂（元韓国度支衙門顧問）は土地調査事業が終わらないまま、地税を増額するのは行政整理の圧迫によって補充金を削減した結果ではないのかと的を射た質問をした。これに対して原内務大臣は、朝鮮は農作業その他の発展が顕著で、その収入が非常に増加して地租増徴は少しも人民に苦痛を与えないので、増税して五ヵ年内に補充金を全廃すると小橋の主張を踏襲した。(70) 貴族院の雰囲気が険しくなると、寺内は三月二日、荒井と児玉総務局長を貴族院研究会を導いている田健治郎に送って「朝鮮増税の挙は原とは統治政策予定の計画に係り、決して行政整理内地補助額減少補充の為めに非ず、突然之れを行ふは、而して米価騰貴の今日民力之れに堪へ難き増額に非ず、総督の方針中途挫廃せしむ勿らんことを希ふ」(71)という趣旨を伝達する。貴族院の反対の動きを封じ込めるために、貴族院議員の児玉総務局長を田に送って根回し作業を推進したのである。さらに二月二七日、京城増税調査同志会が上京委員の報告大会準備のために、委員会を開催しようとすると、総督府はこれを中止させた。(72)

このように、総督府は内務省の地租増徴要求を受け入れる一方、貴族院の反対の動きを遮断して京城増税調査同志会の活動を封じ込める機敏さまで見せた。これは、寺内総督が総督府官制改革、東拓首脳部交替に続く地租増徴という内閣の要求に屈服したかのように見える。しかし、他方では内務省の要求を積極的に反対せずに受け入れたことは、内務省・大蔵省の補充金の削減によって予算査定を通して統治政策に対して関与する事態を遮断しようとする寺内の意図が反映されたのも見ることができる。(73) このような政策意図で推進された「財政独立五ヵ年計画」は、民意を全く無視した増税であり、租税収奪であったということは言うまでもない。総督府は一九一二年に面費を創設し、駐在所・面事務所は各種名目での寄付金強要や、道路敷設への朝鮮人の動員を行った。(74) のみならず一九一四年米価が暴落したにもかかわらず、総督府は増税を強行したのだった。(75)

一方、財政独立五ヵ年計画発表とともに一九一四年度に入って突然に阿片専売問題が浮上することになる。『毎日申報』一月二四日付には、警務総監部では阿片専売の開始を決定し、その結果一九一四年度予算においては一二万八八〇七円の収入が予想されると発表されている。このような阿片専売は総督府の財政独立五ヵ年計画と決して無関係ではなかった。一月二八日、鈴木司税局長は政府の財政整理方針に従って増税することを発表したが、(76) 台湾の阿片専売の成績に照らして朝鮮での阿片専売にともなう歳入増加を期待していたのである。総督府は阿片専売に対する反対世論を意識して『毎日申報』一月三一日付において、「阿片専売の理由」という社説を掲載し、阿片専売が増税目的でなく阿片患者を効率的に管理するための措置であると強弁した。

このように総督府が阿片専売方針を発表すると、朝鮮貴族らをはじめとする朝鮮人は猛烈に反対した。李完用は二月一〇日、山県政務総監に「総督府ニ於てハ今回阿片専売を実施シ、鮮人ノミニ其吸煙ヲ許シ、朝鮮民族ヲ撲滅するの方策ヲ取レリと風評し又々騒擾の虞有し」、「如何専売の趣旨を説クモ政策としてハ専売制度ニ左視スルコト能ハズ。実施ノ暁ニ於テハ多少の動揺ハ免カレベカラズ」(77) という意見を陳述した。引き続き李完用は「仮令専売ニ利ありとするも誤解多き今日の場合ニ在てハ姑ラク其実行を見合セラル、方政策上可ナラン」(78) と総督府に要望した。さらに宋秉畯（二月二七日）と兪吉濬（四月六日）も、寺内総督を訪問して阿片問題に対して建議した。言論、出版、集会、結社の自由が極度に抑圧された政治的状況で、朝鮮総督府当局と接触できる朝鮮貴族や兪吉濬のような名望家が阿片問題を朝鮮総督府に提起したのである。それだけでなく『勧業新聞』、『国民報』なども朝鮮での阿片専売を取り上げ、総督府の阿片政策を強く批判した。このような朝鮮人らの強力な反発に屈服して、総督府は一九一四年一二月に、阿片専売予算の全面削除を発表することになったのだった。(79)

四　伝染病予防令の制定

①コレラ対策

大韓帝国時代の伝染病予防は、警察よりも内部―地方長官―地方官につながる地方行政組織を中心に防疫活動を行うものだった。だが統監府が設置されてからは衛生警察制度が樹立され、さらに一九〇七年、一九〇九年のコレラの発生は、警察と軍隊が中心になった軍事的な防疫活動が定着する契機となった。(80)特に一九〇七年には皇太子（のちの大正天皇）が一〇月に韓国を訪問する予定であったが、八月から漢城と平壌にコレラが流行したため、一時、宮内省が藤田嗣章大韓医院長(81)あてに、皇太子渡韓の延期を申し出る事態にまでなっていた。一九〇七年七月に高宗を強制譲位させた伊藤博文韓国統監は、コレラ防疫対策について藤田になにか妙案はないかと問うたところ、藤田は「虎病は病毒及伝染関係が明瞭なるが故に其の防疫は敢て困難ではない、唯それには無制限費用と独裁権とを御許しさへあれば、茲二週間を期して撲滅し得るものと思ふ(82)」と答えた。

伊藤統監は長谷川好道韓国駐箚軍司令官に一任し、「苟くも人権を害せざる限り戒厳令的に行ふを妨げず、費用は望みに任せて支出」(83)せしめ、コレラの撲滅を担わせた。長谷川軍司令官は一〇月四日付で岡崎生三第一三師団長を防疫総長に、藤田軍医監および松井茂内部警務局長を副総長に、佐藤進軍医総監（大韓国医院顧問）を顧問に、その他の統監府並びに駐箚軍の文武官数名を委員に推薦した。(84)軍司令官構内に防疫本部が置かれ、所要地には防疫監視員および防疫委員が任命された。松井副総長に法律関係の処理を一任し、小松緑には伊藤統監が最も苦慮した外国人関係を託した。

防疫本部は漢城を南北に二分し、北半部は韓国警視総監丸山重俊に、南半部は京城理事官三浦弥五郎に一任し、各管区に委員長を置いて防疫に着手した。すべての組織を軍隊式とし、毎日午後一時に司令部で各医員部の会報を開き、命令伝達や諭示、報告等をなすこととしたという。岡崎防疫総長は「軍隊の例に倣ひ検閲的に消毒的清潔法施行済の区域を順序に巡視して以て改むへきは改めしめ大に奨励を与ふること」(85)とした。貧民部落の住民七〇〇〇人に一人当たり一日米三合ずつを支給して、東大門外二三里先に移し、また鐘路その他の低地にある井戸すべてに石炭を投入して、それを使用不可能とした。(86)また不潔な飲食店で防疫上危険と認められるものは、一時的にその営業を停止する(87)など、武断的かつ強権的な方法で防疫活動を推し進めたのである。漢城だけでも不良井戸の閉鎖、良水の搬入提供、塵芥の集積と石油を注いでの焼却、汚物の徹底的搬出、貧困部落民の食糧および手当支給並に数里外への移転が行われた。

さらに一〇月九日平壌にコレラの発生が伝わると藤田院長からの電文を誤解した平壌旅団長の小野寺実陸軍少将は突如として戒厳令を布いて一時にコレラ流行区域を封鎖し、兵隊は銃剣で一定区域を――しかも相当広汎な区域を――取り囲み、その区域内から住民達が出入りできぬようにしたという。(88)戒厳令の結果、水の供給も不能となり、食料品および薪炭なども戒厳司令部の供給に依存せざるをえなくなり、住民たちの日常生活は大いに侵害された。

このように、伊藤統監は皇太子の渡韓について日本の「對韓政策ニ重大ナル關係ヲ有スル空前ノ盛擧ナル」ことと認識し、「人力ノアラン限ヲ盡シテ病毒ノ全滅ヲ期シ」、「自身ノ責任ヲ以テ」、「非常ナル防疫手段ノ斷行ヲ命シ」たのである。(89) 総額一〇万五〇〇〇円と人員二二一五人を投入した軍（韓国駐箚軍）・警（内部警務局・警視庁）・官（統監府）による水際対策によって、皇太子の韓国訪問は無事に終わったが、その武断的なコレラ防疫過程で韓国駐箚軍と韓国統監府は韓国民衆の広範囲にわたる日常生活に介入するようになった。ちなみにコレラ防疫対策費のなか二万八八六五円の残額をもって漢城衛生会(90)を設立して漢城における衛生事業を担わせた。組合設立に際してはさらに、朝鮮人からは一ヵ月一〇銭以上三〇銭まで、内地人からは三〇銭以上一円までの費用を警官に集金せしめた。

②ペスト対策

一九一〇年六月、韓国の警察権が日本に全面的に委託され、憲兵を頂点とする警務総監部が設置されることになった。その結果、韓国併合後、韓国政府内部衛生局が担当した衛生行政は、総督府内務部地方局衛生課（課長事務取扱小原新三）が担当し、衛生行政中警察に関する事務は警務総監部に属した。前者は主として総督府医院・慈恵医院の救療制度事務その他一、二の事項を管掌し、後者は一般衛生およびその取締りを主管事項としたが、「両者の畛域錯綜して動もすれは権限争議の因たるの憾なき能はさりし」(91)という状況が生じた。

表4　1910年代警務総監部幹部

警務総長	任　命	警務課長	任　命	高等警察課長	任　命
明石元二郎	1910. 10	中野有光	1910. 10	山形閑	1910. 10
立花小一郎	1914. 4	永谷隆志	1914. 12	前田昇	1917. 4
古海厳潮	1916. 4	国友尚謙	1917. 3		
児島惣次郎	1918. 7				
保安課長	任　命	衛生課長	任　命	庶務課長 会計課長	任　命
亥角仲蔵	1910. 10	中野有光	1911. 8	永谷隆志	1910. 10
中野有光	1914. 12	板東義雄	1914. 12（事務取扱）	亥角仲蔵	1914. 12
国府小平	1917. 10			宮館貞一	1917. 10
時永浦三	1918. 10				

網掛けは文官官僚を示す．秦郁彦『戦前期日本官僚制の制度・組織・人事』（東京大学出版会，1981年），『朝鮮総督府官報』から作成．

一九一〇年一〇月から翌一一年春にかけて「満洲」（以下、カッコを省略する）全域でペストが大流行すると、朝鮮総督府は、一九一一年一月下旬に新義州および仁川で検疫を開始した。総督府は、はやくから満洲での肺ペストの流行について情報収集にあたっており、大韓医院（のちの朝鮮総督府医院）と順化院（のちの京城伝染病病院）の医師を大連・奉天・長春に派遣して調査にあたらせていた。(92)

さらに、朝鮮総督府は防疫評議委員会を設置し(93)、ペスト防疫対策に臨んだ。藤田委員（軍医監）はペスト予防規則を起案したというが(94)、腺ペスト防疫に携わった台湾での経験が大いに参考となったことは想像に難くない。このペスト予防会議において明石委員長は「支那から来るジャンクが、朝鮮にペストの病菌を伝播せしむる虞あり」と述べ、そのような危険を絶滅させるために、中国のジャンク全部を総督府が買上げることを主張した。

これに対して山県伊三郎政務総監は「さういふ大仕掛は出来ないだらう」と反論したが、結局、明石の主張が貫徹されることになった(95)。警務総監部は鴨緑江一帯の交通を遮断して中国人の往来を全面的に禁止する措置を取り、さらに中国人の密入国を防ぐため、洞里長を団長に、地域の青年を団員にして自衛団を組織させた(96)。薬師川常義（京畿道警務部長）は防疫自衛団の運営現況を視察する過程で自衛団を衛生組合や消防組合に改変して持続しようとした。

こうした憲兵の防疫対策に対し、評議員のなかには「内地ノ防疫ニ比シ厳ニ過グル」、「検疫日数ヲ減セン」、「防疫過厳ナリ」などと取締りの軽減を唱える委員もいたが、明石は「熱シテハ厳其度ヲ超ヘ、冷メテ寛其度ヲ失フガ如キハ政令ノ威信ヲ保ツ所以ニアラス」、「唯寛ニノミ決スルハ不可ナリ」(97)とこれを退けた。さらに明石は日清共同防疫会議に参加した北里柴三郎医学博士・藤田嗣章・山根正次（総督府内務部衛生嘱託）など専門家のペスト防疫への注文（すなわち「防疫ノ細目ハ防疫ノ全期成ルヘク伸縮スルコトナク継続シ度」）を引き合いに出し、一部評議員の意見を撥ね付けた。このような明石憲兵司令官の厳重なペスト対策には単なる防疫対策にとどまらない他の狙いがあった。明石は寺内総督に次のように報告した。

鴨緑江左岸百五十里ノ地ニ日本人朝鮮人ノ力ヲ扶植シ支那人ノ力ヲ奪ヒ、之ヲ回復シ、進テハ其余力ヲ対岸ニ及ホスハ朝鮮経営ノ使命也。責任也。今ハ実ニ千載一遇ノ好時機ナリ。故ニ鴨緑河上ニ於ケル我船舶ノ交通ヲ進メ、左岸各地ノ浦港ニ物貨聚積ノ便ヲ開キ以テ北境のノ供給ヲ計ラハ日鮮人ヲ侵害シツヽアル支那人ハ自然対岸ニ退クベシ。商権日鮮人ノ手ニ落ツヘシ。(98)

明石はペスト防疫対策を利用して平北に「蟠踞」した中国人勢力を駆逐する絶好の機会にしようとしたのである。このような軍民合同の水際対策の結果、朝鮮は一名の罹病者をも出さずに防疫に成功した。他方、このペスト防疫は海岸や港を警戒する法的措置と行政手段が整備されるきっかけにもなり、(99)警務総監部の衛生行政への介入は一層強くなったのだった。

引き続き、一九一一年八月には総督府医院および道慈恵医院（ほとんど現役軍医が任命された）を除く、衛生業務すべてを警務総監部に移管し、衛生行政事務が統一された。内務部は衛生事務を警務総監部に譲って、教育と地方長官の監督のみが残り、朝鮮総督府は「警務総監部を中心として活動し、他の諸部は其周囲を回転する惑星に過ぎざる観」(100)を呈していたという。一九一二年には、度支部が管掌していた海港検疫および移出牛検査も警務総監部衛生課に統合される。かくして総督府の防疫行政は、憲兵を中心とした軍事的な色彩を帯びるようになった。一方、一九一三年一〇月、総督府は居留民団を撤廃して府制を制定し、一九一四年四月から施行した。府制施行にともなって、従来京城で衛生業務を担当してきた漢城衛生会の事務や権利義務は京城府に移管され、市街地の衛生組合は府が管轄することになった。このように、警務総監部は衛生行政に関するヘゲモニーを掌握したのち、一九一三年度後半から医師法や伝染病予防令の立案に取り組んだ。(101)

③伝染病予防令の成立

こうしたなか、一九一四年八月に第一次世界大戦が勃発した。警務総監部は居留地撤廃と第一次世界大戦を契機として、本格的な防疫体系の立案に取り組んだ。韓国併合後、朝鮮では民族別に適用対象を異にする伝染病関連法規が並存していた。日本人に対しては一九〇八年の大邱理事庁令と一九〇九年の京城理事庁令で伝染病予防規則が作られていた。そして朝鮮人に対しては一八九九年に制定された伝染病予防規則が存在した。[102] その結果、既存の法規は「予防事務ノ執行上完全ヲ期スルコト難キノミナラス」と当時の実情に適合せず「防疫上支障アルヲ免レサル」あり様であった。[103] それゆえ警務総監部は、第一次世界大戦勃発や伝染病の流行を契機として朝鮮人と日本人の両者に適用できる法規を整え、より効果的な伝染病予防対策を立てようとしたのだった。以下、警務総長立花小一郎の日記を通して、警務総監部がいかに伝染病予防に取り組もうとしたかを見てみよう。

一九一四年八月五日、立花警務総長は朝鮮総督府嘱託山根正次を釜山に送り、赤痢の視察を命じる。[104] 八月二二日、警務総監部には「新羅丸停船（関釜連絡船　筆者）ペスト疑似云々ノ報」が伝えられ、立花は「諸方面ニ警戒手段ノ電報」を発したが、誤報であることが判明し、警戒注意報を解く。この日、警務総監部の部会議では「衛生取締規則ノ件」が想定されるなど、警務総監部は本格的に伝染病予防対策を検討し始める。[105]「立花小一郎日記」では公医問題や軍医増加、中央衛生会など伝染病予防対策や衛生関連記事が散見できるが、具体的な議論の内容は同日記を補う史料が不足しているため不明なところが多い。

朝鮮総督府は一九一五年六月、朝鮮伝染病予防令を制令第二号として、七月には朝鮮伝染病予防令施行規則を朝鮮総督府令第六九号として公布する。朝鮮における伝染病予防対策は、内地のそれとは次のような点において大きな差異がある。

まず朝鮮の伝染病予防対策では衛生警察、なかんずく憲兵が大きな役割を果たした。警務総監部が立案した朝鮮伝染病予防令（第二条）によると、「警務部長ハ道長官ノ承認ヲ受ケ地域ヲ指定シ衛生組合ヲ設ケ汚物ノ掃除、清潔方法、消毒方法其ノ他伝染病予防救治ニ関スル事項ヲ行ハシムルコトヲ得」ることになっていた。[106] 内地における衛生組合は予防や隔離措置を忌避し、時には暴動にまで発展する住民感情を和らげるため、患者や遺体の措置を警察等が行うのではなく、ある程度その家族が行うことを認め、それを全うさせるために五戸一組といった隣保が連帯責任の方法として組織された。[107] ちなみに、台湾における伝染病対策は、統治機構の末端に存在した伝統的な台湾村落の治安・行政制度であった「保甲制度」を利用した。[108] 警察は保甲組織に対して感染者の隔離を義務づけるなど、伝統的な村落組織を利用して住民感情を緩和しようとしたのである。

　このように内地の衛生組合は市町村長が後見的に統制掌握することになっていたが、[109] 従来の自治的な地域運営の慣行を無力化しつつ行政支配を強化してきた朝鮮では、[110] 警務部長が衛生組合を組織し、「汚物ノ掃除、清潔方法、消毒方法其ノ他伝染病予防救治ニ関スル事項」を強制した。のみならず警務部長は「組合ノ名称、地域及事務所ノ位置」、「組合費ノ収支及組合費負担ノ制限ニ関スル事項」、「役員及評議員ニ関スル事項」、「汚物掃除、種痘ノ普及並厠圊、汚水溜等ノ改善其ノ他伝染病予防救治ニ関シ組合ニ於テ施行スル事項」、「規約違反者ノ制裁ニ関スル事項」（朝鮮伝染病予防令施行規則第一三条）等の規約全般に関与し、それを変更させることもできた。

　警務総監部は同年八月一七日付で訓令甲第四一号を発布し、①「従来設置に係る衛生組合は成るへく速に新法令に準拠して其の組織を改めしむること」、②「組合地域は成るへく行政区画若は之を合したる区域に依らしむること」、③「従来衛生組合消防組合として合同組織せるものは此際分離せしむること」、④「新に組合を設立するの必要ある場合は便宜適当数の委員を指定して設立事務並役員及評議員選任の事務に従事せしむること」、⑤「役員及評議員の選任に付ては便宜組合の内規に依り之を行はしむること」、⑥「組合規約は既に別記標準に準拠し実地の情況に応し便宜変更を加へて制定せしむること」を規定した。[11] 台湾伝染病予防令施行規則にもないこれらの項目が設けられることによって、衛生組合は地方自治団体の協力機関ではなく、警務部長の指揮・監督を受ける一種の防疫自衛団と化したのである。[112] その結果、内地の吏員（市町村長）―衛生組合―個人で構成される防疫体系とは異なり、朝鮮の防疫体系は警務部―衛生組合―個人として構成され、行政機関は補助機関化せざるを得なかった。[113]

朝鮮の伝染病予防令は、警察官吏や憲兵が防疫の中心となっているため、強制性を帯びるようになったのはいうまでもない。たとえば「施行規則」では予防装置に対して住民の合意を取り付けることなく、警察官吏や憲兵は「検疫委員予防上必要ト認ムルトキハ伝染病患者ヲ伝染病病院、隔離病舎又ハ相当ノ設備アル病院ニ入ラシムヘシ」[114]と規定している。警察・憲兵の強権的な隔離・交通遮断・罰金付加などの強制的処分に対する朝鮮人の反発は想像に難くないだろう。

このように警務総監部が立案した伝染病予防令は、衛生行政における衛生警察なかんずく憲兵の主導権を承認した法令であったが、これに対して内務部が猛反発した。一九一五年三月二日、立花は長官会議で「服部大佐越権ノ件及衛生組合所管ノ件」[115]について宇佐美勝夫内務部長官と議論する。府制実施以後、衛生組合が府の管掌下に置かれたのは前述の通りである。引き続き内務部は一九一四年九月八日付（官通牒第三二九号）で各道長官へ衛生組合に関連する事項（衛生組合の組合名、区域、組織、経費、組合費、財源、面費、財産収入）を報告するように通牒する。[116] 内務部は衛生組合へ地方費を支給しながら補助していたが、それがまた警務部の所管に移るのは宇佐美内務部長官にとっては堪え難いことであっただろう。

内務部は一九一二年に面制度を立案したが、結局挫折することになる（理由は不明）。[117] 面制の実施を試みようとしている間、警務総監部が地方制度の整備を待たずに、衛生組合を警務部の所管下に置こうとしたことに内務部が反発したのである。一九一五年三月、内務部地方局長から忠南道長官に赴任した小原新三は寺内総督に次のように地方の実状について報告している。

警務部トノ関係ハ至極円満ニ御座候得共、従来関係ヲ見ルニ他道ニ比シ道ニ於テ正当ノ権限ヲ放棄セリト認メラル点特ニ多ク（孰レニテモ宜敷ヤウノモノニハ御座候得共）甚歯痒ク考ラレ候事項少カラズ。例ヘバ衛生組合、市場整理、市街整理等ニ関シ之ヲ警察官憲ノ手ニ一任シ道ニ於テハ何等預リ知ラザルモノ、如キ態度ヲ執レル等ハ其一例ニ御座候。是等ハ逐次正当ノ軌道ニ引戻スベク警務部長トモ熟議中ニ御座候。(118)

小原は警務部（警務部長憲兵少佐斎藤七郎）との関係が円満であることを強調しつつも、警務部が一般民衆の衛生組合・市場整理・市街整理など日常生活にまで深く関与し、道長官はそれにまったく関与できない状態をはなはだ「歯痒く」考えていたのである。小原は警務部から地方長官としての「正当な権限」を引き戻すため、部長と「熟議」することを寺内総督に報告している。ちなみに小原新三は内務省衛生局保険課長を歴任し、一九〇四年に『衛生行政法釈義』を著述したが、その中で衛生組合について次のように述べている。

衛生組合は法人に非ず。［中略］衛生組合を法人として認むるの趣旨は何等の法律に於ても之を認むることを得されはなり。要するに衛生組合なるものは地方長官に依りて設置を強制せらるる所の私法上の組合に過す。従て之か規約に違反する者あるも之に対し権力を以て強制することを得す。［中略］是れ衛生組合なるものか本と五人組の制度に近き性質を有するものなるの結果、相戒相助け互に和譲して其目的を達するを以て趣旨となすものなれはなり。(119)

小原は衛生組合の位置づけの困難さを述べながらも、地方長官によって設置され、権力をもって強制できないことを主張していた。以後、警務総監部と内務部の対立は一層激しくなる。九月八日、部長官会議に出席した立花警務総長は、「宇佐美ノ府義ニ付頗ル不快ノ念アリ暫時ニシテ都悟ス」[120]と書き記している。立花は一九一六年一月二一日衛生組合に関する件を寺内総督に具申し、翌日寺内総督不在のまま行われた長官会議で、立花は「衛生組合費之件大ニ宇佐美ヲ罵倒ス」[121]、二月一七日に行われた長官会議では寺内総督とも「激論」するなど内務部との対立は後を絶たなかった。

それ以後この問題は道長官と警務部長の職制上の問題にまで飛び火した。永野清（朝鮮総督府警視）は一九一六年六月、警務総監部の機関誌である『警務彙報』に『朝鮮警察行政要義』の一部を転載した。その中で永野は「警務部長カ相当ノ理由ノ下ニ道長官ノ命スル警察命令及衛生命令ヲ発スルコトヲ肯セサルトキハ上下官庁ノ関係アラザルヲ以テ其解決ハ一ニ総督ノ決裁ヲ仰カサルヘカラス頗ル不十分ナル下命権ナリト謂ハサルヘカラス」[122]と主張した。これに対して小松浅五郎（京畿道事務官）は「官制が既に道長官に附与するに警務部長に対し命令を発するの権限を与へたる以上、道長官の発する命令は絶対のものにして、警務部長は之を肯せざる能はざるは理の最睹易き所なりとす」[123]と反論した。総督府内における道長官と警務部長との権限問題が法理論にまで発展したのである。

ちなみに総督府は一九一五年度、全面公共事業費の中で、衛生費として一三万七六六八円を支出している[124]。内務部は衛生組合に対して組合費を補助するだけであり、組合の管掌・監督はすべて警務部に握られて衛生行政に続き衛生組合業務までも警務総監部にその主導権を奪われてしまう。内務部が防疫対策にある程度介入できるようになるのは、一九一七年一〇月の面制施行により衛生組合の業務が面に移管するのを待たねばならなかった。

では、市町村制制定前後から実施された内地の伝染病予防法とは異なり、警務総監部が地方行政整備を待たずに内務部の反発を招きつつも、台湾伝染病予防令に比べてより強権な伝染病予防策を立案したのはなぜだろうか。

まず、一九一五年九月から開催予定の施政五周年記念朝鮮物産共進会の準備があげられる。共進会が開催されれば、多くの人口が移動することになり、またそのことによって伝染病が発生しやすくなる。板東義雄衛生課長は伝染病予防令の制定に当たって「共進会の開設が差し迫り、此れに対する予防の施設をとる多大な便宜を得たのは大変幸いなことである」[125]と明らかにしている。伝病予防令を一九一五年八月一日から実施したのは、共進会の準備のためであったのである。

次に、共進会開催とも関連するが、共進会の開催期間に閑院宮が朝鮮を訪問することになった。内地では伝染病予防法は天皇の巡行や軍隊の移動時に地方長官が適用しており[126]、一九〇七年に皇太子が韓国を訪問した時、伊藤統監が防疫事務を軍司令官に委任して強圧的なコレラ対策を施行したことを思い起こせば容易に納得がいくだろう。

第三に第一次世界大戦の勃発があげられる。一九一四年七月、第一次世界大戦開始の翌月、日本はドイツに宣戦布告し、一〇月に赤道以北のドイツ領南洋諸島を、一一月には青島を占領した。翌年一月、日本政府は中国政府に二一カ条要求を提出するなど、中国を巡る国際情勢は緊迫の度を増していた。山根は一九一四年九月に『朝鮮及満洲』において「時局の進展如何に依つては直ちに軍を動かさねばならぬのであるから啻に兵士たるのみならず、国民一般は此際特に衛生に意を払ふて恐る可き諸種の伝染病を未然に防渇せねばならぬ」[127]と主張した。

こうした状況の中で一九一五年三月九日、総督官邸では寺内総督、立花警務総長、古海厳潮朝鮮軍参謀長が集まり、「対支作戦打合会」が行われるなど臨戦体勢を強化していた[128]。立花警務総長は一九一五年の日記に「我帝国の支那に対して執るべき方針政策は先づ南満洲に於ける帝国の優越なる地歩を厳守し進んで内蒙古の開発を図り以て列国の支那本土に対する分割及趨勢を掣肘し南方に於ける我経済的勢力を伸暢するに至り而して満蒙問題の解決は今日の最大急務」[129]であると書き記している。

このように、いざとなれば出陣するかもしれない緊迫した情勢の中で、[130]中国大陸への進出を夢見る朝鮮総督府武官や朝鮮軍にとって、防疫対策は軍事行動を念頭においた緊急課題であった。それゆえ朝鮮の伝染病予防令は憲兵が先頭に立つという軍事的色彩を帯びざるを得なかったのだった。

五　統治構想

韓国併合を達成した安堵感や、またこれといった抵抗がなかったせいか、この時期の寺内総督は朝鮮人の同化について楽観的であった。一九一三年一一月、寺内は上京し、統治三年間の成績を天皇に上奏する。その中で、寺内は、朝鮮は欧米植民地と異なり、「地勢相接シ、人種相同ジキヲ以テ其ノ融合同化上、殆ンド何等ノ障碍アルヲ見ズ」[131]と、後述する原敬の統治観とも酷似する統治認識をあらわしていた。二年後である一九一五年一一月、朝鮮総督府は「総督府施設歴史調査書類」を作成するが、その中でも「古来密接ノ利害関係ヲ保テルノミナラス、同種同文ニシテ風俗風教モ亦大差ナキヲ以テ、相融合同化スル」[132]のは可能としている。このような朝鮮人同化に対する楽観的な展望が蔓延する中、公然とあるいは極秘に朝鮮統治の根幹に関わる徴兵令問題、参政権問題、民籍の区分の撤廃問題が議論された。

朝鮮駐箚軍参謀長立花小一郎は一九一三年一〇月、『朝鮮及満洲』を通じて朝鮮人の短所として「精神に節操の欠乏して」いる点を指摘しながらも、日清戦争当時の朝鮮人人夫の軍糧米運搬の実績を挙げ、「軍事上から見た鮮人は概していへば余り見下げた者で無く、方法宜しきを得ば随分役に立つ民族である」、「将来彼ら等を養成して何時かは忠良なる日本軍人たらしむ」べしと主張している。[133]併合早々から徴兵令実施に言及しているのは注目に値する。

警務総長に就任した立花は、「朝鮮人同化の根本方針より考へると、固より一日も速く民籍の区別を撤廃せねばならぬ、彼等に兵役の義務も負はせねばならぬ、随うて参政権も与へねばならぬ、憲法上の与へられたる権利も凡て与へねばならぬ」(134)と民籍法改正、兵役の義務と共に参政権付与にも言及している。第一次世界大戦が勃発した後、井口省吾朝鮮駐箚軍司令官は、韓国軍隊解散後でも残された李王親衛府近衛兵や朝鮮人憲兵補助員巡査補の成績を挙げながら、「教養の如何に依りては兵士としても有望である」と徴兵問題に対して前向きな態度を取っていた。また彼は、徴兵令施行と参政権付与問題との相関関係については、「朝鮮人が果して参政権を行ふ丈の能力と人格と備はり真の日本人として我々と同じく心から死を以て国家の興亡に当ると云ふ丈の人間となつた暁は参政権を与へても善いでは無いか」(135)と日本帝国のため血を流すことに止まらず、「参政権を行ふ丈の能力と人格」を備える時まで参政権付与を留保することを主張していた。ちなみに軍事参議官に補せられ、朝鮮から引き上げた後、井口は長谷川好道新任朝鮮総督に、①朝鮮人将校に叙位の恩典を与えること、②朝鮮人将校の恩給法制定を速やかに進めること、③朝鮮人に将校教育の志願を許可すること、④朝鮮人に短期義務服務を課することには恐らく害はないだろうことなどの意見を具申した(136)。

一方、朝鮮総督府寺内派官僚らは、参政権問題に積極的な朝鮮駐箚軍とは、やや異なる態度を見せる。第二七回帝国議会予算委員会総会で一九一一年一月二六日、大石正巳が武断統治、会社令を攻撃するや寺内総督は、朝鮮人を「文明国民と同一に取扱はんとするは大間違なり。若し朝鮮人にして参政権を要求せりとせば諸君は直に之を与へらるゝや」(137)と反問するなど、朝鮮人参政権問題について極度の拒否感を見せる。このようななかで一進会顧問を歴任した内田良平は、一九一四年四月「朝鮮統治制度案」を作成して大隈内閣の各大臣、寺内朝鮮総督および元老などに提出した。内田は「朝鮮統治制度案」で「朝鮮ハ併合後ノ今日ト雖モ決シテ彼ノ台湾、樺太ト同一律ニ論ズ可カラズ。

或ル適当ノ時機ヲ待テ、相当ノ制限ヲ設ケテ参政自治ノ権利ヲ分与シ、努メテ彼等人民ヲシテ我天皇陛下ノ懿徳ニ同化セシメザル可カラズ」[138]と主張した。具体案では中枢院の廃止、日本、朝鮮間の差別（法律・規則・給料・待遇）の撤廃、総督府官吏、李王族・朝鮮貴族・平民で構成された立法議員の設置、地方議会の設置、徴兵令の実施、京城への朝鮮大学の設置を含めていた。内田の運動と連動して一進会を創立した宋秉畯は、朝鮮人参政権付与運動を行う。言論・出版・集会・結社の自由などの政治的自由が厳しく制限された武断統治期において、宋秉畯は朝鮮人政治運動の草分け的な存在だったのである。宋は一九一四年六月一九日、立花憲兵隊司令官を訪問して、痛飲しながら「合併事情、鮮人権利論、宋及李完用責任論」[139]を語った。立花は七月三〇日に内田の「朝鮮統治制度案」を通読した。翌年一月二日、立花は寺内に宋の密書を呈する。引き続き二月一七日、宋は立花を訪問し「参政権附与請願一件」について、相談する。[140]二月二六日、開かれた局長会議で、立花警務総長は「参政問題李宋の件」を報告する。こうした宋の請願運動に対して、立花は「参政権云々の悪言」[141]と罵倒している。表向きで語られた内容との大きな落差が注目される。

さて一九一四年六月、立花警務総長が「民籍の区別の撤廃」つまり内地と外地との間の地域籍の転籍を公言したのは前述の通りである。徴兵令においては、兵役義務者の範囲について、内地域籍別（内地人）、性別（男子）、年齢別（二七歳以上四〇歳以下）の観点から、これを定めていたが、[142]立花は内地と外地を区分する地域籍の撤廃によって朝鮮へも兵役義務を課することを想定していたのである。以後、転籍問題は、共通法制定の動きと連動して総督府内で議論されたが、[143]民籍業務を総括している立花警務総長は就任間もない頃から中野有光警視と民籍法について相談するなど、転籍問題に深く関心を示していた。

ところで、大隈内閣は一九一四年一二月、共通法の草案を完成して、朝鮮総督府に送付する。この草案では、内地人、朝鮮人、台湾人などの身分に対して、国籍法および明治三一年法律第二一号「外国人ヲ養子又ハ入夫ト為スノ法律」の規定を準用することになっている。立花は翌年二月一二日、中野有光保安課長を招き共通法規について意見を聞いた後、山県政務総監が議長を務める共通法規に関する会議に参加する。(144)その会議で民籍業務を担当する警務総監部の首長である立花が、具体的にいかなる言動をとったかは史料上の制約で定かではない。だが「民籍の区別の撤廃」を主張した立花が転籍問題に積極的であったことはほぼ間違いないであろう。その後、共通法規に関する会議でまとまった案は、二月一七日に児玉総務局長の名前で内閣に提出された。共通法制定についての内閣の照会に対して、総督府は内地人と朝鮮人の身分関係に国籍法および明治三一年法律第二十一号を準用する際は、「彼ら(朝鮮人　筆者)ノ間ニ永ク外国人ノ取扱ヲ受クルカ如キ誤解ヲ生セシメ、其ノ地方ニ付疑惑ノ淵ニ沈ミ不安ノ境ニ迷ハシムル虞」があるので、その準用を避けることを望んだ。また「帰化ノ条件ヲ採テ以テ国内間ノ転籍ヲ律スルハ不可ナリ故ニ原則トシテハ転籍ノ自由ヲ認メ監督其ノ他特殊ノ事情ノ下ニ多少ノ制限ヲ置クコトトセラレタシ」、「国籍法第二十四条第一項ノ場合ニ二重ノ籍ヲ認ムルハ止ムヲ得サルコトトスルモ同条第二項の制限ハ除却セラレタシ」(145)と転籍に関する注文をつけていた。三月三〇日、寺内は「度支部徴兵令関係ノ事ニツキ長官ト談示シ置タリ」(146)と述べた。徴兵令施行の観点から転籍問題に積極的であったのである。このように総督府は帰化条件で転籍を規制せずに、原則的に転籍の自由を認めながら、多少の制限を課して日本への転籍を許可する立法政策を支持したのである。(147)これに対して内閣は転籍により、日本人が兵役を忌避する恐れがあるという理由で反対したため、この試みは挫折した。(148)

このように寺内総督をはじめ朝鮮総督府武官らは、朝鮮人同化について楽観的な展望に基づき、第一世界大戦勃発を契機に、徴兵令施行やそれと関連した地域籍の転籍に積極的であった。その反面、朝鮮人参政権問題については極度の拒否反応を見せていた。

小　結

一九一〇年の韓国併合から一九一九年八月の官制改正まで、総督府の官僚制は、基本的に「日本陸軍による政治的独立領域の形成」という大きな枠組みに規定されていた。もとより朝鮮総督府を動かす中心的主体は、陸軍、特に長州閥、そして中でも初代総督寺内正毅に連なる勢力であったが、この時期の総督府の内実を丹念に見てゆくと、必ずしも一枚岩とは言い難かった。同じ山県閥である寺内総督と山県伊三郎政務総監は、それぞれ憲兵と内務部を中心とした人脈を築き上げたが、両者の間には総督府設置当初から感情的な対立が伏在していたのである。

山本首相は原敬が導く政友会と提携しながら、大正政変で噴出した反軍閥・反藩閥のエネルギーを利用し、行・財政整理、陸海軍大臣現役武官制の改正、文官任用令改正、宮中席次改正（朝鮮総督の宮中席次降格）、東洋拓殖会社首脳部の交替、植民地官僚の加俸の削減、植民地官制の改革などを推進していく。その中で、植民地官制改革は、はじめは山本首相の主導の下に進行されたが、一〇月以後、原の導く内務省が改革案を具体化した。その重要な内容は総督府現役武官制の解除、これと関連した軍隊統率権の剝奪と憲兵警察の廃止、総督の天皇直隷条項の削除、上奏権の剝奪、朝鮮総督に対する内務大臣の監督権の明記などであり、これらの改革によって朝鮮総督の権限を根本的に修正しようとした。シーメンス事件により、山本内閣が崩れて官制改革は失敗に帰することになったが、植民地官制改正に深く関与した原と内務省官僚らは、三・一運動後の植民地統治改革を主導することになった。

一方、山本内閣は西園寺内閣に引き続き、行・財政整理、緊縮財政を掲げて朝鮮総督府に対して政府補助金を削減する政策を行った。総督府は当初土地調査事業が完了した後に租税を増徴することを計画していたが、内閣の方針により地租増徴（四〇％引き上げ）と新税の創設（市街地税・煙草税・消費税）、阿片専売を内容とする財政独立五ヵ年計画を一九一四年に発表した。地租増徴に対しては、在朝日本人は朝鮮増税調査同志会と全北地主同志会を組織して増税反対運動を展開し、阿片専売に対しては、朝鮮貴族や朝鮮人名望家が中心になって猛烈に反対した。

このように、山本内閣は行財政整理、宮中席次改正、東拓首脳部の交替、財政独立（補助金削減）、朝鮮総督府官制改正など内閣の政策や方針をトップ・ダウンで朝鮮総督府に押し付けた。朝鮮総督府は、官制改正に対しては天皇の権威を引き出して反発したが、全体的に守勢的な立場に置かれていた。山本内閣がシーメンス事件で突然崩れ、山県有朋が支援した大隈内閣が成立してはじめて内閣との関係も相対的に順調になったのである。

なお憲兵は軍事警察のみならず、行政・司法その他、雑務に至るまで、あらゆる分野で干渉できる権限を認められていたが、伝染病予防対策もその例外ではなかった。一九一五年六月、発布された伝染病予防令は衛生行政における衛生警察の主導権を承認した法令であり、これに対しては内務部が猛反発している。警務部長は同令によって衛生組合の設置・組合費・役員および評議員に関する事項・規約違反者の制裁に関する事項など、規約全般に関与し、それを変更させることが出来たからである。台湾伝染病予防令施行規則にもないこれらの項目が設けられることによって、衛生組合は地方自治団体の協力機関ではなく、警務部長の指揮・監督を受ける一種の防疫自衛団化していったのだった。

一方、寺内総督をはじめ朝鮮総督府武官らは、朝鮮人同化については楽観的な展望をもち、第一次世界大戦勃発を契機に、徴兵令施行やそれと関連した地籍の転籍に積極的であったが、その反面、朝鮮人の参政権問題については激しい拒否反応を見せていた。

注

（1）山辺健太郎『日本統治下の朝鮮』（岩波書店、一九七一年）および朴慶植『日本帝国主義の朝鮮支配』（青木書店、一九七三年）。
（2）山本四郎編『寺内正毅日記』（京都女子大学、一九八〇年）一九一〇年四月五日条。
（3）前掲『寺内正毅日記』一九一〇年四月二三日条。
（4）徳富猪一郎『素空山県公伝』（山県公爵伝記編纂会、一九二八年）二四二頁。
（5）一九一〇年五月二六日付後藤新平宛仲小路廉書翰（水沢市立後藤新平記念館所蔵『後藤新平関係文書』四〇三―二）。
（6）有吉は内務省在任中思顧を受けた山県伊三郎の勧誘と、山県有朋とのよしみで朝鮮に赴任したという（有吉忠一「経歴抄」横浜開港資料館所蔵『有吉忠一関係文書』）以下「有吉文書」と略記す。
（7）一九一〇年五月一日付桂太郎宛曽禰荒助書翰（千葉功編『桂太郎関係文書』東京大学出版会、二〇一〇年、二四四頁）。
（8）田保橋潔『朝鮮統治史論稿』（成進文化社、一九七二年）六四―六五頁。
（9）黒田甲子郎編纂『元帥寺内伯爵伝』（元帥寺内伯爵伝編纂所、一九二〇年）九〇頁。
（10）『人物評論　真物歟贋物歟』（朝鮮公論社、一九一七年）二三九頁。
（11）『（在朝鮮内地人）紳士名鑑』（朝鮮公論社、一九一七年）五七八頁。
（12）小橋一太「朝鮮行政視察報告」（原敬文書研究会『原敬関係文書』第一〇巻、日本放送出版協会、一九八九年）二九九頁。また寺内総督もこうした状況に対して「道長官ノ鮮人ノ道ニ於テハ各事務官専断ノ裁決ヲ為スモノアルヘシ注意ヲ要スヘシ」と懸念した（前掲『寺内正毅日記』六八四頁）。
（13）森山茂徳「日本の朝鮮統治政策（一九一〇―一九四五年）の政治史的展開」（『法政理論』第二三巻第三・四号、一九九一年三月）。
（14）藤田嗣雄『寺内総督時代の回顧』（友邦協会所蔵聴き取りテープT―二一七、一九六五年一二月録音）。
（15）一八九〇年東大卒、同年外務省試補、一八九七年外務省参事官、一九〇四年陸軍省参事官、一九〇四年九月から一九一一年一二月までは法制局参事官を兼任、一九一〇年から総督府参事官兼任、其の後、総督府参事官兼陸軍省参事官を経て一九一七年には青島守備軍民政長官に就任することによって朝鮮を離れる。明石元二郎、立花小一郎（寺内の陸相時代の高級副官、第二代警務総長）、田中義一と共に寺内の「四天王」と呼ばれている（秋山雅之介伝記編纂会編『秋山雅之介伝』秋山雅之介伝記編纂会、一九四一年、一二〇頁）。

(16)『施政三〇年史』（朝鮮総督府、一九四〇年）一三頁。

(17)「副総督の称ある寵児児玉秀雄を論ず」（『朝鮮及満洲』第一〇八号、一九一六年七月）一三―一四頁。

(18)萩原彦三『私の朝鮮記録』（私家版、一九六〇年）二三頁。

(19)佐久間左馬太台湾総督は寺内朝鮮総督に、持地について「在職中ノ多クハ教育及地方行政ノ事務ニ従事シ殖民地ノ吏員トシテハ十分智識経験ニ富シ殊ニ諸般ノ調査及訳著述等ニ堪能ノ者ニ有之。相当御用相立チト可申確信致候間、何トカ御配慮ヲ以テ適当ノ位置御与へ被下候度」と依頼した（一九一二年一一月一二日付寺内正毅宛佐久間左馬太書翰、国立国会図書館憲政資料室所蔵『寺内正毅関係文書』二六四―一二）。以下「寺内文書」と略記す。

(20)『東京朝日新聞』一九一二年二月二七日付。

(21)故宇佐美勝夫氏記念会編『宇佐美勝夫氏之追悼録』（故宇佐美勝夫氏記念会、一九四二年）一四六頁。

(22)同右、一七四頁。

(23)前掲「経歴抄」。

(24)前掲『素空山県公伝』二六〇―二六一。

(25)前掲『宇佐美勝夫氏之追悼録』一二六頁。

(26)「寺内総督と其属僚」（『朝鮮及満洲』第一〇六号、一九一六年五月）一三頁。

(27)山本内閣時期の植民地官制改革問題に対しては、李熒娘（「第一次憲政擁護運動と朝鮮の官制改革論」『日本植民地研究』第三号、一九九〇年）がすでに優れた研究を発表している。その後永井和（「倉富勇三郎日記と植民地朝鮮」（http://www.bun.kyoto-u.ac.jp/~knagai/kuratomi/kuratomiandKorea.htm#sec3_1）や松田利彦（「朝鮮警察制度の改編をめぐる政治過程」『日本の朝鮮植民地支配と警察』校倉書房、二〇〇九年）が李熒娘氏の「産業ブルジョワジー」主導説を批判するなど研究の問題点と誤りを指摘している。だが、この三つの研究とも山本内閣時期の内務省の動向を見通すという点では不十分である。本書では『小橋一太日記』や『立花小一郎日記』など先行研究では言及しない史料を通じて山本内閣と朝鮮総督府の関係を明らかにしてみたい。

(28)「行政整理案（臨時制度整理局ノ分）」（国立国会図書館憲政資料室所蔵『小橋一太関係文書』二五五―一二三）。
(29)一九一二年一一月一五日付後藤新平宛寺内正毅書翰（前掲『後藤新平関係文書』三七三―一一二）。
(30)前掲李「第一次憲政擁護運動と朝鮮の官制改革論」を参照されたい。
(31)山本四郎『山本内閣の基礎的研究』（京都女子大学、一九八二年）、波多野勝「山本内閣と陸軍官制改正問題―山本首相のイニシアチブと陸軍」（『軍事史学』第三〇巻第四号、一九九五年四月）一四頁。
(32)宮中席次改正前の朝鮮総督は、大勲位、首相、元帥、大臣礼遇者に続き大臣、枢密院長と同じ席次であったが、改正後には大臣と枢密院長、内大臣より下位に異動した。大正期の宮中席次については、西川誠「大正期の宮中席次」（『日本歴史』第六四八号、二〇〇五年五月）を参照されたい。
(33)一九一三年八月一二日付児玉秀雄宛寺内正毅書翰（尚友倶楽部児玉秀雄関係文書編集委員会『児玉秀雄関係文書Ⅰ』社団法人尚友倶楽部、二〇一〇年、四〇頁）。
(34)『読売新聞』一九一三年八月二二日付。
(35)『東京日日新聞』一九一三年九月一日付。
(36)一九一三年八月二五日付寺内正毅宛児玉秀雄書翰（前掲「寺内文書」一二三―五）。内閣の朝鮮総督府官制改革に対して天皇の権威を引き合いに出し防ぐべきだという児玉の主張は一九一九年の官制改革にも登場する。
(37)『大阪朝日新聞』一九一三年九月二日付。
(38)一九一三年九月四日付山県有朋宛寺内正毅書翰（尚友倶楽部山県有朋関係文書編集委員会『山県有朋関係文書Ⅱ』社団法人尚友倶楽部、二〇〇六年、四〇四頁）。
(39)一〇月からは東洋拓殖株式会社総裁、副総裁人事問題が浮上した。宇佐川一正東拓総裁（長州閥、予備役陸軍中将）の任期が満了すると、山本首相が宇佐川を更迭しようとしたのに対し、寺内総督は猛反対した。内閣は寺内の反対をはね除けて結局、副総裁の吉原三郎（原の司法省法律学校同期）を総裁に昇格させ、副総裁には政友会幹部の野田卯太郎を任命した（北岡伸一『日本陸軍と大陸政策』東京大学出版会、一九七八年、一二一―一二二頁）。
(40)寺内に本当に辞任する意志があったのかは疑わしい。安東貞美朝鮮軍司令官と立花小一郎朝鮮軍参謀長が一二月五日、総督、参謀総長の身上に対して話を交わしながら、「示威的虚唱、詭怒的陥穽」と表現しているのを見れば、辞任をほのめかすことで植民地統治改革に反対しようとしたのであって、実際に辞任する意志はなかったように思われる（『立花小一郎日記』一九一三年一二月五日条、国立国会図書館憲政資料室所蔵『立花小一郎関係文書』所収）。
(41) 一九一三年寺内正毅宛明石元二郎書翰（前掲「寺内文書」六―二八）。
(42) 原奎一郎編『原敬日記』第三巻（福原出版社、一九六五年）一九一三年一〇月六日条。
(43) 前掲『原敬日記』一九〇八年四月二三日条、二四日条。
(44) 「内務省官制中改正」（一九一三年勅令第一四二号）。
(45) 「内務省分課規定中改正」（『官報』一九一三年六月一六日）によって拓殖課は朝鮮、台湾および樺太に関する事務を担当する。
(46) 『小橋一太日記』一九一三年六月一日条。
(47) 前掲『原敬日記』一九一三年六月二七日条。
(48) 一九一三年一〇月、東拓理事の辞職問題が生じた際、辞職書を東京に送るように内務大臣が朝鮮総督に訓令したように、内務大臣は必要に応じて時に総督に訓令を送っていたことがわかる（前掲『原敬日記』一九一三年一〇月一〇日条）。内務大臣の訓令発送をめぐって内務大臣と朝鮮総督が葛藤をもたらしたことは想像に難くない。実際に、一九一七年寺内内閣の当時、時の後藤新平内務大臣は朝鮮総督に対し、監督権ありとの前提の下に財務関係について訓令を発したのに対し、時の長谷川好道朝鮮総督は、内務大臣の監督をうけていないとその訓令を内務大臣に返戻したことがある（外務省条約局法規課編『日本統治時代の朝鮮』外務省条約局法規課、一九七一年、一六一頁）。また拓務省成立後まもなく、拓務大臣が朝鮮総督府に対する監督権を主張したため、総督府が拓務大臣からの命令・訓令を意味する電報への返答をボイコットするという事態にまで発展した（山崎丹照『外地統治機構の研究』高山書院、一九四三年、三七頁）。
(49) 前掲『小橋一太日記』一九一三年八月七日条。
(50) 一九一三年八月九日付児玉秀雄宛寺内正毅書翰（前掲『児玉秀雄関係文書Ⅱ』三一六頁）。
(51) 「朝鮮に於ける地方制度の沿革」（国立国会図書館憲政資料室所蔵『斎藤実関係文書』七八―四一）。
(52) 前掲『小橋一太日記』一九一三年一一月一一日条。
(53) 前掲『小橋一太日記』一九一三年一二月三〇日条。

(54) 前掲李「第一次憲政擁護運動と朝鮮の官制改革論」、七八頁、前掲永井「倉富勇三郎日記と植民地朝鮮」。
(55) 永井和氏は一九二九年四月一九日条『倉富勇三郎日記』を根拠に倉富が官制改革案を起案しなかったことを明らかにした。永井氏の研究によれば、倉富が法制局長官に赴任した一九一三年九月にはすでに官制案が成立したという。一〇月六日条、『原敬日記』でも山本首相が原に朝鮮官制草案を見せて調査を依頼しているという点で、すでに草案が用意されたことが分かる。恐らく宮中席次改正の際と同じく、岡野敬次郎法制局長官に命令して準備したようである。だが、原は八月末に小橋を朝鮮に出張させ、朝鮮の現況を調査させて官制改革を準備させた。以後地方局が中心になって内務省案を練り、法制局と協議して成案を作ったと思われる。
(56) 立花警務総長は秋山参事官との対話で、総督府官制改革と憲兵廃止論を語る時、倉富と共に水野、小橋に言及している(前掲『立花小一郎日記』一九一六年九月二三日条)。
(57) 一九一〇年五月三一日付桂太郎宛寺内正毅書翰（前掲『桂太郎関係文書』二六七頁）。
(58) 『帝国議会貴族院委員会速記録』明治篇二八（東京大学出版会、一九八八年）九九頁。
(59) 一九一二年七月一八日付「寺内正毅訓示案　朝鮮総督府諸施設整備関係等」（山本四郎編『寺内正毅関係文書：首相以前』京都女子大学、一九八四年、七七頁）。
(60) 『帝国議会衆議院委員会議録』第一巻（臨川書店、一九七一年）二八四頁。
(61) 前掲「朝鮮行政視察報告」三〇〇—三〇二頁。
(62) 『毎日申報』一九一四年一月二八日付。
(63) 鈴木司税局長談「増税理由」『毎日申報』一九一四年一月二八日付。
(64) 財政独立五ヵ年計画については、堀和生「朝鮮における植民地財政の展開—一九一〇—三〇年代初頭にかけて—」（飯沼二郎・姜在彦『植民地期朝鮮の社会と抵抗』未来社、一九八二年）、鄭泰憲『일제의　경제정책과　조선사회：조세정책을 중심으로』（역사비평사、一九九六年）を参照されたい。
(65) 「朝鮮増税防止運動の経過」（『朝鮮公論』第二巻第三号、一九一四年三月）四一—四四頁。
(66) 前掲『寺内正毅日記』一九一四年二月一三日条。
(67) 前掲「朝鮮増税防止運動の経過」四五頁。折橋は三月五日貴族院の最大会派である研究会を率いる田健治郎にあい、地租増徴反対に尽力するように要請した（櫻井良樹編『田健治郎日記Ⅱ』社団法人尚友倶楽部、二〇〇九年、一九一四年三月五日条）。

(68) 『帝国議会衆議院委員会議録』第二巻（臨川書店、一九七一年）二七一頁。

(69) 右同、二七二頁。

(70) 『帝国議会貴族院委員会議事速記録』第二巻（臨川書店、一九七一年）四九頁。

(71) 前掲『田健治郎日記Ⅱ』一九一四年三月二日条。

(72) 『朝鮮新聞』一九一四年三月一日付。

(73) 小林道彦（『日本の大陸政策　一八九五―一九一四：桂太郎と後藤新平』南窓社、一九九六年）が指摘したように、原と寺内は安価な植民地経営を目指したという点で意見が一致している。

(74) 一九一〇年代の道路賦役については、広瀬貞三「一九一〇年代の道路建設と朝鮮社会」（『朝鮮学報』第一六四号、一九九七年七月）を参照されたい。

(75) 忠南警務部と公州憲兵隊が編纂した民政視察報告書である『酒幕談叢』（韓国国会図書館所蔵）には、総督府の増税、賦役に対する農民らの生き生きとした声が収録されている。一九一四年二月の報告書には、凶年にもかかわらず税金を督促する総督府に対して、不満を吐露する民衆らの生々しい声があちこちに載っている。また、一九一五年二月の報告書には、豊作により米価が暴落したにもかかわらず、増税を敢行して税金を督促する総督府に対する民衆らの不満が散見される。

(76) 『毎日申報』一九一四年一月二八日付。

(77) 一九一四年二月一二日付寺内正毅宛山県伊三郎書翰（前掲「寺内文書」三六一―一五）。

(78) 一九一四年三月二六日付寺内正毅宛山県伊三郎書翰（前掲「寺内文書」三六一―一六）。

(79) 『毎日申報』一九一四年一二月四日付。

(80) 朴潤載「한말・일제초　방역법규의　반포와　방역체계의　형성」（연세대학교국학연구원편『일제의　식민지배와　일상생활』혜안、二〇〇四年）五四二頁。

(81) 藤田は一八五四年生まれ、大学東校員外生として医学を学び、一八七七年陸軍軍医補となった。以後、台湾陸軍軍医部長、第五師団軍医部長、朝鮮総督府医院長などを歴任。一九一二年軍医総監に昇進した。台湾在任中には「ペスト」予防委員・

総督府医院監督・総督府衛生常置委員・台湾中央衛生会委員・市区計画委員などを歴任。陸軍軍医団『陸軍軍医中将藤田嗣章』（陸軍軍医団、一九四三年）の年譜から作成。
(82) 前掲『陸軍軍医中将藤田嗣章』一四七頁。
(83) 右同、九〇頁。
(84) 防疫本部の顔ぶれは以下のようである。総長岡崎生三、防疫副総長藤田軍医監および松井茂内部警務局長、顧問佐藤進、防疫本部委員　統監府書記官小松緑、軍医正柴岡文太郎、軍医正村上潔、統監府書記官沢田牛麿、同荻田悦造、同児玉秀雄、統監府技師小山善、陸軍歩兵大尉松江豊寿、同広瀬秀彦、陸軍一等主計植村松之助、陸軍一等軍医寺川源。
(85) 韓国統監府編『明治四十年韓國防疫記事』（韓国統監府、一九〇八年）一六頁。
(86) 藤田嗣章「漢城衛生組合の創設其他の回顧」（二）（『朝鮮新聞』一九三六年五月二〇日付）。
(87) 朝鮮憲兵隊司令部編『朝鮮憲兵隊歴史』第一巻（復刻、不二出版、二〇〇〇年）一七五頁。
(88) 佐藤剛蔵『朝鮮医育史』（佐藤先生喜寿祝賀会、一九五六年）二一頁。
(89)「韓國現地의 虎列刺防疫現況 및 日皇太子迎接件」（『統監府文書 四』国史編纂委員会、一九九九年）一六三頁。
(90) 漢城衛生会については、朴潤載「韓末・日帝初　漢城衛生会의　活動과　植民支配」（『서울학연구』第二二集、二〇〇四年）を参照されたい。
(91) 板東義雄「朝鮮に於ける衛生一班」（『軍事警察雑誌』第九巻第三号、一九一五年三月）三九頁、白石保成『朝鮮衛生要義』（発行者不明、一九一八年）三五頁。
(92) 飯島渉『ペストと近代中国：衛生の「制度化」と社会変容』（研文出版、二〇〇〇年）一九〇頁。
(93) 防疫評議委員会には明石元二郎警務総長（委員長）、鈴木穆司税局長（以下委員）、小原新三地方局長、藤田嗣章軍医監、岡本桂次郎通信局技師、中野有光警務官などが参加していた。同委員会は一九一一年三月一三日付で臨時防疫委員会に改変された。
(94) 前掲『陸軍軍医中将藤田嗣章』二六二頁。
(95) 森安連吉「「衛生」思想の普及」（朝鮮新聞社編『朝鮮統治の回顧と批判』朝鮮新聞社、一九三六年）六五頁。
(96) 朴潤載「一九一〇年代初　日帝의　페스트　防疫活動과　朝鮮支配」（河炫綱教授定年紀念論叢刊行委員會편『韓國史의

構造와　展開』（혜안、二〇〇〇年）七八四―七八七頁。

(97) 一九一一年二月二三日付寺内正毅宛明石元二郎書翰（前掲「寺内文書」六一―一五）。

(98) 同右。

(99) 前掲朴「一九一〇年代初　日帝의　페스트　防疫活動과　朝鮮支配」七八一頁。

(100) 『東京朝日新聞』一九一一年一一月三日付。

(101) 山根正次「朝鮮に於ける現下の衛生状態」（『朝鮮及満洲』第七四号、一九一三年九月）二〇頁。

(102) 前掲朴「한말・일제초　방역법규의　반포와　방역체계의　형성」五四二―五四三頁。

(103) 国立公文書館所蔵「伝染病予防令ヲ定ム」（『公文類聚』２Ａ―１１―類０１２２３１）。

(104) 前掲「立花小一郎日記」一九一四年八月五日条。

(105) 前掲「立花小一郎日記」一九一四年八月二二日条。

(106) 『朝鮮総督府官報』一九一五年六月五日付。

(107) 衛生組合については尾崎耕司「衛生組合に関する考察―神戸市の場合を事例として―」（『大手前大学人文科学部論集』第六号、二〇〇五年）を参照されたい。

(108) 脇村孝平「植民地統治と公衆衛生―インドと台湾―」（『思想』第八七八号、一九九七年八月）四四―四七頁。

(109) 尾崎耕司「『伝染病予防法』考―市町村自治と機関委任事務に関する一考察―」（『新しい歴史学のために』第二一三号、一九九四年五月）が詳しい。

(110) 一九一〇年代の朝鮮総督府の地方行政については、金翼漢『植民地期朝鮮における地方支配体制の構築過程と農村社会変動』（東京大学博士論文、一九九六年）が詳しい。

(111) 「衛生組合取扱に関する件」（『警務彙報』第一〇三号、一九一五年八月）二二―二六頁。警務総監部が指定した衛生組合規約標準は第一章　総則、第二章　組合役員及職務、第三章　評議員会、第四章　給与及救恤、第五章　会計、第六章　組合員の格守事項、第七章　違約処分で構成されていた。

(112) 前掲朴「一九一〇年代初　日帝의　페스트　防疫活動과　朝鮮支配」七八四―七八七頁。

(113) 前掲朴「한말・일제초　방역법규의　반포와　방역체계의　형성」五四七―五四九頁。

(114) 『朝鮮総督府官報』一九一五年七月一二日付。
(115) 前掲「立花小一郎日記」一九一五年三月二日条。ちなみに服部大佐越権の件とは、慶北警務部長服部米次郎大佐が道の道路行政に不満を持ち、李軫鎬長官の頭越しに佐々木正太道内務部長と協議の上、朝鮮総督府土木局に通報し土木局員の派遣を請求し、道行政の見直しを試みて物議を醸した事件である（服部米次郎『九十年の回顧』私家版、一九六三年、九一頁）。また「立花小一郎日記」一九一四年八月四日条では「長官会議ヘ出席平壌府尹ト警官不円満ノ件ヲ申告ス（書類ハ宇佐美ニ渡ス）」と警察と地方行政機関との対立が散見できる。
(116) 「衛生組合等調査ノ件」（『朝鮮総督府官報』一九一四年九月八日付）。
(117) 姜再鎬『植民地朝鮮の地方制度』（東京大学出版会、二〇〇一年）一五九—一六〇頁。
(118) 一九一五年五月三日付寺内正毅宛小原新三書翰（前掲「寺内文書」二三六—一二）。
(119) 小原新三『衛生行政法釈義』（金港堂、一九〇四年）三七〇—三七一頁。
(120) 前掲「立花小一郎日記」一九一五年九月八日条。
(121) 前掲「立花小一郎日記」一九一六年一月二三日条。
(122) 永野清「朝鮮に於ける警務機関（承前）」（『警務彙報』第一二三号、一九一六年六月）一二頁。
(123) 小松浅五郎「道長官と警務部長との職制上の関係に関する永野法学士の所説に就て」（『朝鮮彙報』一九一六年一〇月）一五七頁。
(124) 韓国国家記録院所蔵「朝鮮面制制定書類」（ＣＪＡ０００２５７２）。
(125) 『毎日申報』一九一五年七月一〇日付。
(126) 小栗史朗『地方衛生行政の創設過程』（医療図書出版社、一九八一年）二六九頁。
(127) 山根正次「戦争と衛生」（『朝鮮及満洲』第八六号、一九一四年九月）二九頁。
(128) 前掲「立花小一郎日記」一九一五年三月九日条。
(129) 前掲「立花小一郎日記」一九一五年日記の最後に書き留めていた文章。
(130) 第一次世界大戦後の朝鮮と関連する軍事行動計画については、松田利彦「일본육군의 중국대륙침략정책과 조선（一九一〇～一九一五）」（권태억외『한국 근대사회와 문화Ⅱ 一九一〇년대 식민통치정책과 한국사회의 변화』서울대학

교출판부、二〇〇五年）を参照されたい。

(131) 前掲『元帥寺内伯爵伝』七一三—七一四頁。

(132) 「総督府施設歴史調査書類」一九一五年一一月（前掲『寺内正毅関係文書：首相以前』一七八頁）。

(133) 立花小一郎「軍事上より見たる朝鮮民族」（『朝鮮及満洲』第七五号、一九一三年一〇月）一三—一四頁。

(134) 「新警務総長立花少将と語る」（『朝鮮及満洲』第八三号、一九一四年六月）四—五頁。

(135) 「井口軍司令官を訪ふ」（『朝鮮及満洲』第九四号、一九一五年五月）九—一〇頁。

(136) 波多野勝編『井口省吾伝』（現代史料出版、二〇〇二年）二三五頁。

(137) 『東京朝日新聞』一九一一年一月二七日付。

(138) 「朝鮮統治制度案」（内田良平研究会編『内田良平関係文書』第一一巻、芙蓉書房出版、一九九四年）四三頁。

(139) 前掲「立花小一郎日記」一九一四年六月一九日条。

(140) 前掲「立花小一郎日記」一九一五年二月二六日条。

(141) 前掲『寺内正毅日記』一九一五年三月五日条。

(142) 戸籍と兵役については、田代有嗣・吉田和夫・林田慧「共通法三条三項と兵役法との関係—戸籍事務と兵役法—」（一～三）（『戸籍』第二七〇～二七二号、一九六九年六月～八月）、坂元真一「敗戦前日本国における朝鮮戸籍の研究—登録技術と徴兵技術の関係を中心として—」（『青丘学術論集』第一〇集、一九九七年）を参照。

(143) 浅野豊美「国際秩序と帝国秩序をめぐる日本帝国再編の構造」（浅野豊美、松田利彦編『植民地帝国日本の法的展開』信山社、二〇〇四年）は共通法制定過程の中で、朝鮮総督府と台湾総督府が転籍問題について肯定的な立場を取っていることを指摘している。

(144) 前掲「立花小一郎日記」一九一五年二月一二日条。

(145) 国立公文書館所蔵「共通法ヲ定ム」（２Ａ—１１—類１２６８１）。

(146) 前掲「寺内正毅日記」一九一五年三月三〇日条。

(147) 内務省管理局は一九四四年一月二八日付で「朝鮮人皇民化基本方針」という文書を作成し、朝鮮人処遇の向上施策として「政治参加」に続いて「戸籍法の施行」を議論している。すなわち、皇民化の事実が顕著な朝鮮人（日本に長く居住して日本人と区別するのが難しい程度まで皇民化された者、太平洋戦争に武勲がある帰還勇士として日本に居住した者など）に対して日本での転籍を認めることを提案している。なおこれに対して朝鮮総督府法務局が一九四四年一〇月一一日付で作成した「日本、朝鮮間の転籍などに関する法律案」では「三年以上転籍又ハ、分家セントスル地域ニ住所ヲ有スルコト」、「国語ヲ使用スルコト」等を転籍条件として提示しており、許可対象が内務省案よりも広範囲であったことが注目される（遠藤正敬『近代日本の植民地統治における国籍と戸籍』明石書店、二〇一〇年、一八五頁）。

(148)　前掲浅野「国際秩序と帝国秩序をめぐる日本帝国再編の構造」を参照されたい。

第二章　長谷川好道総督在任期における統治構想

本章が扱う長谷川総督在任期は、基本的には寺内総督の制度・政策を継承しながらも、総督府の中の権力構造の実態としては、政務総監が次第に政策実行の主導権を握りつつある状況にあった。山県伊三郎ら文官官僚は、会社令改正、内地資本の誘致などの寺内総督時代の政策に修正を加え、武官総督制・憲兵警察制の廃止を目指し、政友会へ接近する。それゆえ、寺内総督期と「文化統治」期に挟まれた長谷川総督期は、両時期の断絶の側面だけではなく連続の側面も持つのである。本章では、まず第一に、朝鮮総督府の権力配置に注意し、寺内派官僚と対比しながら、山県ら文官官僚が現実をいかに認識し、いかなる政策を練り、何を契機として政策の転換をはかろうとしたのか、その動向に注目したい。また先行研究(1)を新史料から得られる知見で補いながら、植民地官制改正を巡る各政治勢力のせめぎあいの中で、植民地官制改正に対する立場上の相違が朝鮮統治策として具体化されてくる過程を分析する。

一　総督府人事

①総督・政務総監人事

第二次大隈内閣が減債基金問題で崩壊し、一九一六年一〇月九日、寺内朝鮮総督に大命が下ると後任総督問題が生じた。一時新聞では上原勇作説が浮上したが、寺内は大島健一陸相や山県有朋元帥と相談して後任総督として元参謀総長長谷川好道元帥を推薦した。長谷川は当初、朝鮮総督の就任を承諾しなかったようだが、山県の説得もあって、気の進まぬまま朝鮮総督に就任した。(2) 寺内の後を継いだ長谷川総督は山県直系の「武断派」であり、韓国駐箚軍司令官時代には伊藤統監でさえも手を焼く存在であった。(3) 長谷川については「極端に銭を愛し機密費の如きも散すべきに散せず、俸給と同じく懐中に収むると云ふ酷評まで起り」、山県伊三郎政務総監以下官僚からは「面従腹背で一の偶像」(4) 視された。実際、山県政務総監は児玉秀雄に総督府機密費の使用について「仮令一厘一文と雖も理由を附し総督の承諾を得て支出することに相成候事故」、「中々煩雑に不堪」と不満をあらわした。(5)

朝鮮総督は官制上、現役の陸海軍大将が充てられたが、宮中席次では台湾総督より上だったので、その該当者（古参大将または元帥）はかなり限られていた。その上、古参大将を朝鮮総督に充てた場合、大将が定年を迎えることで後任問題が再浮上してしまうことになる。(6) かつて桂太郎は「陸軍ノ現情ハ随分手薄ナルモノアルヤニ被考相申候。元帥モアリ大将モ多々有之候ヘ共、現任大将連ノ顔ヲ一見シテモ決シテ全陸軍の事ヲ平素ヨリ熟考シテ（軍紀トカ元気トカアル人ハ有之トモ）陸軍全般ニ尽力否思慮アル人ハ実ニ小数ノモノナラン。思之思彼トキハ寒心スヘキ事多々有之申候」(7) と陸軍内の人材不足を嘆いたが、植民地長官を陸軍、その中でも長州閥が独占することによって朝鮮総督人事は一層困難であったと推測される。(8)

一方、山県政務総監は留任する。寺内は今まで自分が布いた政策が大きく転換されることを憂慮し、政策の継承を最も望んだのだ。これに対して、山県政務総監は「総督閣下より御懇望ヲ蒙リ、いかにも恐縮仕候。固より小生ニ於ても此際御無理なる事ハ不申出候得共、施政上自然新総督の意見も可有之と被存候得ハ将来ノ方針ニ付一応閣下ノ御高見御伺度候」(9) と統治方針について寺内の意見を尊重することを明らかにした。山県（有朋）は長谷川総督が頼もしくないせいか、大島陸相を通じて養子伊三郎を政務総監留任とする理由を伝えるが、伊三郎は「何処迄も新総督を幇助し、為朝鮮努力可致[10]」と養父を安心させる。

このように、山県伊三郎政務総監は「山県有朋及び寺内の懇諭[11]」によって留任し、長谷川総督を補佐するようになる。元憲兵隊司令官で第一九師団長立花小一郎は長谷川就任について、「寺内前総督とは違い余り行政上の細かな事には頓著しない方だから当分山県政務総監の骨が折れることであらうと思ふ、却て其れも善かろうと思ふ[12]」と予想した。だが、農商工部長官石塚英蔵は長谷川元帥と山県伊三郎の二人では「朝鮮統治之将来ハチト問題と存候[13]」と憂慮をあらわした。朝鮮総督府出張所主任大城戸宗重[14]は「長谷川総督は寺内伯に譲らざる権威有る為政者ではあるが、何分健康が勝れず、性格も単調であるから、自然部下の官吏に対立の隙を与へたかも知れぬ[15]」と評した。宇佐美内務部長官は、長谷川総督時代に対して「総督政務総監ノ間意思融合セズ騒擾発生スルニ及ヒ一層甚ダシキモノアリ」、「総督政務総監関係ヨリ総督府中ノ方針殆ント其中心ヲ失ヒ、万事意ノ如ク進捗セズ、痛恨侯[16]」と回想している。

②総督府人事

寺内内閣が成立すると、寺内直系の文官官僚は次々と朝鮮から離れることになる。児玉秀雄総務局長が内閣書記官長に就任し、小松緑外事局長は外事局廃止によって内地に引き上げ、秋山雅之介参事官は青島守備軍民政部の設置によりその民政長官に就任する。また石塚農商工部長官は東洋拓殖株式会社総裁に就任し、荒井度支部長官は「勝田ニシテ大臣タラバ自分ハ漸ラクモ現職ニ止ムルコトヲ得ズ[17]」と、朝鮮銀行総裁勝田主計が大蔵大臣に就任すると辞職してしまい、池田十三郎は病気を理由に辞職した。その代わりに、農商工部長官には忠南道長官小原新三が、首席参事官には大塚常三郎が、度支部長官には「親軍」と称される鈴木穆[18]が各々就任する。

内務部長官　宇佐美勝夫（留任）

度支部長官　荒井賢太郎―鈴木穆（一九一七・六〜一九一九・八）

農商工部長官　石塚英蔵―小原新三（一九一六・一〇～一九一九・八）
司法部長官　倉富勇三郎―国分三亥（一九一三・一〇～一九一九・一二）
通信局長官　池田十三郎―持地六三郎（一九一七・六～一九二〇・六）一九一九年八月から逓信局長に変更
土木局長　持地六三郎―宇佐美勝夫（一九一七・六～一九一九・八）
総務局長　児玉秀雄―荻田悦造（一九一六・一〇～一九一九・八）
学務局長　関屋貞三郎（留任）
勅任参事官　秋山雅之介―大塚常三郎（一九一七・一〇～一九一九・八）
鉄道局、取調局、外事局、会計局は廃止。

このように、寺内内閣成立後、寺内直系の文官官僚が朝鮮を引き上げ、その代わりに小原・大塚など内務部系統にいた人々が総督府要職に就任することによって、総督府内に山県政務総監の勢力が拡大されたのである。

二　産業政策

寺内は朝鮮総督に就任してから、木内重四郎農商工部長官に「自分は司法や財務の事には暗いから倉富や荒井に任して居るが、農商工部の事は自分に於て大なる抱負があるから」[19]といって、産業行政に関する自分の方針を確立しようとした。寺内総督は「朝鮮ニ於テハ他ノ商工業ヨリモ先ツ第一ニ農業ノ改良奨励ヲ計ルヲ最急務ト為ス」[20]として、朝鮮における工業化自体にあまり熱心ではなかった。なお、寺内総督は会社設立・朝鮮以外で設立された会社の本支店設置について、朝鮮総督の許可を義務付け、朝鮮人の会社のみならず日本人の会社を統制しようとした。この方針に対しては、局部長官会議で山県政務総監や倉富司法部長官も賛成したが、木内だけが「今日朝鮮の開発は出来るだけ内地の資本を投下せしむることが急務」であり、本支店の設置を強制したり、許可主義を振り回したりすることは、「自然投資家を躊躇せしめ、資本の流入を防ぐ事となり、朝鮮開発の根本方針に反する」と述べ、強く反対した。(21)寺内は内地の資本が朝鮮に進出することによって日本国内の影響力が朝鮮で増大することを極度に嫌ったので、(22)木内の反対を押し切って、腹心である秋山参事官に命じて会社の設立を規制する法案を立案させた。かくて成立した会社令に対しては、朝鮮実業家、在朝日本人は言うまでもなく、渋沢栄一や中野武営を始め、多くの内地の実業家が反対し、帝国議会においてもかなり非難されたのだった。(23)

長谷川総督は就任時の訓示で「若し一時当面の便に駆られ慎重の考量を欠きて蔓然施設制度の変改を事とするが如きは徒らに民衆をして疑惑の念を懐かしむるのみならず却つて多年勤労の効を空くするなきを保し難し、深く之を戒慎せざるべからず」と、従前の方針を踏襲することを明らかにした。(24)この時期、朝鮮総督府は水利組合令を制定して農事の改良を奨励し、蚕業令を公布して蚕種の統一改善し、農商工業の振興を図るなど産業発展に重点を置いた。

ところで、第一次世界大戦期、日本内地で「熱狂的好景気」(25)による企業新設・拡張ブームが生じ、これを反映し、かつ増幅して植民地においても企業設立ブームが起こる。一九一六年以降、「大戦景気」の影響が朝鮮にも現れはじめ、日本内地からの企業進出が本格化した。このような事態に対して小原農商工部長官ら官僚は内地企業の朝鮮進出を円満にするため、企業家の便宜を謀った。朝鮮総督府経済官僚らは、内地企業を誘致するため優遇策を採用したが、そこには法人税獲得を企図し財政独立計画を達成しようとする思惑があったのである。小原長官は、産業政策について次のように語っている。

将来と雖も朝鮮は農業其の他原始業に依つて立つべき国柄であつて、工業を以て立つべき国柄ではないと云ふ事を一部の人の唱道したる時代もあつた様に思ふ。併しながら、一つには時局より受けたる影響であつたとは云へ、現に最近上述したる如き大工業が、続々勃興しつゝある今日に於て、最早や此の説の採るべからざるは明白なる事実である。[26]

小原は寺内総督の農業本位論を批判しながら、工業立国論を主張しはじめたのである。このような総督府経済官僚の認識転換は会社許可にも反映された。一九一六年七月から一七年二月末まで総督府から成立許可を得た会社は一六社、資本総額は一一八六万五〇〇〇円であり、一九一一年会社令施行から一九一六年末に至る六年間に成立した会社一七〇件、資本総額二七三八万七〇〇〇余円に照らし合わせてみるならば、投資額・企業の規模ともに従来に比して著しく増大した傾向を容易に見て取ることが出来るだろう。[27]このような内地企業の朝鮮進出と共に、一九一八年六月の共通法制定は、会社令改正を余儀なくさせる要因となった。朝鮮総督の許可を義務付けた会社令第三条が、内地・朝鮮・台湾および関東州の各地域において成立した会社は他の地域においてもそれぞれ成立を可能としたが、このような共通法の規定に、会社令第三条が抵触することになったからである。[28]ちなみに鈴木穆度支部長官は、三・一運動の善後策として「異民族ノ統合ヲ強固ニシ不可離ノ関鍵ヲ緊握スルニハ抜クヘカラサル経済的勢力ヲ扶植」するために、内地資本の招致を提案していた。[29]

ところで、一九一七年に入ってから、朝鮮総督府の御用新聞『京城日報』や在朝日本人が発行する『朝鮮新聞』までもが、大戦終了後、来るべき経済戦に備え、内地の産業政策との調和を策するため、朝鮮の官民のみならず内地の識者が参加する産業調査機関の設置を唱え、朝鮮総督府に高等産業政策の樹立を迫った。これに対して総督府商工課長の青木戒三は「中央政府に於ても戦後の経済戦に策応せる為め、各種の臨時調査機関を設け産業経済交通等各方面に渡りて其基本的調査を為しつゝある。我朝鮮に於ても特別の機関を設くると否とに拘はらず、此意味に於ける調査に力を尽くすの必要」があると前向きな姿勢をみせた。(30)ちなみにこの議論は、一九二一年に設置された朝鮮産業調査委員会を先取りしている点で注目に値するだろう。

さてこのような朝鮮における企業熱に伴って、金融機関の整備は何よりも至急の課題として浮上した。一九一五年、農工銀行が経営破綻に陥り、さらに寺内内閣成立以後、「鮮満一元化」の政策下で、朝鮮銀行法や東洋拓殖株式会社法が改正され、満洲への進出が可能になると、東拓の業務・監督がしだいに朝鮮から外れていく。(31)そのため、朝鮮での金融空白が予想される中で、朝鮮総督府経済官僚らは「産業発達ノ状態ニ対比シ且最近経済躍進ノ趣向ニ鑑ミ更ニ戦後来ルベキ大勢ニ想到シテ転々其ノ勢力(農工銀行　筆者)ノ微弱ナルヲ思ハサルヲ得ス」、各地の農工銀行を「統一シテ一大銀行トナシ朝鮮全道ノ資力及信用ヲ一団トシテ中外ヨリ資本ヲ蒐集」し、「半島将来ノ経済ニ貢献セシムル」(32)と独自の金融再編策を講じる。農工銀行は株主を営業区域に居住する朝鮮人だけに限定したため、株式募集に困難を極めたが、朝鮮総督府は株主制限を撤廃し、企業ブームに伴って内地から積極的に資本を誘致しようとした。これに対して寺内首相は、合同銀行の株主制限を撤廃することによって朝鮮の国策金融機関が大資本家の思惑に左右されることを恐れ、異論を唱えた。しかし、朝鮮総督府官僚らは、朝鮮人を優先するという政策実施の方針を作成することによって、寺内・拓殖局・法制局を説得し、一九一八年一〇月、朝鮮殖産銀行が設立されることになった。(33)朝鮮銀行や東拓とは異なり、朝鮮総督の命令である制令によって設立された殖産銀行は、理事者(頭取・理事・監督など)が朝鮮総督に任命されるなど、朝鮮総督の強い監督下に置かれた。以後、殖産銀行は実質的な朝鮮の中央銀行の役割を果たしながら、「生え抜き官僚」の主な天下り先になる。

このように、寺内に代表される大陸経営優先派と朝鮮の産業開発に重点を置く朝鮮総督府文官官僚との間には、産業政策をめぐる意見の相違が存在したのである。(34)

三　三・一運動後の官制改正

長谷川は、就任後まもない一九一七年三月、寺内首相に、朝鮮鉄道の満鉄への委譲や関東都督を朝鮮総督が兼任するなど、朝鮮と満洲の統治機関を統一する日本陸軍の大陸政策が具体化される中で、持病と高齢を理由で寺内首相に辞意を漏らした。[35]植民地統治にあまり関心を持たなかった長谷川総督は、「唯前寺内総督の政策を踏襲するに止まり、依然として政治は秘密と言論圧迫とを以て只菅所謂殖産政策にのみ没頭し、敢て進んで統治の大策を示さず、政治は主として幕僚の手中に帰せしめて居る」[36]有様であった。そのため、この時期は、寺内総督時代に比べ、児島惣次郎憲兵隊司令官（元山県有朋の副官）に対する文官官僚の悪評も加わって、[37]総督府内部の文官と武官の対立は一層激化する。総督権力が空白の中、武官幕僚による総督政治の攪乱が浮上したのである。

こうした中で寺内総督時代、総督が事務の一切を統理したため、総督府内で影の薄かった山県政務総監は、本来の総督府官制上の政務総監の権限を取り戻すため、また憲兵武断統治の悪弊を是正するため、動きだした。こうした山県の動きに足並みを揃えて宇佐美勝夫は寺内内閣期、憲兵警察制度改革を政府に打診した。[38]

華翰拝誦、其後別に御変りも無之よし欣賀の至り奉存候。御書中警察に関する件了承、其内総理にも面会の機可有之に付、其節はなんとなく一応事情話し置度と存候。小生も著京以来、日々雑務に逐はれ、明日よりは愈分科会にて朝鮮に係る質問相始り候由。[39]

山県政務総監および宇佐美内務部長官が憲兵警察制度を普通警察制度に改める意図であったのに対し、陸軍や長谷川総督は容易に議を容れなかった。

ところで、米騒動が原因となって寺内内閣が崩壊し、政党内閣である原内閣が一九一八年九月に成立すると、長谷川総督はふたたび寺内に対して辞意を漏らす[40]。長谷川は、朝鮮総督が内閣成立と共に交替するのはよくない前例になるので、あえて二三ヵ月ずらして辞職する意を示している。これに対して寺内は同月二一日「閣下ニ於カレテハ君国ノ為引続キ御尽倅アル様致タク、決シテ本官ノ例ヲ倣ハレサル様衷心切望ノ至リニ堪ヘズ[41]」という電報を送り辞職を認めなかった。

このような状況の中、山県政務総監は宇佐美内務部長官と提携して、武官総督政治を変えようと再び動きはじめた[42]。原は一九一八年一〇月一三日の日記に次のように記している。

昨日山県伊三郎朝鮮より上京、余に内話するに朝鮮目下の状況はもはや武人を以て総督となすの時機は過ぎたり、長谷川は不遠内に去りたき意思の様なり、但彼は留任せよと云はれば留任もなす事と信ずるも、全く彼等武人を要するの必要なし、自分には寺内が総督たりし当時、如何にも不愉快の時代を辛抱し来たり、長谷川去るを機会として総督とならん事を望むも非望にもあらざる事と思ふに付何とか不相成哉と云ふ[43]。

寺内内閣が崩壊して原内閣が成立すると、長谷川総督の辞意を見越した山県政務総監は原首相に自己の総督就任を働きかけた。原首相の植民地統治機関改革の動きに応じて、山県は腹心ら（内務省出身官僚）とともに、憲兵警察と武官総督制の廃止を目指して政友会に接近したのである。このような状況の中で、三・一運動が勃発した。三・一運動は総督府内部の対立がもつ矛盾を赤裸々にあらわす契機ともなり、山県系総督府官僚は、三・一運動後の原の植民地官制改革に協力するようになる。ちなみに山県は原敬（西園寺内閣の閣僚）、野田卯太郎（元東拓副総裁）とも親交があり、宇佐美、小原（原の同郷である岩手出身[44]）は水野錬太郎（当時内務省秘書官）によって内務省に採用されるなど山県グループは政友会にパイプを持っていた。原内閣期、山県が関東長官、宇佐美、小原が内務省に再採用されることになるが、これは偶然ではないだろう。

三・一運動が勃発すると、山県政務総監や彼に繋がる総督府の官僚たちは、三・一運動を「総督側の失政の結果[45]」であると非難した。彼らは、いち早く事件の原因究明や善後策の策定に乗り出した。宇佐美内務部長官は三月一一日、アメリカ人の宣教師らと面談し、朝鮮人の不満は朝鮮人差別にあり、日本人移民のために朝鮮人を追い出す事例もあることなどを聴取した[46]。四月二日、学務局長の関屋は「従来のやり方は事務にして政治に非す」と憲兵主導の武断統治を非難しながら、「平素よりの沈黙を破り権限等に拘らす進言致可く出来る丈け西洋人、朝鮮人等にも面談致」し、「是非官僚式を打破して衆智を集め鎮撫を計り直に将来施政改善に拘わり度[47]」と述べて政策転換の意をあらわしていた。関屋は四月三日、朝鮮基督教界の元老尹致昊に会い「日本人統治者達は意欲だけが先にたち、朝鮮人達の先入見や感受性を充分に考慮できなかった[48]」と伝えている。

一方、山県政務総監は、三・一運動鎮定に関する政務打合せの名目で、三月二九日、小原農商工部長官とともに上京し、同日の閣議で「此事件（三・一運動　筆者）の勃発を全く気付かざりし事は総督の失体なり[49]」と長谷川総督の責任を問いながら、養父山県有朋に対しては、武官制度を不可として説得を試みた。四月九日、原首相から山県政務総監は「文官本位の制度に改むる事、教育は彼我同一方針を取る事、憲兵制度を改め警察制度となる事」など「内地延長と認めて朝鮮を同化する[50]」方針を内示された。山県政務総監は、四月一三日、朝鮮に帰る直前に行なった記者会見において、「騒擾鎮定後の所謂対策に就ては自分に於ても相当の用意を有」していること、また「従来の統治方針が余りに日本主義」的で、「政治教育その他の事を朝鮮本位にすべし」と述べた[51]。山県の構想は原の内地延長主義とはやや異なる「朝鮮本位」の善後策であったことがわかる。山県は原の朝鮮統治方針を確認した上で、朝鮮に戻った後本格的に三・一運動善後策に取り組んだ。総督府は四月一一日から、事務官一〇名、および警務官一名を各道に派遣し、総督府方針の徹底を図るとともに、民情を察知して運動の理由や、経過を考究させた。[52]その後、山県政務総監を中心とする総督府の文官官僚は、従来の武断的政策を再検討し、統治方針・地方制度・教育・中枢院改革・産業政策などの全般的な改訂作業に乗り出した。例えば産業分野について、小原農商工部長官は「朝鮮の産業方針多岐に亘り煩苛に堪えない」、「其趣旨人民に徹底せず諒解されざるに非ざる乎」、「人民直接の官吏事功を急ぎ民度を顧慮せず多少の強圧的の態度は人民に不平を起させる素因に非らざる乎」[53]と述べ、武断統治時代の産業政策を批判していた。また前時代には極度に制限されていた言論・出版に対しても柔軟な対策を立てていた。宇佐美内務部長官は、大阪朝日新聞記者である朝鮮人秦学文に会い、朝鮮人が発行を望んでいた民間紙を許容する方針を漏らしている。[54]

その後、総督府内には善後委員会が設置され、同委員会には宇佐美・国分三亥・関屋・児島等、総督府の首脳部が参集し「僅かの間であったが、日夕相会して胸襟を開いて謀議」[55]し、善後策を練った。各部局がまとめた、[56]上述の善後策が長谷川総督引継文書中の「騒擾善後策私見」に反映されていると考えられる。六月二〇日、閣議で横田千之助法制局長官から朝鮮の制度についての案に対する説明があったその日、田中義一陸相から山県政務総監に宛て「憲兵警察廃止ニ付総督府員ヲ上京セシメラレ度旨電報」[57]が発せられた。この方針に従い、山県政務総監は六月、憲兵警察制度撤廃の議案を原首相に提出し、宇佐美内務部長官は上京の上、横田法制局長官と協議するに至った。[58]

このように山県ら文官官僚は、原内閣の成立、三・一運動の勃発という状況に応じて、原内閣との協力を進め、善後策を準備しつつ、普通警察制度への移行を図ろうとしていた。[59]しかしながら、日本国内の情勢は山県政務総監の期待を容赦なく裏切ることとなった。文官総督制実現と自らの総督就任を望んでいた山県政務総監のもくろみは、養父山県有朋の反対に遭遇する。田中は予備役で前海相である斎藤実を総督に推薦することによって、原と山県の妥協を図った。当時朝鮮総督府東京出張所勤務で、寺内に与していた大城戸宗重は「山県前総監等ハ今日之迎合政策ニ其意骨折、却而之ヲ他人之手ニ抜取ラレ候、所謂権平ノ種蒔キ烏ニホジラレ愚モ亦極レリと可申次第柄ト被存候、憲兵ニ換ヘ巡査を以テス其功何クニ有之哉、文官官制も亦抑々何ノ用ヲ為ス得可申候哉、武ヲ文ニ代ヘ之ヲ自己ニ収了シ得るものと思ひ居ラレタルハ笑止千万之次第ニ御座候[60]」と手厳しく山県政務総監を批判していた。原と協力して憲兵警察を普通警察に改変した山県を嘲笑しているのである。

一方、児玉秀雄賞勲局総裁は寺内の代理格として、大城戸とともに、三・一運動についての情報を収集し、寺内に報告しながら、武官総督制堅持のため各方面に働きかけていた。児玉は、三・一運動が小康状態に入る四月末、長谷川総督が進退伺を差し出すと、「今回の事変に関し進退伺を提出相成候段、右は理に於て至当」と思うが、「今日の場合に於て万一之か勅許せらるゝか如き事有之に於ては朝鮮人は夫れこそ大勝利万歳を高唱すへく、朝鮮統治上由々敷大事」と考えるので、「速に進退伺を却下し全力を傾注して善後策を講せしむることに相成度[61]」と述べ、辞職に反対する動きを見せる。五月になると陸軍の首脳部も善後策を模索し始めるが、それより前、陸軍省軍務局課員児玉友雄(児玉秀雄の弟)少佐が四月九日から二四日まで朝鮮に派遣され、三・一運動の真相の調査にあたった[62]。山梨半造陸軍次官もまた通牒を発し、朝鮮軍と朝鮮憲兵隊に三・一運動の原因について研究を命じ[63]、準備作業に入った。五月一〇日、児玉秀雄は、陸軍首脳部、植民地関係者とともに田中陸相官邸に集まり、善後策を協議した。この日陸相官邸に参集したのは、田中、山梨、初代朝鮮憲兵隊司令官をつとめた台湾総督明石元二郎、第二代朝鮮軍憲兵隊司令官であった関東軍司令官立花小一郎、初代東洋拓殖会社総裁をつとめた宇佐川一正、軍務局長菅野尚一、児玉友雄という顔ぶれだった[64]。立花はこの日の会合について日記に次のように綴っている。

一　九時田中大臣邸ニ行ク。明石ト同席朝鮮問題研究児玉秀雄同友雄山梨次官菅野局長等参加十一時十五分ニ至ル

二　会場ヨリ急遽自動車ニテ帰還服装（礼装）ヲ改メ正午皇太子殿下賜宴ニ列ス。(65)

上原派に属する立花小一郎(66)はその会議で暫く席を外すので、この集まりは陸軍長州閥による朝鮮善後策論議の場であったといえるだろう。席上、児玉秀雄は、「一．朝鮮統治の根本方針は同化政策とすること　二．当分の内特別施設区域となし文武統一の組織を可とすること、朝鮮の地方的施設並に其財政に付関与すべき地方特別会議の開設を以て主義とすること、三．帝国議会に代表者を選出することは絶対に避けること　四．大正十六年に於て朝鮮に特別地方自治制を施行すること、五．台湾に於ては大体前期方針に準拠すること、関東州は別に考慮を加ふるの必要あること」を含む意見書を提出した。(67)具体的な内容の分析や検討は次節に譲るが、児玉は朝鮮総督に文武併用の制をとるのは「政友会ノ従来主張スル処貫徹スル政治上ノ理由」にほかならないとし、「万一憲兵制度を改め警察制度となさんとするの希望あれば、全然総督問題と離して別に之を処理する事容易なりとす。要之現在に於ては、現行制度を改正する要なしと認むる次第に御座候」(68)と述べ、文官総督には反対だが、憲兵警察制度廃止に対しては柔軟な態度をとっていた。

陸軍の中で上原派に属していた朝鮮軍司令官宇都宮太郎の善後策は長州閥のものとは違っていた。五月一七日、田中陸相に宇都宮が提出した「朝鮮時局管見」(69)は、「憲兵はその司令官の令下に置き地方官憲との関係は内地に於けると略ほ同様にすること」等、主に第五条を除けば、原首相の内地延長主義と類似した意見からなっていた。これまで見たように、「朝鮮改革に関して陸軍内の議論」が種々あり、田中は五月二〇日「自分より改革案」(70)を提出することを原首相に約束した。(71)まず田中は山県有朋を訪問し、朝鮮問題の内談をとげるが、山県は「文官案に反対にて且つ山県伊三郎を採用する事にも不同意なるも責任を以て其処置をなす事を言明」した。次いで田中は寺内を訪問するが、寺内の態度は「反対と知られ」(72)たので、相談せずに帰る。田中は文武の統一をしなければ統治の実を上げることは難しいと考えていたが、総督を文官にすることに陸軍内の反対があった。そこで、海軍の斎藤を推薦することとなった(73)。田中は以上の経緯を山県有朋に書き送り、山県の了解を求め、山県・原・田中の間で総督官制改正の方向と斎藤実の後任総督への就任、水野錬太郎の政務総監就任について合意が成り立つこととなった。

この状況下においても、児玉は巻き返しを試みる。児玉は文武総督併用制の反対工作に乗り出す。総督府官制の改正は迅速に行われるものとみた児玉は、「文武併用官制決定可相見模様及内閣現状(74)」を長谷川総督側に知らせ、総督の進退の時期や上京の時期について慎重を期するよう注進した。児玉は自ら斎藤を田中に推薦した人間であったが(75)、田中が長谷川と斎藤を新官制によって交替させる意図があることを見抜き、ならば斎藤が予備役である点が不都合であるのでそれを山県有朋に吹聴し、山県の動揺をも誘った(76)。しかしこの工作もまた、斎藤が現役復帰して総督に就任することでクリアされてしまうと、児玉は新官制の枢密院精査委員長である伊東巳代治を通じて、朝鮮総督府官制の政府案審議に干渉を加えようとした(77)。実際、陸軍側にも新官制公布の数日前に、新官制に対応する形で軍令を以て総督に軍の指揮権を与え、また総督府に総督付武官を置くことによって、新改正を内容的に無力にしてしまおうとする動きがあった(78)。しかし、総督府官制は四〇日にわたる審議期間を要したものの、八月八日枢密院を通過し、同月二〇日発布された。

四　三・一運動善後策にみられる統治構想

①児玉秀雄「朝鮮施政方針改善の件(79)」

本意見書は、三・一運動の問題から朝鮮の施政を考えるのではなく、世界的な脱植民地化傾向から朝鮮の施政の改善を求めていこうとする立場をとっている点が特徴的である。朝鮮においては併合後の一〇年で各般の施設の進歩と財政の独立が図られた。ここに、第一期計画が終了し、一九二〇年からは新しい計画をたてなければならないとする。フィリピンや英領自治植民地の独立、英国連邦への編入などにみられる、第一次世界大戦後の脱植民地化傾向についても、児玉はよく認識していた。朝鮮の文化程度や民衆の知識のレベルを考慮した場合、朝鮮を特殊地域として設定し、経済および財政上は自給自足を、政治上は自治を本旨とする第一期の統治方針を継承し、第二期には時勢の進運と朝鮮の発達に鑑みた財政上および政治上の改善がなされなければならないと構想していた。

第一に、財政上の改善策をみてみよう。「財政の計画を分て国費と地方費に二分とす。地方費に重点を置き地方費事業を拡張し国費中地方費に移し得るものは収支共之を地方費に組入れ収入不足の地方に対しては国費を以て補助すること。地方費収入成るべく直接税を以て充て国費は間接税及び公債収入に移し得るものは或る程度迄公債支弁とすること。国費は帝国議会に地方費は地方議会に提出すること」が提案されている。第一期の財政方針である独立財政を継承しながら、地方費の拡張によって、植民地への資金投下を減らす意図が窺われる。国費に直接税よりもできるだけ間接税および公債収入を充てようとするのは、朝鮮人の税金への抵抗を軽減させるためであろう。

第二に、政治上の改善が論じられている。準備期間として五年をおき、朝鮮各道に自治制を敷いて地方議会を設け、地方費に関する事項を審議させる。議員の被選挙権は一定以上の納税額を納付し、日本語の素養のある者に制限している。また「府」および「面」に対しても適当の程度において自治を認める。重要な施政に関する諮問機関としての中枢院の活用や警察制度の改善、日本の帝国議会には議員を選出しないこと、などを挙げている。第一期に引き続き朝鮮を政党の影響からは超然とした特殊地域として存置しつつ、新たな地方自治拡張を大きな課題としている。帝国議会に議員を送るのは、特殊領域としての朝鮮の位置を揺るがしかねないので、避けねばならないこととされたのであろう。三・一運動の鎮静を待ち、適当な機会に地方議会設置の趣旨を宣言し、五年の準備期間を置いての議会設置を構想している点で、地方自治制度の拡張の構想として興味深い。むろん、地方自治の拡張や中枢院の活用などは、地方費拡張による徴税への抵抗の緩和や朝鮮人の協力を導き出す方策であったろう。

②騒擾善後策私見[80]

本意見書は、統治の根本方針として同化政策を挙げている。しかしながら、「唯彼ニ数千年ノ歴史ト伝統的民族性アリ、同種同文タリト雖モ之ヲ一朝ニシテ同化シ了ラムトスルカ如キハ新法ノ勢威ヲ以テスルモ全ク不可能ノ事」として、統治の方針は「同化主義ニ則ルヘキ破壊主義ノモノニアラスシテ、漸進主義ノモノニナルヲ要ス」と主張していた。また、本意見書は武断総督下では「実務ニ当ル者ハ功ヲ急キ易シ窃ニ之ヲ既往ノ実績ニ徴シ此ノ感甚タ深キモノアリ」と認めながら、同化の具体案として経済的関係の強化・内鮮通婚・日本語普及・内地移民の奨励などを挙げている。朝鮮人に自治を許さず、漸進主義を取る点などは、原の「統治私見」にある朝鮮統治認識と一見類似しているように見える。だが、三・一運動を画期として総督府官僚は「同化に多大の困難」があるのを認めており、また総督府側が急進的な統治改善策をとることは、三・一運動が植民地統治政策の改正をもたらしたとの印象を与えてしまうため、極力避けるべきだとした点では児玉と認識を一にし、施政改革に対しては「慎重熟慮緩急宜キヲ制シ時機ヲ衍ラサル」[81]べしと主張していた。現段階の統治政策としては、中枢院制度や地方制度の改革・地方行政監察官の設置・教育制度の拡張・内鮮人間の不平等待遇改善・言論集会への抑圧緩和などを挙げている。

要するに「騒擾善後策私見」は、漸進主義を主張しながらも必ずしも原の構想と同じものではなく、イデオロギーや理念における同化を指向しながらも、現状では朝鮮の異域化を依然として認めていたのである。[82]総督府官僚にとっては、日本の制度・行政・法律・慣習をそのまま朝鮮に適用しようとする原の内地延長主義は全く受け入れがたい方針であったのである。

三・一運動の発生は、日本の植民地支配に動揺をもたらした。独立運動が日本の政界上層部に与えた衝撃は極めて深刻であり、植民政策の根本的な見直しが行われ、植民地政策に対するさまざまな議論も噴出した。しかしそれぞれの善後策は、作成者各々の統治認識に基づいて練り上げられたもので、その中には、彼等の朝鮮認識や朝鮮統治に対する温度差が当然のことながら存在していたのである。

小結

長谷川総督が赴任すると、事務一切を統理していた寺内前総督時代とは雰囲気が変わり、総督府内で影の薄かった山県政務総監もまた、本来の総督府官制上の権限を取り戻すために、また憲兵武断統治の悪弊を是正するために、動きだした。このような動きは産業分野にもあらわれ、第一次世界大戦の「熱狂的好景気」による企業新設・拡張ブームに触発され、会社令の適用を緩和し、また朝鮮総督の監督下に殖産銀行を設立して積極的に内地資本を誘致しようとした。これはいうまでもなく「陸軍による政治的独立領域」の修正に他ならず、そのため文官と武官との対立は次第に顕著化するようになった。その対立は、大陸経営を中心とする寺内ら軍事官僚と朝鮮統治の安定を優先する山県政務総監をはじめとする文官官僚との間の統治構想の相違からも生じるものであった。

三・一運動が日本の政界上層部に与えた衝撃は極めて深刻だった。植民地政策の根本的な見直しが行われ、植民地政策に対して百家争鳴的に議論が噴出するようになる。植民地官制改正を巡る各政治勢力のせめぎあいの中で、植民地官制改正に対する立場上の相違は、朝鮮統治、三・一運動に対する善後策と絡んで、様々な形の根本的な朝鮮統治策として具体化された。山県伊三郎を中心とした総督府文官官僚が作成した「善後策」は、同化を志向しているという点では原の内地延長主義とは違いはなかったが、現実的には朝鮮の実情を統治政策に反映しようとした「善後策」であったといえるだろう。それに対して文官総督制度に反対した児玉秀雄の善後策は、独立財政の維持と自治の拡大など、朝鮮を政党から超然とした陸軍の特殊地域として維持しようとする側面があったと思われる。

注

（1）李正龍「原内閣期における植民地官制改正問題―朝鮮総督府を中心に―」（『慶応義塾大学大学院研究科論文集』第二六号、一九八七年九月）、松田利彦『日本の朝鮮植民地支配と警察』（校倉書房、二〇〇九年）の第三部第一章「朝鮮警察制度の改編をめぐる政治過程」、岡本真希子「政党内閣期における文官総督制―立憲政治と植民地支配の相剋―」（『日本植民地研究』第一〇号、一九九八年七月）、長田彰文「朝鮮三・一独立運動と日本政界」（『上智史学』第四四号、一九九九年一一月）、姜徳相『呂運亨評伝一　朝鮮三・一運動』（新幹社、二〇〇二年）、吉良芳恵「宇都宮太郎関係資料から見た三・一独立運動―陸軍中央との関係を中心に―」（『史艸』日本女子大学史学研究会、第四六号、二〇〇五年一一月）。
（2）宇都宮太郎関係資料研究会編『日本陸軍とアジア政策：陸軍大将宇都宮太郎日記』三（岩波書店、二〇〇七年）一九一九年七月三日条。
（3）鵜崎鷺城『薩の海軍長の陸軍』（政教社、一九一一年）一七九―一八二頁。
（4）権藤四郎介『李王宮秘史』（朝鮮新聞社、一九二六年）六九―七〇頁。
（5）一九一七年七月二四日付児玉秀雄宛山県伊三郎書翰（尚友倶楽部児玉秀雄関係文書編集委員会『児玉秀雄関係文書Ⅰ』社団法人尚友倶楽部、二〇一〇年）一一〇頁。
（6）実際、佐久間左馬太台湾総督は「生蕃討伐」事業を理由に天皇の勅旨で定年が延長されたが、海軍はその後任を海軍側に譲ることを主張するなど、後任問題は政治問題として浮上する（『東京朝日新聞』一九一四年一一月二八日付）。
（7）一九一二年三月二八日付寺内正毅宛桂太郎書翰（国立国会図書館憲政資料室所蔵『寺内正毅関係文書』一〇四―二六）。以下「寺内文書」と略記す。
（8）ちなみに田中義一は長谷川について「御承知ノ通リ思慮単純ニシテ御意見ノ屢変化スル御方ニ御得ば、処詮多ヲ期待スル訳ニハ不参」と酷評していた（一九一五年一月九日付寺内正毅宛田中義一書翰、前掲「寺内文書」三一五―三〇）。

（9）一九一六年一〇月一五日付寺内正毅宛山県伊三郎書翰（前掲「寺内文書」三六一―四〇）。

（10）一九一六年一〇月（推定）宇佐美勝夫宛山県伊三郎書翰（徳富猪一郎『素空山県公伝』山県公爵伝記編纂会、一九二八年、三一二―三一三頁収録）。

（11）前掲『素空山県公伝』三一二頁。

（12）「長谷川新総督に対する声」（『朝鮮及満洲』第一一三号、一九一六年一一月）四〇頁。

（13）一九一六年一〇月一二日付後藤新平宛石塚英蔵書翰（水沢市立後藤新平記念館所蔵『後藤新平関係文書』五一―九）。

（14）一八五五年石川県生出生。一八七七年二松学舎に入学。同じ二松学舎出身である山県伊三郎に抜擢され、東京府属から徳島県属、徳島県庁知事官房付に転出。一九一〇年に山県副統監の最初の秘書官として朝鮮に赴任。健康悪化で総督府東京出張所主任、山県・寺内との間の高等政策上の連絡役を務めたという（町泉寿郎「大城戸宗重について」『三島中洲研究』第一号、二〇〇六年三月）。

（15）故宇佐美勝夫氏記念会編『宇佐美勝夫氏之追悼録』（故宇佐美勝夫氏記念会、一九四二年）一四七頁。

（16）宇佐美勝夫自筆稿『閑散記』（作成年月不明、「友邦文庫」資料、学習院大学東洋文化研究所所蔵）。

（17）一九一六年一二月一九日付寺内正毅宛大城戸宗重書翰（前掲「寺内文書」二二一―六）。

（18）鈴木度支部長官は、総督府内で数少ない親長谷川派といわれていた（小原新三『鈴木穆の面影』私家版、一九三四年、一五九頁）。

（19）馬場恒吾『木内重四郎伝』（ヘラルド社、一九三七年）二四〇―二四一頁。

（20）「寺内正毅訓示案」（山本四郎編『寺内正毅関係文書：首相以前』京都女子大学、一九八四年に収録）七一頁。

（21）小林英夫『植民地への企業進出―朝鮮会社令の分析―』（柏書房、一九九四年）三一―三二頁。小林の内地資本抑制論に対して、全遇容は会社令が客主のような朝鮮人の伝統的な流通機関を再編し、また朝鮮人資本家を統制する上での有力な手段として使用されたと反論した（全遇容『한국회사의 탄생』（서울대학교출판문화원、二〇一一年）。

（22）森山茂徳「日本の朝鮮統治政策（一九一〇―一九四五年）の政治史的展開」（『法政理論』第二三巻第三・四号、一九九一年三月）七四頁。

(23) 前掲小林『植民地への企業進出—朝鮮会社令の分析—』三九—五一頁。
(24) 朝鮮総督府『施政二十五年史』(朝鮮総督府、一九三五年) 二三八頁。
(25) 金子文夫「戦前日本の対植民地投資」(『横浜市立大学論叢』第三三巻第二号、一九八二年五月) 六〇頁。
(26) 小原新三「朝鮮に於ける工業発展の五大策」(『朝鮮公論』第六巻第一号、一九一八年一月) 二〇頁。
(27) 『京城日報』一九一七年三月二七日付。
(28) 国立公文書館所蔵「会社令中改正制令案」(本館—2A—011—00・類01295１)。小林は会社令の改正の要因を企業ブームや会社令反対運動に求めているが、内外地連絡法律である共通法の影響については看過している。
(29) 「鈴木穆氏(度支部長官) 改革意見」(近藤釼一『万才騒擾事件』(二) 友邦協会、一九六四年) 二〇四頁。
(30) 『朝鮮新聞』一九一七年五月三〇日付。
(31) 北岡伸一『日本陸軍と大陸政策』(東京大学出版会、一九七八年) 二五四—二五九頁、堀和生「朝鮮殖産銀行の成立」(朝尾直弘教授退官記念会『日本社会の史的構造　近世・近代』思文閣出版、一九九五年) を参照。
(32) 韓国国家記録院所蔵「殖産銀行審議ニ関スル件」(CJA0003885)。
(33) 前掲堀「朝鮮殖産銀行の成立」四七〇—四八〇頁。
(34) 堀は「寺内正毅、勝田主計、さらには山県伊三郎のような国家戦略全体を俯瞰しながら、政策を構想する人物集団と、機構としての朝鮮総督府の官僚とを一体として把握することは適当ではない」と述べているが、支配ブロックが一枚岩ではないことについては同感である(前掲堀「朝鮮殖産銀行の成立」四六七頁)。ただし山県政務総監については議論の余地があると考えられる。なぜなら、山県政務総監は次第に寺内とは距離をおくようになり、憲兵警察制や武官総督制の廃止を主張するなど内務部を中心とした朝鮮総督府文官官僚の立場を代弁するようになるからである。ちなみに朝鮮鉄道の満鉄移管についても鉄道局の官僚の中には反対を唱える人が少なくなかった。
(35) 前掲北岡『日本陸軍と大陸政策』二六四—二六五頁。
(36) 南山太郎「歴代総督政治の批判」(『朝鮮公論』第一二巻第四号、一九二四年四月) 七〇頁。
(37) 朝鮮総督府内での児島の悪評は非常なもので、文官側は「彼奴は人間じゃない」と迄公言して憚らないあり様であった。寺内の恩寵になれて、専恣横暴を極めたので、朝鮮人は勿論、日本人までも彼を怨んだという(たて生『陸軍棚ざらひ』金

桜堂書店、一九二一年、一二八―一二九頁）。

(38) 前掲松田『日本の朝鮮植民地支配と警察』二二四―二二五頁。

(39) 一九一八年二月五日付宇佐美勝夫宛山県伊三郎書翰（前掲『素空山県公伝』七〇八頁収録）。

(40) 一九一八年九月二四日付寺内正毅宛長谷川好道書翰（前掲「寺内文書」三八―四三）。

(41) 一九一八年九月二一日付「辞表捧呈ニ付総督及都督へ内電ノ件」（山本四郎編『寺内正毅内閣関係史料下』京都女子大学、一九八五年、三五八―三五九頁）。

(42) 前掲松田『日本の朝鮮植民地支配と警察』二三一頁。

(43) 原奎一郎編『原敬日記』第五巻（福原出版社、一九六五年）一九一八年一〇月一三日条。

(44) 小原新三は郷党の先輩である原敬に「小生身上ニ関シ候テハ爾来不容易御高配相煩、鴻恩ノ儀ハ銘肝、終生忘却仕間敷御事ニ有之候」、「此際八道ノ人民ニ皇化ヲ光被セシムル為、多少ノ自信ヲ実行スル」と朝鮮に赴任する抱負を述べている（一九一〇年九月三日付原敬宛小原新三書翰、原敬文書研究会『原敬関係文書』第一巻、日本放送出版協会、一九八九年、三一七頁）。

(45) 前掲『原敬日記』第五巻、一九一九年四月二六日条。

(46) 尹致昊『尹致昊日記』七（大韓民国文教部国史編纂委員会、一九七六年）一九一九年三月一一日条。

(47) 一九一九年四月二日付大塚常三郎宛関屋貞三郎書翰（国立国会図書館憲政資料室所蔵『大塚常三郎関係文書』六七―七）。

(48) 前掲『尹致昊日記』七、一九一九年四月三日条。

(49) 前掲『原敬日記』第五巻、一九一九年四月九日条。

(50) 同右。

(51) 『東京朝日新聞』一九一九年四月一三日付。官制改革以後、宇佐美勝夫は「自分等も従来の行掛かりもあるので、新政治の方針に必ずしも同意することの出来ないこともあらうから」と言いながら辞表を出し、原の統治方針に対する不信感をあらわす（「朝鮮行政」編輯総局『朝鮮統治秘話』帝国地方行政学会、一九三七年、一九頁）。

(52) 前掲『素空山県公伝』三四一頁。

(53) 「農商工部長官の騒擾と産業の影響」（『朝鮮公論』第七巻第六号、一九一九年六月）六七頁。

(54) 東亜日報編纂委員会『東亜日報社史』巻一（東亜日報社、一九七五年）六七頁。
(55) 前掲『宇佐美勝夫氏之追悼録』一二五頁。
(56) 斎藤実関係文書中にある「総督施政方針に関する意見書」は、司法分野の善後策として司法部長官国分三亥の作成したものであり、五月に長谷川総督に提出された（司法協会「朝鮮司法界の往時を語る座談会」（『司法協会雑誌』第一九巻第一〇・第一一号、一九四〇年一月、一二五七頁）。
(57) 前掲『宇佐美勝夫氏之追悼録』三一六頁。
(58) 前掲『宇佐美勝夫氏之追悼録』一四六頁。
(59) 普通警察制度への移行については前掲松田『日本の朝鮮植民地支配と警察』第三部第一章「朝鮮警察制度の改編をめぐる政治過程」が詳しい。
(60) 一九一九年八月一五日付寺内正毅宛大城戸宗重書翰（前掲「寺内文書」二三一―一〇）。
(61) 一九一九年四月三〇日付宛先不明の「児玉の下書き」（前掲『児玉秀雄関係文書Ⅰ』一九九頁）。
(62) 『大阪朝日新聞』朝鮮版一九一九年五月一日付。
(63) 姜徳相編『現代史史料（二六）』（みすず書房、一九六六年）一七六―一七七頁。
(64) 「朝鮮統治方針相談の際提出の意見書」（前掲『児玉秀雄関係文書Ⅰ』）一九九―二〇〇頁。
(65) 『立花小一郎日記』一九一九年五月一〇日条（国立国会図書館憲政資料室所蔵『立花小一郎関係文書』所収）。
(66) 一九一〇年代陸軍内部の派閥抗争と大陸政策については前掲北岡『日本陸軍と大陸政策』が詳しい。
(67) 「朝鮮施政方針改善の件」（前掲『児玉秀雄関係文書Ⅰ』）二〇〇―二〇三頁。この史料は賞勲局用箋に書かれたもので、児玉秀雄がその当時賞勲局総裁に在職していた点、また参加した顔ぶれの中で、実務的な能力を備えているという点から、児玉が作成したものと推定した。
(68) 「児玉秀雄下書き」（年月日不明）（前掲『児玉秀雄関係文書Ⅰ』）二〇五頁。
(69) 上原勇作関係文書研究会編『上原勇作関係文書』（東京大学出版会、一九七六年）一一〇―一一四頁。
(70) 前掲『原敬日記』第五巻、一九一九年五月二〇日条。
(71) ちなみに杉山茂丸は「朝鮮総督の失態は一寸回復の見込なく騒動も急に鎮定致すまじくたすれば早晩総督は辞表の外有之

間敷、之に付て此際多少官制をいじり、文官総督の端を開き後藤男爵を朝鮮総督に擁しては如何哉」という田中の話を後藤新平に伝えていた（一九一九年五月二〇日付後藤新平宛杉山茂丸書翰『後藤新平関係文書』一九九―三二）。田中が後藤の朝鮮総督就任にどれ程積極的であったかは疑問だが、少なくとも武官総督専任制の改正については前向きな態度をとっていたことがわかる。

(72) 前掲『原敬日記』第五巻、一九一九年五月二三日条。

(73) 山県有朋宛田中書翰（年月日不明）（尚友倶楽部山県有朋関係文書編纂委員会編『山県有朋関係文書Ⅱ』山川出版社、二〇〇六年）三一七―三一八頁。前掲長田論文は同じ箇所を引用しているが、文武の統一によって統治の実を挙げるのはむずかしいと、文意を取り違えている。

(74) 一九一九年（推定）六月二七日付「総督政務総監宛児玉秀雄下書き」（前掲『児玉秀雄関係文書Ⅰ』）二〇三頁。

(75) 石森久弥『朝鮮近代史の裏面』（友邦協会所蔵聴き取りテープT―一四一、一九六三年一月、六月録音）。

(76) 前掲『呂運亨評伝』二二六頁。

(77) 一九一九年七月一二日付寺内正毅宛児玉秀雄書翰（前掲「寺内文書」一二二―二四）。児玉は王公軌範問題の前例のように、枢密院に諮詢中である朝鮮総督府官制の政府案が撤回又は大幅修正されることを望んでいた。

(78) 尚友倶楽部『水野錬太郎回想録・関係文書』（山川出版社、一九九九年）一二四頁。

(79) 「朝鮮統治方針改善の件」（前掲『児玉秀雄関係文書Ⅰ』）二〇〇―二〇三頁。

(80) 「騒擾善後策私見」（国立国会図書館憲政資料室所蔵『斎藤実関係文書』六八―八）。

(81) 前掲、国分三亥「統治施政方針に関する意見」。

(82) 山本有造『日本植民経済史研究』（名古屋大学出版会、一九九二年）六〇―六一頁。

補論　一九一〇年代朝鮮総督府の人事政策

——朝鮮総督府試補を中心として——

本章では、一九一〇年代の朝鮮総督府の人事政策、その中でも試補制度という「朝鮮総督府生え抜き官僚」の養成システムに注目してみたい。(1)これに注目するのは、朝鮮総督府試補は一九一〇年から一九二〇年までという短い運用期間であったものの、朝鮮総督府官僚を朝鮮だけで育成しようとする寺内総督の政策意図により、総合的行政能力を重視する政策志向が試補の選抜と運用によってある程度発現したと判断するからである。(2)

①試補制度の導入

寺内総督は総督府設置に伴って韓国政府の官僚機構を吸収し、拡張された統治機関を充員するために、日本本国から官僚を赴任させた。しかしその数はできるだけ制限され、代わりに独自の官僚育成システムが作られ、本国の高文合格者の中から毎年補充必要人数を充員した。寺内総督は、「内地からの人材の任用に関する繁雑さを憤慨」して朝鮮総督府試補に関する制度を新たに設けて、朝鮮の官吏は朝鮮において養成するために大学出その他の者を試補として採用して、漸次にこれを高等官に任用することとした。(3)さらに寺内総督は「朝鮮第一主義」を掲げ、内地に対しては、その見学は勿論、旅行さえも好まなかったほどであった。その結果、長く内地を離れて、朝鮮のみに滞在していたため、自然と「朝鮮化」されたという。(4)

表5　総監府に赴任した高文合格者

氏名	学歴	高文	朝鮮赴任	朝鮮最終官歴	本国帰還・天下り
荻田悦造	東大 1905	1905	1906 総監府書記官	総務局長	1919. 9
生田清三郎	中大 1905	1905	1906 総監府属	内務局長 1929	多獅島鉄道社長
深尾道恕	東大 1907	1907	1907 総監府属	黄海道内務部長 1920	殖産銀行理事
矢鍋永三郎	東大 1907	1907	1907 総監府属	黄海道知事 1925	殖産銀行理事 金融組合連合会会長
須藤素	東大 1907	1907	1907 総監府属	慶北知事 1929	朝鮮無煙炭
入江海平	東大 1908	1909	1908 総監府属	度支部理財課長	1917. 7
今村武志	東大 1908	1909	1908 地方課属託	内務局長	1931. 7
工藤壮平	東大 1908	1909	1908 総監府属	咸北内務部長	1921
中野太一郎	東大 1906	1909	1908 総監府属	咸南知事 1929	東拓理事
矢島音次	東外語 1903	1909	1910 度支部主事	慶北内務部長	1926
時永浦三	東大 1909	1909	1910 総監府属	監察官	1922. 10
松本誠	東大 1909	1909	1910 内務部	京畿道知事 1934	朝鮮精錬社長 金融組合連合会会長
田中卯三	東大 1909	1909	1910 度支部	監察官	1924. 12
宮脇梅吉	東大 1909	1909	総監府判事	京城区裁判所判事	1912

秦郁彦『戦前期日本官僚制の制度・組織・人事』(東京大学出版会, 1981年),『朝鮮総督府官報』から作成.

高文合格者の総督府への採用は、(5) 一九〇六年、荻田悦造と生田清三郎から始まったが、朝鮮総督府成立後は試補制度が総督府官僚養成制度として採用された。朝鮮総督府試補とは、文官高等試験に合格した者に一定期間事務を見習わせる制度で、朝鮮総督府における官僚養成制度として一九二〇年まで存続した。ちなみに内地では一八八七年文官試験試補及見習規則に基づき、試補試験を実施して各省は試補として採用した。帝国大学の法科大学・文科大学の卒業者は、試補試験を経ずに各省の試補（学士試補）として採用されたが、以後学士試補は廃止された。内地では試補の運用に対する具体的な規定は存在しなかったが、朝鮮総督府は一九一二年五月、朝鮮総督府府令第一〇三号をもって試補に関する規定も設ける。朝鮮総督は試補の定員を定め、少なくとも一年の事務練習を経て（一九一九年には六ヵ月に短縮）事務官に任命したが、初めて朝鮮総督府奏任文官に採用される者は教官、技術官および特別任用によるもの以外は試補として一年事務練習をなすことを定めた。それでは試補として赴任した官僚の特徴を具体的に分析してみよう。

②高等文官合格者の朝鮮赴任（人事慣行）

朝鮮総督府は文官高等試験合格者から毎年数名を（多い時は一六人、少ない時は一人）採用した。戦前期の文官高等試験は採用試験ではなくあくまで資格試験であったから、官吏としての就職は保証されておらず、高文合格者は各官庁に対して就職活動を行わなければならなかった。では高文合格者はなぜ朝鮮総督府を選んだのか。数少ないが、一九一〇年代朝鮮総督府に就職した試補官僚の回顧録によりながら見てみよう。

遠藤柳作は一九一〇年東京帝大法科大学独法科を首席で卒業したものの、(6)不景気で就職先が中々決まらなかった。その年から、大学院の入学料も三五円別納しなければならなかったし、内務省の採用も不明であり、統監府も「今度行政整理の為め当分新採用を見合せ候」故、「又当分無職と相也候」(7)状態であった。結局、一一月の高文に受かり、一二月に朝鮮総督府試補として朝鮮に赴任した。厳しい不景気の中で、就職活動をしている高文合格者にとって朝鮮総督府は新しい就職の捌け口になったのである。

藤田嗣雄は一九一〇年東京帝大法科大学を卒業して同年高文（一三〇人の中で六五番）に合格して、児玉秀雄の推薦で朝鮮総督府会計局で試補勤務を始める。藤田の父は朝鮮総督府医院長藤田嗣章で軍医監時代から寺内陸相の寵愛を受けていたので、そのつながりで朝鮮に来たのではないかと推測される。藤田は朝鮮在職中、一九一四年故陸軍大将児玉源太郎の三女（児玉総務局長の妹）と結婚したが、一九一七年八月、周囲の進めにより陸軍省参事官に転じた。この転任にも、父嗣章の上官であった寺内総督の口添えがあったと推定される。(8)ちなみに一九一〇年高文合格者の中で朝鮮に就職した人は三人で、遠藤柳作は三八番、尾崎虎一は四六番である。

一九〇九年東京帝大法科大学を卒業して翌年高文に合格した平井三男は、一九一一年朝鮮総督府試補（警務総監部）

に任命された。彼の大学時代の成績は中位で、外交官試験に二回失敗した後、高文に合格したものの、成績が悪かったせいか（一三〇人の中一二三番）、合格した翌年やっと朝鮮に就職した。大江義塾を卒業した平井の朝鮮総督府への就職は、朝鮮総督府御用新聞である京城日報の顧問で同義塾の校長を務めた徳富蘇峰の推薦（二人は熊本出身）が大きく作用したという。(9)

一方、高武公美は修猷館中学、第五高、東京帝大法科大学を卒業し、一九一一年、高文合格（一三〇人の中六一番）して一九一四年朝鮮総督府に赴任した。福岡県出身の共同寮浩浩居で一緒に生活した入江海平（児玉総務局長の腹心）や義兄である総督府商工課長人見次郎の推薦によるところが大きいだろう。(10)

京都帝国大学在学中に高文試験（一四八人の中五四番）に受かって一年の志願兵を終えた林繁蔵（福岡出身、修猷館卒、浩浩居出身）は、郷土の先輩で親戚でもある深田千太郎（朝鮮総督府嘱託で鈴木穆司計局長の同窓）の推挽によって朝鮮総督府度支部に任官した。(11)一方、林と同じ年で度支部に任官した穂積六三郎は、内地がいやで最初台湾を希望したのが、父（東京帝大法科大学教授穂積陳重）の勧めで朝鮮に渡ったという。(12)穂積の朝鮮行きは義兄である児玉総務局長の役割が大きかっただろう。一九一八年農商工部試補に任官した湯村辰二郎は、大学卒業後、逓信省に入り、郵便検閲に携わったが、仕事に嫌気が差し、高文合格後、新しい官庁を求めた。ところが湯村は口答試験で失敗して試験成績（二二四人の中一〇九番）が宜しくなかったので、試験官松本烝治（東京帝大法科大学商法教授）に就職の件を願い出た。松本は「朝鮮総督府より新卒業生を五名ほど斡旋してほしい旨の申し入れ」があったことを彼に知らせ、朝鮮行きを勧めたという。(13)

最後に、一九一九年高文を三番で合格した古庄逸夫は「家族が多数で到底食えぬから」といって朝鮮に行く。(14)古庄は平井三男の甥で学生時代、二回朝鮮に渡り、朝鮮統治に異常なまでに関心を持ったが、郷土の先輩である小橋一太

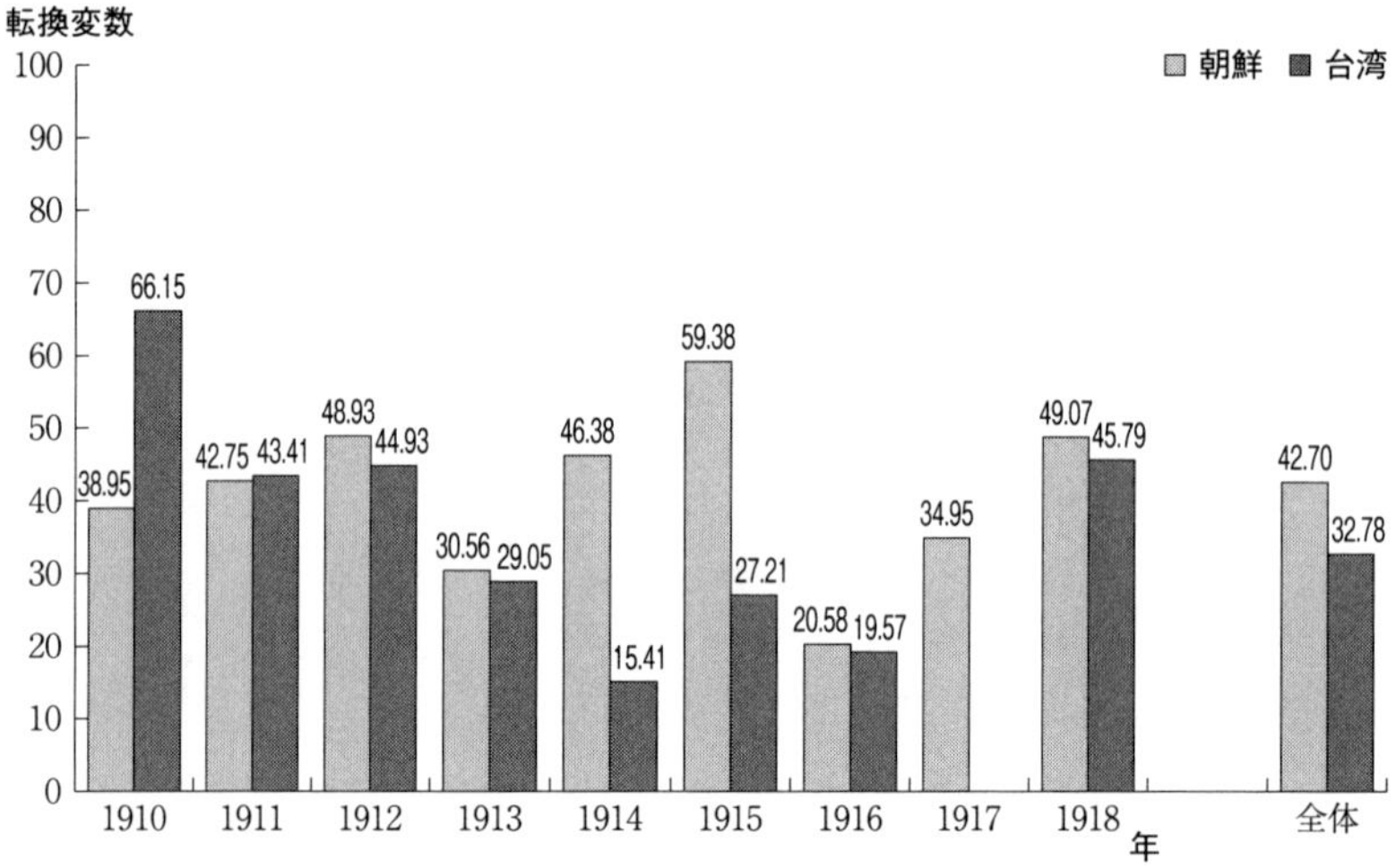

図1　文官高等試験合格者の成績比較

内務次官からの内務省を志望せよという勧めを退け、松本教授の推薦で朝鮮に赴任する。[15]

以上のように、高文合格者が朝鮮を選ぶ理由はさまざまで一概にはいえないが、少なくとも次のようなことは指摘できる。まず古庄、鷲尾弘準（一三九人の中七番）、萩原彦三（一三六人の中八番）を除いて高文成績は優秀ではない者が多い。一九一〇年代高文や大学成績のよい者は内務省や大蔵省などいわゆる一流官庁を選んだが、[16]高文合格者にとって朝鮮総督府は人気官庁ではなかった。

だが、図1のように、台湾総督府に比べると、一九一二年度から平均的に高文試験の成績がよい者が朝鮮を志願する傾向が強くなった。内地から近い距離、気候、衛生の面が考慮されたのであろう。次に古庄の例で見られるように、加俸（高等官は本俸の四割、試補は月三五円が支給される）や宿舎料の支給など経済的な優遇も高文合格者にとっては非人気官庁への吸引力として働いていたようだ。[17]第三に一見朝鮮と全く関係のないように見える者も、朝鮮で勤務している郷土の先輩や姻戚の勧めが彼らの朝鮮行きに少なからぬ影響を及ぼしていた。最後に、児玉の後任として高文合格者の朝鮮総督府採用に携わった荻田悦造総務局長が後任の守屋栄夫秘書課長に「貴府試補採用ニ付テハ約十年間松本博士ノ尽力ヲ煩ハレ来リ候処、同氏先般満鉄へ転セラレ候ニ付同氏ト協議ノ上三潴博士ニ其代ハリヲ御頼致候事ニ致候[18]」と伝えているように、東京帝大教授で高文の試験委員だった松本烝治や三潴信三は朝鮮総督府ともパイプを持っており、朝鮮総督府採用に影響を与えた。要するに高文合格者にとって朝鮮総督府は非人気官庁であったが、経済的な優遇は魅力的であって松本東京帝国大学教授の推薦や朝鮮在住の知人や姻戚の勧めで朝鮮を選んだとみて大きな間違いはないだろう。

③試補生活

内地の試補制度とは違って、朝鮮総督府試補ははじめほとんど総督府中央部署に赴任した。山崎真雄、石丸優三を除いたほとんどの官僚が最初、内務部、度支部、総督官房、警務総監部など総督府の中央部署内に配置され、そこで、統監府以来の「生え抜き官僚」の指導を受け、総督府官僚として必要な総合的な行政能力を身に付け、任官されてからは総督府事務官または地方の財務部長に任用された。ちなみに一九二〇年代からは漸次地方で最初の官僚生活を始める高文合格者が増えつつあった。しかし、試補時代は、実際に書類を見せてもらったり、同じ試補仲間から役所内各部の内情をきいたりする位で、大した任務はなく暇な時間を利用して朝鮮事情の勉強をしたようだ。植民地帝国日本はフランスやイギリスと違って植民地官僚を専門的に育成しなかった。のみならず、高文の試験科目の中でも植民地に関する歴史、法律など専門知識や言語も含まれていなかったので、日本の植民地官僚は全く植民地に対する知識を持たないまま植民地に送り込まれた。だが、個人差はあるものの、試補期間は、朝鮮に対する知識を広げる期間でもあった。例えば山口政二（一九一四年高文合格、一九一四年内務部試補）は、警務総監部警視今村鞆の『朝鮮風俗集』、『朝鮮金融及産業政策』、津田左右吉の『朝鮮歴史地理』、金教弼の契調査書を読み、朝鮮語の研究や民情視察を行うなど、朝鮮に対する知識を広げていた[19]。また萩原彦三（一九一五年高文合格、一九一六年内務部赴任）は、林泰輔東京帝国大学教授の『朝鮮通史』、『三国遺事』、『三国史記』などの歴史書をはじめ、『春香伝』等の小説類、朝鮮総督府嘱託高橋亨の『朝鮮俚諺集』、『朝鮮風俗集』、『牧民心書』などを読みながら、朝鮮事情を勉強し、これらは「民情を知る上に役立った」と回顧している。(20) 彼らは、試補会（かって試補であった事務官と現任試補との社交会）というグループを作り、会員の新任転任の際など、送迎会を催し酒食を共にするなど朝鮮総督府官僚としての一体感を高めた。このような試補時代について古庄は、「寔に有意義であり私の官吏としての素地は全くこの時期に培養されたのである」と回想している。(21)

朝鮮総督府も試補教育に力を入れて彼らを朝鮮統治を担う官僚として育てようとした。寺内総督は試補を見習士官と同一視し、特にその養成に心を配ったという。寺内総督は民情視察の名目で試補を地方の出張に出かけさせたが、試補の地方視察復命書でも克明に眼を通し、赤鉛筆で意見や批評を書き入れて、提出者に返したという。(22) また後進の試補官仲間から「大隊長」と呼ばれていた大塚常三郎は、自ら指導役をもって任じ、郊外諸施設に交渉して実地指導を行った。大塚は、「朝鮮は朝鮮の特殊事情があるのであつて内地と同じやうな法制を其の儘施行する訳にいかん」と朝鮮独自の法令や政策立案を試補に教え込んだ。(23)

④朝鮮総督府試補と朝鮮統治

表6は一九一〇年から一九二〇年（試補制度廃止）まで総督府の試補として採用された高文合格者を示したものであるが、この表から次のようなことが読み取れるだろう。

まず、全人七一名の中、朝鮮で官僚生活を終えずに日本本国や台湾総督府で官僚生活を終えた人数は二五名である。その中で、和田駿、木島茂、平井三男、石丸優二、下村充義など、依願免職後本国に引き揚げて再就職した人を除くと、純粋に本国に異動した官僚は二〇名に止まる。このことから全体の約七割が朝鮮で官僚生活を終えたことがわか

表6　高等文官試験と朝鮮総督府試補

赴任日	本国帰還（免職）日	名前	故郷	高校	大学	大卒	高文合格	就任官職	最終官歴
1910.12.19	1919. 8.19	遠藤柳作	埼玉	二高	東法	1910	1910	参事官室	政務総監（1945）
	1917. 8.15	藤田嗣雄	千葉	一高	東法	1910	1910	会計局	陸軍教授
1910.12.24	1920. 2.9	和田駿	和歌山	六高	京法	1909	1910	官房秘書課	青島民政部事務官
1911.11.30		宮崎又次郎	三重	四高	東法	1908	1909	内務部	釜山府尹（1931）
		佐々木志賀二	岡山	六高	東法	1909	1909	中枢院	京畿道二部長（1920）
		松井房治郎	東京	三高	東法	1909	1911	度支部	咸南知事（1930）
		佐藤栄三	三重		東法選	1909	1910	度支部	京城専売支局長
		和気弥七郎	東京	五高	東法	1909	1909	度支部	全北財務部長（1914）
		佐瀬直衛	千葉	一高	東法	1908	1910	会計局	京城博物館長
	1918. 3.18	木島茂	広島	三高	東法	1909	1910	総務部	大阪府内務部長
	1917.10.1	長田隆	福島	二高	東法	1908	1911	農商工部	秋田県知事(1932)
	1921. 4.9	郡山智	宮城	二高	東法	1911	1911	内務部	拓務省拓務局長（1934）
	1919. 8.25	横井二郎	東京	一高	東法	1911	1911	内務部	三重県視学官
1911.12.4		長郷有泰	東京	学習院	東法	1905	1909	総務部	黄海道財務部長（1915）
		西脇賢太郎	岐阜	一高	東法	1908	1908	警務総監部	慶南財務部長（1923）
	1927. 3.11	平井三男	熊本	五高	東法	1909	1910	警務総監部	山口県知事(1931)
		富永一二	長崎	山口高	東法	1910	1910	通信局	平北警察部長（1928）
	1916. 1.22	田村達	山形	二高	東法	1909	1910	鉄道局	北海道後志支庁長（1929）
	1918. 2.12	鷲尾弘準	三重	二高	東法	1911	1911	鉄道局	内閣恩給局長（1932）
1912. 1.11		伊藤清	東京	二高	東法	1909	1909	土地調査事務局	逓信局長（1936）
	1917. 3.4	尾崎虎一	岡山	三高	東法	1908	1910	土地調査事務局	賞勲局書記官（1924）
1912. 2.21		橋本欽四郎	東京	一高	東法	1910	1911	逓信局	逓信局副事務官（1919）
1912.12.5	1920.12.4	神田純一	山口	六高	東法	1911	1912	内務部	鳥取県知事（1931）
		小松浅五郎	長野	二高	東法	1912	1912	内務部	道事務官（1925）
	1919.12.4	本岡栄次郎	兵庫	三高	東法	1912	1912	農林局	大分県視学官（1919）

		林茂樹	広島	一高	東法	1912	1912	内務部	学務局長（1933）
		井上主計	山口	山口高	東法	1910	1912	度支部	新義州税関長（1930）
		大谷正之助	福島	二高	東法	1912	1912	度支部	京城専売局長（1930）
		井上致也	石川	一高	東法	1911	1912	鉄道局	鉄道局副参事（1917）
		山崎真雄	熊本	七高	東法	1909	1912	咸北	大邱府尹（1929）
1913. 12.6	1929. 9.12	永野清	大分	五高	東法	1911	1912	警務総監部	大分知事（1932）
1914. 1.9		高武公美	福岡	五高	東法	1910	1911	内務部	江原内務部長（1932）
	1920.12.11	杉本良	静岡	一高	東法	1913	1912	官房参事官室	台湾文教局長（1931）
	1921. 6.20	木島駒蔵	山口	六高	東法	1912	1912	内務部	農林省山林局長（1933）
		今村邦典	東京	二高	東経	1912	1913	官房総務局	忠北警察部長（1928）
		河野栄太郎	広島	三高	東経	1912	1913	鉄道局	道財務部長（1923）
		阪口行克	三重	四高	東法	1909	1913	度支部	度支部事務官（1915）
	1918. 4.15	石丸優二	東京	七高	東法	1912	1913	忠北	大分高商学校（1922）
1914. 8.10		林繁蔵	福岡	東高商	京法	1913	1912	度支部	財務局長（1937）
1914.11.25	1917.10.1	山口政二	埼玉	一高	東法	1914	1914	内務部	青島民政部事務官（1921）
		穂積真六郎	東京	二高	東法	1913	1914	度支部	殖産局長（1941）
1915. 1.25		矢島杉造	新潟	一高	東法	1914	1913	度支部	農林局長（1937）
		中村寛猛	福岡	五高	東法	1914	1914	総務局	専売局庶務課長（1928）
		沢崎修	京都	三高	東法	1914	1914	農商工部	鉄道局庶務課長（1934）
		新田隣平	長野	四高	東法	1914	1914	内務部	大邱専売局長（1929）
		車田篤	鹿児島	七高	東法	1914	1914	農商工部	慶北財務部長（1924）
1915. 6.17		倉橋鋕	長野	一高	東法	1915	1914	内務部	府文書課長（1925）
	1920. 3.19	田中直通	栃木	八高	東法	1915	1914	内務部	商務省工政課長（1932）
		高橋権三郎	山形	一高	東法	1915	1914	農商工部	黄海道財務部長（1921）

	1919. 6.21	藤沼武男	栃木	八高	東法	1915	1914	農商工部	小石川警察署長（1922）
1916. 1.15	1921. 9.30	田尻生五	福岡	一高	東法	1914	1914	総務局	製鉄所労務課長（1932）
	1918.11.30	赤峰鉄夫	東京	一高	東法	1914	1914	内務部	逓信省航空局書記官（1929）
1916. 4.28		田中三雄	福岡	三高	東法	1915	1914	総務局	仁川税関長（1931）
		大島良士	香川	一高	東法	1915	1915	総務局	京畿内務部長（1936）
1916. 6.9		萩原彦三	埼玉	一高	東法	1916	1915	内務部	拓務次官（1939）
		富永文一	徳島	七高	東法	1916	1915	度支部	学務局長（1937）
	1920. 7.31	三浦惟一	山口	三高	東法	1914	1915	土木局	スイス三等書記官（1927）
1917. 4.21		松沢国治	長野	一高	東法	1917	1916	内務部	忠北内務部長（1932）
1917. 4.30		三木進一郎	香川	六高	東法	1912	1916	総務局	平北第二部長（1919）
1918. 1.18		池田魁	鹿児島	一高	東法	1917	1917	逓信局	鎮南府（1929）
		美座流石	鹿児島	七高	東法	1917	1916	度支部	平北知事（1939）
		湯村辰二郎	宮城	二高	東法	1916	1917	農商工部	農林局長（1941）
	1924.12.1	下村充義	佐賀	二高	東法	1914	1917	度支部	滋賀県学務課長（1930）
		河野節夫	広島	三高	東法	1917	1917	農商工部	平南内務部長（1936）
1918. 7.25		上滝基	福岡	一高	東法	1918	1917	総務課	殖産局長（1943）
		甘蔗義邦	石川	四高	東法	1918	1917	内務部	京畿知事（1940）
1918.12.2		坂路英知		東外語	東法	1917	1918	内務部	黄海道財務部長（1924）
1919. 7.12		古庄逸夫	熊本	五高	東法	1919	1918	内務部	京城税監局長（1939）
		山沢和三郎	新潟	三高	東法	1919	1918	度支部	農林局長（1942）
1919.11.25		佐々木忠右衛門	宮城	二高	東法	1918	1919	殖産局	黄海内務部長（1939）
1920. 4.12		児島高信	福岡	一高	東法	1919	1918	財務局	李王職次官

秦郁彦『戦前期日本官僚制の制度・組織・人事』（東京大学出版会，1981 年）と『朝鮮総督府官報』から作成.

表7　試補任用と日本本国・他植民地との間の行政官僚の人事交流

年度	1910	1911	1912	1913	1914	1915	1916	1917	1918	合計
試補入	3	16	11	1	10	9	7	2	8	67
転入	6	6	2	1	1			1		15
転出	1	1		1	1		2	7	2	15

1910は朝鮮総督府が設置された十月から．試補転入は1919年3人，1920年1人．
『朝鮮総督府官報』から作成．但し，1910年は総督府設置以後の数字をとった．

表8　高文合格者の朝鮮移入と移出

年度	1920	1921	1922	1923	1924	1925	1926	1927	1928	1929	合計
転入	6	12	16	8	21	26	11	19	18	19	156
転出	0	0	1	1	1	4	2	1	1	2	13
転出率	0	0	6%	12%	4. 76%	15%	18. 2%	5. 2%	5. 55%	5. 2%	8. 3%

『朝鮮総督府官報』から作成．

表9　試補出身朝鮮総督府勅任官僚

朝鮮赴任	名前	最終官職	天下り先
1911. 11. 30	松井房治郎	咸南知事（1930）	朝鮮米穀倉庫
1912. 1. 11	伊藤清（井上清）	逓信局長（1936）	南朝鮮水力電気社長
191. 2. 5	林茂樹	学務局長（1933）	殖産銀行理事，京春鉄道社長
1914. 8. 10	林繁蔵	財務局長（1937）	殖銀頭取
1914. 11. 25	穂積真六郎	殖産局長（1941）	京城電氣理事
1915. 1. 25	矢島杉造	農林局長（1937）	朝鮮林業開發社長
1916. 6. 9	萩原彦三	咸南知事（1935）	朝鮮燐鑛社長
		拓務次官（1939）	
1916. 6. 9	富永文一	学務局長（1937）	殖銀理事
1918. 1. 18	美座流石	平北知事（1939）	朝鮮マグネサイト開發社長
1918. 1. 18	湯村辰二郎	農林局長（1941）	朝鮮蠶絲統制社長
1918. 7. 25	上滝基	殖産局長（1943）	
1918. 7. 25	甘蔗義邦	京畿道知事（1940）	毎日新報社重役
1919. 7. 12	古庄逸夫	京城税監局長（1939）	朝鮮無尽社長
1919. 7. 12	山沢和三郎	農林局長（1942）	東拓理事

秦郁彦『戦前期日本官僚制の制度・組織・人事』（東京大学出版会，1981年），『朝鮮総督府官報』から作成．殖産銀行や殖産コンツェルンと呼ばれている殖産銀行関連企業．

る。朝鮮総督府のこのような官僚の傾向は本国との官僚異動を表す表7からも確認できる。一九一六年と一七年の転出者が多いのは、寺内内閣成立に伴う総督府官僚の内地異動と青島守備軍民政部への赴任[24][25]によるが、それ以外には目立った本国との間での異動は見られない。朝鮮総督府官僚としてキャリアをスタートさせた官僚のほとんどが朝鮮で官僚生活を終えるという人事慣行は、一九二〇年代になると一層固定されるようになった。

この傾向は寺内総督の人事政策と密接な関係がある。寺内は総督府官僚を本国から採用せず、朝鮮内で養成し補充する方針をとり[26]、その官僚養成システムとして試補制度を導入したのである。そのため一般的には人事が固定され、本国とは異なる官僚が養成されるようになる。穂積真六郎は次のように回想している。

ただ朝鮮の役人の特色は、こっち（内地　筆者）では各省に入ってしまうとずっとそこにいるわけですが、朝鮮の方はまるで湯をかきまわされるように内務に行ったり外務に行ったりしますから。だから知識は広いですが、深さになると一つ仕事をずっと何十年もやっていた人とくらべるとね。しかしそれだけにいろいろ仕事をしてきたみんなが、まざってやっていますから話が早くすみますよ[27]。

任官してからは度支部、内務部、税関所、地方官庁など様々なポストに就き、総合的な行政能力を整えたことで、警務総監部を除いた総督府内部のセクショナリズムは内地に比較すると弱い。

このような総督府独自の官僚養成・人事政策に対し、問題点も指摘されていた。山本内閣の時、行政整理の現地調査で朝鮮に出張した内務省地方局長小橋一太は「内地ニ於テ大ニ任用ノ範囲ヲ広クスルノ今日独リ朝鮮ニ於テ試験制ヲ固守シ又朝鮮ノ官吏ハ総テ朝鮮ニ於テ養成センコトヲ期スルカ為適任者欠シキノ憾アリ。大ニ門戸ヲ開放シ内地ヨリ事務ニ熟達セル者ヲ移入スルヲ可トス[28]」と批判的に見ていた。小橋一太は後に、総督府官制改革にあたり、内務次官として総督府官僚の更迭に積極的に助力した人物であることは記憶しておく必要がある。

第二は、試補を経て高等官に任用された官僚が「生え抜き官僚」として漸次朝鮮総督府の中堅官僚として成長し、一四人は勅任官まで昇進して殖産銀行や朝鮮総督府関連企業に天下りしていることがわかる。一九一〇年代半ばから後半に任命された試補達の勅任官昇進が目立つ。一九一九年朝鮮総督府官制改革後、内地から内務省官僚が大勢移動され、彼らが優遇されたためであり、第二次斎藤総督時期から宇垣総督時期にかけては漸次試補出身の「生え抜き官僚」が抜擢されたためである。彼らはまさに穂積真六郎の著書の題名のように、「わが生涯を朝鮮に」ともにした官僚であり、本書の主な対象にする官僚群である。したがって朝鮮と内地との利害が対立した際は、朝鮮の特殊事情や朝鮮総督の「総合行政権」[29]を楯に朝鮮の利害を代弁するケースが多い[30]。このような朝鮮総督府官僚のセクショナリズムは彼らの持つ土着性によるところが大きいであろう。

以上の内容をまとめてみよう。寺内は総督府官僚を本国から採用せず、朝鮮内で養成し補充する方針をとり、その官僚養成システムとして試補制度を導入した。試補はそのほとんどが、内務部、度支部、総督官房、警務総監部など、総督府内の中央部署を周遊しつつ、そこで、統監府以来の「生え抜き官僚」の指導を受けながら、官僚として必要な総合行政能力を身に付け、事務官に任命された。内地とは超然とした植民地経営を試みる寺内の庇護の下で、ゼネラリストとして成長した彼らの過半数以上は朝鮮で官僚生活を終え、内地官僚とは違うキャリア・パスを歩んだ。彼らは自らを「朝鮮通」として自認し、内地官僚とは異なる独自の官僚意識を培った。

注

（1） 朝鮮総督府司法官試補については、전병무「조선총독부 日本人 司法官試補」（『한국학논총』第三六号、二〇一一年）を参照されたい。

（2） 岡本真希子氏は「宇垣総督期に昇進のための頻繁な異動が実施され、一つの分野への専門性を深めようとする志向ではなく、オールマイティな政策立案能力を重視する志向を生んだ」（『植民地官僚の政治史』三元社、二〇〇七年、五四六頁）と主張しているが、一九一〇年代から本国からの官僚移動が制限され、総督府官僚が財政、地方制度、逓信、鉄道など専門分野まで担当せざるを得ない状況が生じ、総合的な行政能力を備えた官僚がもとめられたのではないかと思われる。
(3) 弓削幸太郎「朝鮮統治の将来」(一)(『朝鮮新聞』一九三六年五月二七日付)。
(4) 弓削幸太郎「朝鮮統治の将来」(二)(『朝鮮新聞』一九三六年五月二八日付)。
(5) 韓国併合前の日本人高等官については、浅井良純「韓国併合前後における日本人官僚について」(『朝鮮学報』第一九三輯、二〇〇四年一〇月)を参照されたい。
(6) 白面人『働き盛りの男』(やまと新聞出版部、一九二五年)二八二頁。
(7) 一九一〇年七月五日付守屋栄夫宛遠藤柳作書翰(国文学研究資料館所蔵『守屋栄夫関係文書』六―四六―四九)。
(8) 三浦裕夫「解題」(藤田嗣雄『欧米の軍制に関する研究』有斐閣出版、一九九一年)六三七頁。
(9) 古庄逸夫『朝鮮統治回想録』(私家版、一九六二年)一頁。
(10) 高武公美『静想』(私家版、一九二二年)一二一―一二二頁。『静想』の利用にあたっては、吉本信之氏のご厚意を賜った。記して感謝の意を表したい。
(11) 林繁蔵回顧録編纂委員会『林繁蔵回顧録』(林繁蔵回顧録編纂委員会、一九六二年)九頁。
(12) 穂積真六郎『わが生涯を朝鮮に』(友邦協会、一九七四年)二四七―二四八頁。
(13) 井上則之『朝鮮米と共に三十年―湯村辰二郎先生の記録―』(米友会、一九五六年)二一―二二頁。
(14) 古庄逸夫『叔父平井三男と私』(私家版、一九六四年)九頁。
(15) 前掲『朝鮮統治回想録』二―三頁。
(16) 秦郁彦『官僚の研究』(講談社、一九八三年)一八五頁。但し、岡本真希子氏は秦郁彦氏の『官僚の研究』を引用しながら、高文に五等以内合格した人の中で、植民地官庁に赴任した人は一人もいないというが、これは事実と異なる。
(17) 植民地官僚に対する優遇については、前掲の岡本氏の本の第四章「補給制度と民族差別」を参照されたい。
(18) 一九一九年九月一七日付守屋栄夫宛荻田悦造書翰(前掲『守屋栄夫関係文書』五―二五―一二)。
(19)「朝鮮赴任時代の備忘録」(東京大学法学部附属近代日本法政史料センター原資料部所蔵『山口政二関係文書』三―一)。山口は朝鮮語研究にも興味を持っており備忘録には簡単な朝鮮語が登場する。

(20) 萩原彦三『私の朝鮮記録』(私家版、一九六〇年)一六頁。
(21) 前掲『朝鮮統治回想録』五頁。
(22) 前掲『私の朝鮮記録』二一頁。
(23) 萩原彦三「寺内さん大塚さん」(和田八千穂・藤原喜蔵共編『朝鮮の回顧』近沢書店、一九四五年)八八頁。
(24) 寺内内閣成立とともに、総務局長である児玉秀雄が内閣書記長官に、総督秘書官である池辺龍一が総理大臣秘書官に就任する。
(25) 植民地帝国日本は新しい植民地を支配する際、既存の植民地官僚を赴任させる傾向があった。たとえば、一九一七年一〇月秋山雅之介は青島民政長官に内定すると、山県政務総監に依頼し、中野有光、内田隆、山口政三を朝鮮から転任させている(秋山雅之介伝記編纂会編『秋山雅之介伝』秋山雅之介伝記編纂会、一九四一年、一八一頁)。一九一九年六月入沢重麿も青島に転任している。
(26) 佐々木正太『朝鮮の実情』(帝国地方行政学会朝鮮本部、一九二四年)一五五—一五六頁。ちなみに司法官僚の場合も、「初ハ司法省ニテ人ヲ出スコトヲ嫌ヒ、中コロ寺内正毅カ内地人ヲ採ラサル主義ヲ立テタル為」、内地との間の人事異動は殆ど見られない(『倉富勇三郎日記』一九二〇年七月一六日条、国会図書館憲政資料室所蔵『倉富勇三郎関係文書』所収)。
(27) 萩原彦三述『朝鮮総督府官制とその行政機構』(友邦協会、一九六九年)二七頁。
(28) 小橋一太「朝鮮行政視察報告」(『原敬関係文書』第一〇巻　日本放送出版協会、一九八九年)二九九—三〇〇頁。
(29) 朝鮮総督の「総合行政権」については、拙稿「조선총독의 권한과 지위에 대한 시론」(『사총』第七二号、二〇一一年一月)を参照されたい。
(30) 鈴木武雄「朝鮮統治の性格と実績—反省と反批判—」(大蔵省管理局編『日本人の海外活動に関する歴史的調査』通巻第一一冊、一九五〇年)一四—一五頁。

第三章　水野錬太郎政務総監在任期における統治構想

「文化統治」期を対象とした従来の植民地支配政策研究は、主として日本側の統治政策とそれに対する民族運動を中心としたものであり、表面に表れない植民地官僚の役割が注目されることはなかった(1)。その結果、植民地官僚や官僚制がいかに多様な変化を遂げていたのか、また彼らの行動や意識がいかに変容し、それが植民地統治政策にいかにフィードバックされたのかという、基本的かつ重要な部分がかなり欠落し(2)、ひいては植民地時代への理解をゆがめることにもつながった。こうした欠落を埋めるための試みとして、本章はそれ以前の時代にもそれ以後の時代にもみられることのなかった活発な人事異動が、内地と総督府との間で行われた時期、すなわちいわゆる「文化統治」初期に注目する。

本章では、斎藤実総督・水野錬太郎政務総監赴任以後、総督府に生じた変化について人事と政策を中心に探る。三・一運動後、日本政府の統治方針の全体的な変化があり、その変化が朝鮮にトップ・ダウンに伝わる過程をまずは分析する。その一方で、植民地統治の矛盾がより深まる過程についても考察の対象とし、双方を見ながら、総督府の官僚が独自の対応策を編み出していく一つの具体的な様相として、一九二〇年代以降の朝鮮総督府の「生え抜き官僚」について描きたい。原敬は、朝鮮総督の立法・行政・司法に渉る従来の「総合行政権」を否定し、日本の制度、法律、慣習をそのまま朝鮮に適用する「内地延長主義」を、朝鮮総督府首脳部人事の総入替えによってトップ・ダウンに進めようとした。これに対して、かつて武官総督の下で、独自性が強い官僚意識を培ってきた生え抜きの総督府官僚は、朝鮮の特殊事情を楯に、原による一方的な統治政策に反対しながら、植民地の現実を直視した統治政策を構想し始めた。この時期、矢継ぎ早に進められた制度や法律の改正を柱とする植民地改革は、以上のような二つの流れのせめぎあいの中でつくられた折衷・妥協の産物にほかならなかった。その具体例として、地方制度改正をめぐる新来の官僚と「生え抜き官僚」との攻防と朝鮮民事令改正をめぐる、新来の司法省出身官僚と「生え抜き官僚」との攻防を取り上げ、両者の朝鮮統治観の相違を明らかにする。さらに、新しい統治構想のきっかけとなった植民地官僚たちの欧米出張についても分析を加えたい。

一　水野人事

原首相は朝鮮統治改革を実行させるため、水野を政務総監に起用した。長い間内務省で人材養成につとめたその経歴や、法制上の知識を高く買っていたためである(3)。総督府人事の刷新と制度・法律の改革という、原の意向を受け継いだ水野政務総監は、朝鮮総督府内において、空前絶後の大規模な人事異動を敢行した。

表10は、水野政務総監の在任期間中、水野によって抜擢された、内務省幹部の顔触れである。また、内地からの内務省幹部の抜擢と並行して、総督府幹部の大量更迭も行われている。二つの表を観察すると水野人事は次のような特徴を持っていたことがわかる。

まず、水野人事は警察系統に止まらず、総督府官僚を大規模に入れ替えた点に特徴があった。水野人事は一九一九年一二月に一段落したが、一二月までの人事もよく見れば、官制改正と同時に発表された人事と、その後に発表された人事とではやや性格が異なっていた。前者が、普通警察制度実施に伴って設置された各道警察部長や警務局などの

表10　水野人事

赴任日	本国帰還日	名前	故郷	高校	大学	大卒	高文合格	就任官職	前職	最終官歴
一九一九.八.一三	一九二四.九	守屋栄夫	宮城	二高	東大	一九一〇	一九一〇	総督秘書官	内務省参事官	一九二七社会局社会部長
一九一九.八	死亡	野口淳吉	富山	四高	東大	一九〇六	一九〇七	警務局長	警視庁警務部長	
	一九二三.九	白上祐吉	山口	四高	東法	一九一〇	一九一〇	警務課長	富山県警察部長	一九二八実業学務局長
	死亡	卜部正一	茨城	四高	東大	一九一一	一九一一	保安課長	山形県学務課長兼山林課長	一九三〇警務局保安課長
	一九二二.七	小林光政	栃木	一高	東大	一九一七	一九一六	高等警察課長	警視庁警視	一九四二教学局長官
	一九二四.九	丸山鶴吉	広島	一高	東法	一九〇九	一九〇九	警務局事務官	地方局救護課長 静岡県内務部長	一九四四宮城県知事
		古橋卓四郎	愛知	七高	東大	一九一〇	一九一三	警察講習所所長	愛知県農林課長	一九三一咸北知事
一九一九.八	一九二四.三	千葉了	宮城	二高	東大	一九〇八	一九〇八	京畿警察部長	静岡県引佐郡長 秋田県警察部長	一九三五新潟県知事
	一九二四.二	山口安憲	徳島	三高	東大	一九一三	一九一一	忠北警察部長	香川県小豆郡長 兵庫県理事官	一九三四石川県知事
		関水武	神奈川	二高	東大	一九一一	一九一三	忠南警察部長	茨城県西茨城郡長 茨城県庶務課長	一九三六咸南知事
		松村松盛	宮城	二高	東大	一九一三	一九一三	全北警察部長	和歌山県那賀郡長 福岡県学務課長	一九三一殖産局長
	一九二二.五	山下謙一	佐賀	五高	東大	一九一〇	一九一一	全南警察部長	千葉県印旛郡長 警視庁理事官	一九三一熊本県知事
	一九二四.一	新庄祐一郎	京都	五高	京法	一九〇九	一九一〇	慶北警察部長	山口県厚狭郡長 鹿児島県勧業課長	一九三一滋賀県知事
	一九二二.二	八木林作	大阪	三高	東大	一九〇九	一九〇九	慶南警察部長	兵庫県理事官	一九三一島根県知事
		馬野精一	山口		早政	一九〇八	一九〇九	黄海道警察部長	鹿児島県揖宿郡長 富山県学務課長	一九三一全南知事

	一九二七・二	石黒英彦	広島	三高	東法	一九一〇	一九一一	江原道警察部長	群馬県学務課長	一九二九文部次官
		西村保吉	愛媛				一九〇一	殖産局長	埼玉県知事	一九二四殖産局長
	一九二二・六	赤池濃	長野	一高	東法	一九〇二	一九〇二	内務局長	静岡県知事	一九二四警視総監
	一九二三・一	柴田善三郎	静岡	一高	東大	一九〇四	一九〇五	学務局長	大阪府内務部長	一九三一大阪府知事
	一九二三・九	伊藤武彦	岐阜	八高	東大	一九一五	一九一四	総督秘書官	千葉県石原郡長	一九二七岡山県知事
		岡崎哲郎	宮城	一高	東法	一九一三	一九一三	平南第二部長	栃木県塩谷郡長	一九三二全北内務部長
一九一九・九・二三	一九二四・三	篠原英太郎	長野	三高	東法	一九一一	一九一二	殖産局事務官	大阪府学務課長	一九三七内務次官
		時実秋穂	岡山	一高	東法	一九〇七	一九〇七	忠南知事	茨城県内務部長	一九二六京畿知事
一九一九・九・二六		飯尾藤次郎	愛媛		東法	一九〇三		平北知事	熊本県内務部長	一九二四黄海道知事
		亥角仲蔵	京都		早政	一九〇二	一九〇三	全南知事	茨城県内務部長	一九二五全北知事
一九一九・九・三〇		田中武雄	三重		明治	一九一三	一九一五	警務局事務官	長野県警視	一九四二政務総監
	一九二三・五	半井清	岡山	一高	東法	一九一三	一九一三	学務局宗教課長	石川県理事官	一九四一大阪府知事
一九一九・一〇・四	一九二三・一一	安武直夫	福岡	五高	東法	一九一四	一九一三	殖産局事務官	警保局事務官	一九三六平南知事
		黒木吉郎	宮崎	五高	東法	一九一三	一九一三	京畿道事務官	大阪府中河内郡長	一九三二京畿内務部長
一九一九・一一・二五	一九二三・二	吉田賢男	島根	六高	東法	一九一五	一九一六	税関監視官兼税関事務官	岡山県属兼岡山県警視	一九三二島取県学務部長
一九一九・一二・四		渡辺豊日子	熊本	五高	東法	一九一三	一九一三	内務局第一課長	愛知県理事官	一九三六学務局長
	一九二三・一	郡茂徳	三重	三高	東法	一九一三	一九一三	殖産局	三重県理事官	一九三六台湾学務局長
		菊山嘉男	三重	三高	東法	一九一三	一九一三	総督官房庶務部会計部長	長野県理事官	一九三九宮城県知事
		藤原喜蔵	岩手	二高	東大	一九一四	一九一四	警務局事務官	青森県理事官	一九三五平南知事
		久留島新司	広島	六高	東法	一九一四	一九一四	殖産局水産課長	広島県御調郡長	一九二五殖産局水産課長
	一九二四・一二	児玉魯一	福岡	五高	東法	一九一四	一九一四	警察官講習所	千葉県警視	一九三六南洋庁書記官

		佐藤七太郎	秋田	五高	東法	一九〇八	一九〇九	慶北内務部長	長野県警察部長	一九二八京城法専校長
		片岡文理	京都	一高	東法	一九〇五	一九〇五	全北内務部長	休職福島県内務部長	一九二六全北内務部長
		渡辺忍	新潟	二高	東法	一九〇九	一九一〇	忠北内務部長	和歌山県日高郡長 神奈川県商工課長	一九三五農林局長
		石川登盛	岩手	二高	東法	一九一三	一九一三	全北財務部長	岩手県理事官	一九三三平北知事
		安藤袈裟一	佐賀	東外語	京法	一九一三	一九一五	平南理事官	埼玉県秩父郡長	一九三一咸北知事
		武井秀吉	長野		広島師	一九〇六	一九一三	江源警察部長	長野県理事官	一九二九総督府事務官
一九三〇・三・二九		土師盛貞	鹿児島	一高	東法	一九一五	一九一四	殖産局山林課兼農務課	和歌山県日高郡長	一九三七慶南知事
一九三〇・四・五		釜瀬富太	福岡	五高	東法	一九一一	一九一三	財務局	宮城県理事官	一九二八咸北内務部長
一九三二・二・二三		米田甚太郎	富山		東法			忠北知事	石川県内務部長	一九二九京畿知事
一九三二・二・二四		近藤常尚	茨城	一高	東法	一九一七	一九一六	殖産局	岩手県理事官	一九三六全南知事
		磯野千太郎	滋賀	三高	東法	一九一〇	一九一一	平北内務部長	徳島県理事官	一九二八忠北内務部長
一九三二・三・二八		沢慶治郎	新潟	二高	東法	一九一七	一九一六	全北理事官	兵庫県加東郡長	一九三七鉄道局監督課長
一九三二・五・二三	一九三四・六	鵜沢憲	千葉	一高	東法	一九一二	一九一三	庶務部兼警務局	法制局参事官	一九三一静岡県知事
一九三二・七・五		竹内健郎	宮城	二高	東法	一九一四	一九一五	警務局	警視庁警察講習所教授	一九三六咸北知事
一九三二・八・二五		伊藤四雄	和歌山	六高	東法	一九一三	一九一三	京畿理事官	兵庫県川辺郡長	一九三六慶北知事
一九三二・一〇・二四		沢田駪治郎	岡山	六高	東法	一九二〇	一九二〇	忠北理事官	長崎県属兼長崎県警部	一九二五道理事官
一九三三・三・二〇	一九三五・六	川崎末五郎	京都	鹿高農	京法	一九一六	一九一六	警務局	台湾総督府理事官	一九三一福島県知事
一九三三・四・七		石本堅			東農実		一九一八	慶南理事官	千葉県匝瑳部長	一九二九平南警察部長
一九三三・五・一七		矢野桃郎	東京	二高	東法	一九一九	一九一九	警察官講習所教授	警視庁警部	一九四二京城府

秦郁彦『戦前期日本官僚制の制度・組織・人事』（東京大学出版会、一九八一年）と『朝鮮総督府官報』から作成。

表11　辞任または内地転出官僚

氏名	前職	就任	文高合格年	本国帰還日
宇佐美勝夫	内務部長官	廃官	1895	1919. 8. 19
小原新三	農商工部長官	廃官	1897	1919. 8. 19
鈴木穆	度支部長官	廃官	1899	1919. 8. 19
関屋貞三郎	学務局長	静岡県知事	1899	1919. 8. 19
荻田悦造	総務局長	廃官	1905	1919. 8. 19
遠藤柳作	総督秘書官	東京府事務官	1910	1919. 8. 19
宮木又七	全南知事（大蔵）	廃官	1891	1919. 9. 26
桑原八司	忠南知事	廃官	1893 東大卒	1919. 9. 26
鈴木隆	忠北知事	廃官	警察から	1919. 9. 26
久水三郎	官房外事課長	廃官	外務省外交研修生	1919. 9. 26
久芳直介	官房人事課長	廃官	大蔵省御用係	1919. 9. 26
三増久米吉	馬山府尹	休職	1898 外務書記	1919. 11. 29
天野喜之助	郡山府尹	休職	公使館二等書記官	1919. 11. 29
板東義雄	衛生課長	神奈川県事務官	1908	1919. 12. 4
神田純一	総督秘書官	長崎県理事官	1911	1919. 12. 4
本岡栄次郎	農商工部商工課	大分県理事官	1912	1919. 12. 4
渋谷元良	忠南第一部長	休職	東京府視学	1919. 12. 4
大久保到	全北第一部長	休職	山口県美禰郡長	1919. 12. 4
菱田義民	咸南第一部長	休職	通訳官	1919. 12. 4

秦郁彦『戦前期日本官僚制の制度・組織・人事』（東京大学出版会，1981年），『朝鮮総督府官報』から作成.

新しいポストの人事と局長クラスの人事であったのに対して、後者は総督府中央部局人事と内務系統に対するものだった。特徴の二点目は、いうまでもなく全体的に水野個人の影響が強い内務省人事だったという点にある。(4) 寺内内閣の内務大臣だった水野は内務省に長く在勤し、参事官、大臣秘書官を歴任し、「人事大臣」の通称を持つ内務官僚の中の実力者であった関係から、(5) 地方官に対して強い権威を持っており、後の昇進を前提として彼らを朝鮮に引き連れていった。地方官の朝鮮転任については、床次竹二郎内相、小橋一太内務次官の了解を得て、候補者となった地方官らに対し、就任勧誘の電報を書くなど、自ら積極的にかかわったとみられる。(6) こうした背景には内務省の人事停滞もあった。日露戦後、国家機構の整備と行政事務の拡大によって専門官僚制の拡充が行われ、(7) 高文合格者の数が漸次増加して、大正の半ばになると内務省での高文合格者の人事渋滞は深刻な問題になっていた。こうした問題の解消のために、内務省の地方官を昇進させた上で朝鮮に赴任させたものとみられる。一方で、併合前の韓国政府による招聘などによって昔から朝鮮で事務に携わった官僚、とりわけ外務省出身や大蔵省出身の官僚が更迭された。寺内総督時代から首脳部を占めていた内務省出身の官僚は、日本に帰ったあと内務省に再就職した。「生え抜き官僚」のうち、遠藤柳作、神田純一、岡本栄次郎などの若手世代は本国に帰して内務省に就職させ、朝鮮と本国との人事交流を図った。こうした水野人事は、停滞していた総督府の人事体制に活力を吹きこんだが、官僚人事における内地延長を実現させるという効果ももった。

以上のような大規模な人事異動は、「生え抜き官僚」の反発を招いた。「生え抜き総督府官僚」と水野系官僚[8]とは、以降激しい権力闘争を繰り広げることとなる。斎藤総督の政治宣伝ブレインと言われた細井肇は、一九二〇年二月、斎藤総督に送った意見書の中で、「若し今日の状勢を以てその推移に放任せば所謂在来種（「生え抜き官僚」筆者）の同盟辞職実現の日決して遠からざるべし[9]」と両者間の対立を懸念した。内地からの新任官僚と「生え抜き官僚」間の葛藤や対立は、台湾総督府をはじめ、植民地統治機関においては珍しいことではなかった。だが、内務省官僚の組織的な大量の異動は他の植民地においては前例がなかったため、総督府においては「生え抜き官僚」の同盟辞職、との表現が出るほど、総督府内の反目と嫉視が深刻であった。こうした対立を単純な人的な睨み合いととらえるのは正しくない。キャリア・パスの相違のみならず、民衆観や統治政策観までをも含む深い淵源を持つ対立であった。

この時期、内地の内務省官僚は大正デモクラシー期に伸張する民衆意識に注目して、それに対する積極的な対応策としてさまざまな民衆化政策、民衆統合政策を導入していた[10]。新来の内務省官僚の場合も、若手官僚のほとんどが郡長や警視を経て、地方の理事官や他のポストに就いてこうした政策を実行していたので、そうしたキャリアは、朝鮮統治にもフィードバックされていくことになる。彼らは「先の為政者がも少しうまくやつて居たら、あんな騒擾も起らなかったろう」[11]と、在来の官僚のやり方について批判的だった反面、日本の制度や法律を朝鮮に適用しようとした。例えば宗教課長としてキリスト教対策や宗教団体を利用した社会事業を図った半井清は、宗教政策について「まず日本内地と同様に、できる限り簡単なものに改めた」[12]と回想している。

その一方で、内務局長大塚常三郎[13]を中心とする「生え抜き官僚」たちは植民地特殊事情論に基づき、限られた財政負担力や「民度」を理由として、事実上の民族的差異に対応した現実的な制度、政策の立案を主張した。彼らは内務省出身官僚を「何等朝鮮の実情に通暁しないで、生意気な、先走りの議論ばかりしている高襟者流」[14]と批判し、内務省出身官僚が主導する政策に批判的であった。たとえば、実務レベルの責任者であった矢島杉造内務局第二課長（後社会課長）は、民衆統合政策として内務省出身官僚などによって積極的に導入された社会事業に対して、内地では公設市場以外は失敗に終わったと評価し、「今直に内地の例を以て朝鮮に行はんとするが如きは避けねばならぬ」[15]と批判した。

このように内務省官僚は、「生え抜き官僚」とは異なるキャリア・パスや民衆観を持ち、朝鮮統治改善策に対しても異なる立場に立っていた。前例のない大規模な人事異動と同時期に矢継ぎ早に進められた制度、法律改正等の植民地改革は、同じ世代である「生え抜き官僚」と内務省官僚との対立を深化させた。

二　財政政策の転換

水野は内務省官僚を数多く朝鮮に赴任させ、制度・法律の改革を通じた植民地統治改革という原首相の意志を実現しようとした。水野は原が示した「朝鮮統治私見」に基づいて五大政策すなわち、治安の維持、教育の普及・改善、産業の開発、交通・衛生の整備、地方制度の改革を朝鮮統治の基本方針とした。(16)この五大政策は原内閣による積極政策を朝鮮に導入したものと考えられる。水野は第四四回帝国議会で「積極的政策ヲ樹テ文明ノ普及・開発ヲ図リ文化ノ恩恵普カラシメ日韓併合ノ精神ヲ徹底セシメザル可カラズ」(17)と積極政策を表明した。ここでいう積極政策とは、政友会が内地で実行したような、学校の増設、鉄道・道路・海運の整備、社会政策の実施、地方開発などの地方利益＝文化の恩恵の供与によって、朝鮮国内において、日本の統治政策の受益者層＝親日派を造り出し、彼らを統治の安定的な基盤にするというものであった。(18)言うまでもなくこれらの政策を実現するためには、莫大な費用が必要である。一九二〇年九月二六日、赤池警務局長は水野政務総監に次のように述べている。

朝鮮の問題は結局金の問題なり、多く支出されは可、支出せされは不成功、但大蔵大臣中々金の支出を八釜敷故困難多しとの事に有し、之にすれは総理は充分国庫補給に付御同情有之候間、積極的に御交渉あるは相当効果あるへしと存候。次に又原総理は朝鮮統治に就ては可成内地と歩調を合し度も時々朝鮮丈にて割拠せんとする傾向あり。例へは国税、鉄道、何々等総督府の管轄の下に置かんとするは当初の方針に反せずやとの事と存候。(19)

この費用を確保するために従来の財政独立方針を変更し、日本から多額の補助金を導入するとともに、公債の募集も行われた。予算編成に際して水野は、政務総監職をかけて原首相と直談判する一方、閣議に出席し朝鮮の事情を述べ、高橋是清蔵相を説得して補充金の獲得や公債の発行を実現した。(20)

内地延長＝積極政策の推進によって内地と朝鮮は政策面で緊密になり、内務省出身官僚はそのパイプ役となった。さらに内鮮融和という名目下に、一九二〇年には「内地・朝鮮の知事会議に交互にその関係者を列席させ、(21)相互に局・部長及び知事の列席を見てから、道警察部長には特に内務省より参列員を派遣し、内地の府・県警察部長会議には朝鮮より道警察部長を特派したが、(22)内地の地方改良講習会および講演会には年々総督府より府事務官・郡守・属等数名の講習員を派遣・傍観せしめた」[23]。この交流によって総督府と内務省との政策的緊密性は一層強化されるようになる。このように水野錬太郎は人事、政策の面で強力な影響力をもったため、「政務総監あつて総督なし」[24]との世評があがるほどであった。

三　地方制度改正

三・一運動を契機として、地方制度を改正し、一定程度の地方自治を認めることについては陸軍、原内閣、総督府三者の間で意見の一致をみた。しかしながら、改正の中身までが一致していたわけではなかった。一九一九年六月総督府官僚の改革プランが具体化された「騒擾善後策私見」には、諮問機関設置および中枢院改革案が含まれていた。だが、現実には、専任の官選参事官による道参事制の拡張や指定面における面協議会の設置に止まった。「生え抜き官僚」は「民度」を考慮して民意を吸収するための諮問機関を拡張するが、選挙制による代議機関の設置は避けるという、自治抜きの変則的な地方制度の改正方針を立てたのである[25]。一方、原首相は斎藤総督と水野総監の赴任の際に提示した「朝鮮統治私見」上で、彼らに次のような地方制度の改正方針を示した。

地方制度即ち内地に於ける府県制市町村制の如きは、結局之を朝鮮にも施行するの方針を取らざる可からずと雖も、今日の状態にては先づ以て市町村制類似の制度を想定して之を実施し、漸を追ふて府県制実施の措置を為すこと適当なるべし。恰も沖縄県に於て此変則なる制度より始めたると同様の措置を為すこと適当なるへし。

この意見書から読み取れるように、原は究極的には朝鮮に日本の地方自治制を実施することを目標としつつ、漸進主義で進むことを構想していた。原が想定していた漸進主義の具体的な内容は不明であるが、沖縄県の「特別町村制」では、ごく限られた権限しか持っていなかったとはいえ、最初から議決機関が設置されていたことを勘案すると、官選による諮問機関の設置を内容とする朝鮮総督府の三・一運動善後策の構想と、沖縄県を範とする原の地方制度の改正構想とは、ともに漸進主義を取りながらも微妙なずれが見られる。

このような、善後策段階での地方制度改正の方針の違いは様々な対立をもたらした。すなわち、原首相の意思を受け継いだ水野政務総監をはじめとする内務省出身官僚と、「騒擾善後策」作成の実質的な担当者であった大塚ら「生え抜き官僚」との間で地方制度のあり方や実行方法をめぐって激しい論戦が見られたのである。主務局長である大塚内務局長は「朝鮮には朝鮮としての歴史あり文明あり習俗がある。之等に順応せざる他の制度を其儘朝鮮に用ひんとする事は又甚だしき誤謬を生ずる素であらう」(26)と認識していた。大塚内務局長をはじめとする「生え抜き官僚」は、原の内地延長路線に対して、朝鮮には固有の歴史・文明風俗があるので、日本の制度をそのまま朝鮮に適用するのは誤りをもたらすもとであると批判し、その代わりに現在の「民度」にそった民意暢達の機関、つまり官選による諮問機関を設けることを主張した。これに対して、守屋栄夫をはじめとする内務省出身官僚などは、地方制度改正が究極的には「朝鮮を内地と同様衆議院の選挙区として議員を選挙する」ことが「地方制度の運用と深甚なる関係がある」(27)と認識していた。そのため、内地同様、朝鮮に府県制、町村制を実施する見通しを立て、道、面協議会の選挙による議決機関の設置を主張した。大塚内務局長をはじめ、「生え抜き官僚」の多くは選挙による議決機関設置に反対した結果(28)、水野政務総監が「両者共真理」あると判断して「中庸を採」(29)り、「漸進選挙主義」に決着を見ることになる。水野が採った「中庸」というのは、従来官選であった府協議会を民選に改め、また面の諮問機関として官選による面協議会を設置、ただし指定面(全朝鮮の面の一%)に限り民選とするものであった。大塚は彼の持論である朝鮮特殊事情論に基づいて地方制度の内容を大幅に後退させたのである。地方制度改正案が発表されると、尹致昊は「総督府が地方自治の一環として面、郡、府、道の協議会を発議した。日本人が面長を務めている指定面の場合を除くと、面長が面協議会議員を任命する。日本では府協議会、道協議会の議員を選挙を通して選ぶが、朝鮮では府尹や道知事が任命する。所謂協議会で議論する事項は面、郡、府、道で金を集める方法に限られた。なんたる茶番！(30)」と日記に綴っている。

四　民事令の改正をめぐる攻防

民事令および民籍法の改正については、それが朝鮮慣習を成文化しようとした朝鮮総督府側と法制一元化を堅持する内閣法制局が対立する中、結局総督府側が法制局の要求を受け入れ、日本民法の広範囲な適用に制限を加えた方向で行われたと結論づけた李昇一氏の優れた研究(31)がある。ここでは李氏の研究を参照しながら、筆者の分析視角を取り入れて若干の修正・敷衍をしてみたい(32)。総督府は一九一八年から民事令改正委員会を設置し、旧慣調査に基づいて民事令および民籍法の改正を準備して来たが、三・一運動の勃発と総督府官制改革によって一時見送られていた。三・一運動の勃発で朝鮮統治政策の全面的な再検討を容儀なくされ、朝鮮法制政策も再検討され始めた。それが具体化されたのは次の司法部長官である国分三亥が、一九一九年五月長谷川総督に提出した「総督施政方針に関する意見書」である。その中で彼は次のように言う。

朝鮮ニ於ケル法律的慣習ハ公ノ秩序又ハ善良ナル風俗ニ反スルモノナラサル以上ハ、成ルヘク之ヲ尊重シテ急劇ニ破壊セサルヲ要スルハ論ヲ俟タサル所ナリ。然レトモ之ヲ尊重スルノ結果、其ノ慣習ヲ固定セシムルコトハ亦之ヲ避ケサルヘカラス。即チ時勢ノ推移ニ随ヒ漸次其ノ一角ヨリ之ヲ破壊シテ、日本ノ慣習ニ同化一致セシムル

コトヲ必要トス。(33)

国分は朝鮮人を同化することは素より容易な業ではないといいながら、同化政策の第一方法として日本人と朝鮮人の通婚を挙げている。朝鮮人と日本人の通婚を奨励するためには、まず法制上の障害を除かなければならないが、そのためには民籍と民事令の改正が急務であった。彼は民事令の改正の場合は急激に慣習を破壊するのを避け、時勢の推移に従い漸次その慣習を破壊して日本の慣習に同化させることを主張している。このように、朝鮮総督府側は同化政策の一環としても民籍法と民事令の改正を想定していた。

一方、原首相は斎藤・水野に見せた「朝鮮統治私見」において三・一運動以後総督府の法制政策の方針を「内地ニ行ハルル法律命令ノ一部又ハ全部若クハ多少ノ修正ヲ加テ之ヲ施行スルノ原則ヲ取」ること、朝鮮の特別な司法制度は「成ル可ク速カニ其制度ノ廃止スルニ至ランコトニ努メ尚ホ出来得ルタケ速カニ内地大審院ニ上告スルノ途ヲ開ク」こととしており、原の基本的な方針はあくまでも内地の法律を植民地に延長し、朝鮮の特別な司法制度を出来るだけ速やかに廃止するということであった。またこの方針は、単なる内鮮法律一元化による「無差別主義」——例えば朝鮮人だけに適用された笞刑の廃止も内鮮人における刑法上の差別の撤廃として理解できる——に止まらない。民事令の改正は、一般民衆の生活に密接な関係を持つものであり、朝鮮人の慣習や旧慣を破壊して日本人化する過程以外の何物でもない。同化政策の一環として浮上する内鮮通婚、内鮮通婚に連動する相続や親族問題の処理、それに伴う民事令の改正や民籍法の改正の過程は、朝鮮の旧慣を破壊してそれを日本の慣習に変える、すなわち民法を朝鮮人に適用する過程であった。(34)国分と原の法制政策の方向は朝鮮人の慣習を漸次破壊して日本人の慣習に同化するという原則的立場では一見類似しているように見えるが、その漸進主義に対する温度差が存在する。また司法制度の統一問題についても国分は司法制度の統一の前提となる法律統一が先行されるべきであると主張しながら、内地と風俗、習慣、人情、其他百般の状態を異にする朝鮮において「内地と同様の法律を布く能はざる事は論を俟たざる所にして、殊に朝鮮は今尚ほ百事草創の際して、過去に於ては勿論、将来に於ても続々新制度の頻発を要すべきに当り、突如として茲に委任立法の制を廃し、悉く之を内地と同様一々議会の協賛を経たる後、法律の名に於て発せざるべからざることゝせば、常に其時機を失し、殖民地統治上尠からざる困難と不便を感ず」[35]と述べ、法律統一に難色を示していた。また裁判所構成法の朝鮮への施行は総督政治の一元化を破るもので、到底総督が受け入れ難いと認識していた[36]。国分三亥は一九一九年「施政記念日（一〇月一日）」にソウル鐘路商店街の「閉店示威運動」に対する善後策や一九二〇年アイルランド人ジョー・エル・ショウ事件の処理を巡って赤池警務局長と意見が対立し、さらに司法官僚の中でも「学士カ反対シ居ルハ勿論、非学士中ニモ国分ガ大阪ノ検事正タリシ時代ノ懇意ナル人ヲ庇護スルトテ大阪党ノ跋扈ヲ云々[37]」という不満が高まり、更迭された。

一九一九年官制改革以後原首相の統治方針に基づいた朝鮮総督府の司法改革は、司法官僚の人事更迭を通じてトップダウン方式を取るようになる。水野錬太郎の推薦で一九一九年一二月に任命され、翌年二月に法務局長に就任した横田五郎は、原—水野の内地延長主義路線を法制政策方面で実現させるには適格な人物であった[38]。横田法務局長は司法省と協議して一九二〇年秋から冬にかけて大規模の人事異動を行い、司法部官僚の陣容を一新する[39]。横田局長は「朝鮮に来て見ると何よりも人物払底に驚いた、これではとても仕事が出来ないといふので一旦内地に帰へて機密費を盛んに振り撒いて人を求めた」[40]と言う。一九二〇年三月、中野俊助が内地の弁護士から大邱地方法院判事に就任した。この人事は中野の学生時代の後見人である高橋光威内閣書記官長が水野政務総監を動かすことで実現したもので、「破格で情実人事との不平を招いた」[41]ようである。一九二一年二月、津久井利行もまた横田との個人的な関係で臨時国民経済調査会幹部から釜山地方法院馬山支庁検事に就任した[42]。朝鮮赴任を希望する者が少なかったので、機密費を

表12　新来の司法官

氏名	学歴	前職	就任	就任日
中野俊助	1909東大卒	弁護士	大邱地方法院判事	1920. 3
宮本元	1914東大卒	横浜地方裁判所判事	京城地方法院判事	1920. 4
笠井健太郎	1904京大卒	土浦区裁判所検事	法務局事務官	1920. 4. 14
松本要	1904明治法律学校卒	長崎区裁判所判事	大邱地方法院判事	1920. 8. 23
佐藤春樹	1891東大卒	名古屋地方裁判所検事正	京城覆審法院検事長	1920. 9. 20
小川悌	1903東大卒	宇都宮地方裁判所部長	高等法院判事	1920. 9. 20
増永正一	1908東大卒	横浜地方裁判所判事	高等法院判事	1920. 9. 20
内山十平	1914東大卒	判事	京城地方法院判事	1920. 9. 20
真鍋十蔵	独逸協会	長野地方裁判所長	高等法院部長	1920. 9. 21
中野誠	1908京大卒	判事	光州地方法院	1920. 11. 10
大原龍三	1914京大卒	横浜地方裁判所検事 新潟区裁判所検事	京城地方法院検事	1920. 10
本田公男	1914東大卒	岩内区裁判所判事	平壌地方法院判事	1920. 12. 23
奈良井多一郎	1900日本法律学校卒	宇都宮地方裁判所検事	大邱地方法院検事	1920. 12. 23
大沼惟隆	1908東大卒	旭川地方裁判所判事	海州地方法院判事	1920. 12. 23
津久井利行	1898東大卒	東京地方裁判所検事 臨時国民経済調査会幹部	釜山地方法院 馬山支庁検事	1921. 2

朝鮮紳士録刊行会『朝鮮紳士録』1931年，『朝鮮総督府官報』，東京法曹会『日本法曹界人物辞典』，1915年から作成.

ばら撒き、また個人的な人脈を使ったようである。朝鮮に赴任した者が昇進や加俸を望んだのはいうまでもない。

本国からの司法官の採用以外にも民事課長には「大阪党」と呼ばれる山口貞昌を更迭して高等法院判事である京大出身の原正鼎を抜擢し、刑事課長には、横田が所長時代に横浜地方裁判所に居った縁故で笠井健太郎を就任させ、また柿原琢郎監獄課長を抜擢するなど前例のない思い切った人事が行われた。

この横田人事の特徴は第一に老朽淘汰であった。かつて韓国政府の招聘により赴任した人達を淘汰する一方、内地の若い官僚を抜擢した。第二に「生え抜き官僚」の若手官僚を内部昇進させて人事渋滞を解消した。第三には国分三亥在任期間には明治大学や中央大学など私学出身者が司法部の要職を占める構造が形成されていたが、横田局長はその私学閥を解体して官学出身者を抜擢した。横田法務局長が直参として内地から移し植えた新来の同僚が周囲に次第に増えてゆくにつれて、新来・旧来の官僚の間、また私学出身官僚と官学出身官僚との対立は深(43)

表 13　依願免職又は退職した在来司法官

氏名	学歴及前歴	前職	本国帰還日	
鈴木伍三郎	大阪控訴院判事	高等法院部長	1920. 9. 20	退職
鳥山虎也太	司法省法律学校	平壌覆審法院長	1920. 9. 20	退職
佐々木源之進	司法省出仕	京城覆審法院部長	1920. 9. 20	退職
国分三亥	司法省法律学校	高等法院検事長	1920. 9. 20	依願免本官
田中芳春	東京法学校	高等法院判事	1920. 9. 20	依願免本官
郷津友弥	名古屋地方裁判所検事	検事	1920. 9. 21	依願免本官
勅使河原健之助	秋田地方裁判所長	判事	1920. 9. 21	依願免本官
寺田恒太郎	明治法律学校	京城覆審法院検事	1920. 9. 21	依願免本官
花田銀太郎	和歌山地方裁判所判事	光州地方法院長	1920. 9. 21	依願免本官
秋場格太郎	姫路区裁判所検事	光州地方法院検事	1920. 9. 21	依願免本官
福田源一	1901 中央大	大邱覆審法院判事	1920. 9. 21	依願免本官
岩本以明	司法省出仕	平壌覆審法院長	1920. 9. 21	退職
山口貞昌	中央大	高等法院判事	1920. 10. 2	依願免本官
堀直喜	1914 東大	京城地方法院判事	1920. 10. 13	依願免本官
井上文司	理事庁副理事官	釜山地方法院判事	1920. 10. 19	依願免本官
藤野浩平	1918 司法試補	光州地方法院判事	1920. 10. 26	依願免本官
西山久二郎		京城覆審法院判事	1920. 10. 30	依願免本官
森雅太郎	1904 日本大学卒	京城地方法院検事	1920. 10. 30	依願免本官
鮎川元恭	1899 判事	高等法院判事	1920. 11. 30	依願免本官
橋本二郎	京都地方裁判所検事	大邱覆審法院検事	1920. 12. 30	依願免本官

東京法曹会『日本法曹界人物事典』(ゆまに書房，1995 年)，『朝鮮総督府官報』，『官報』，『紳士名鑑』(朝鮮公論社，1917 年) から作成.

まっていく。その新来・旧来の官僚の対立はポスト争いを巡る感情的な側面に止まらず、朝鮮司法政策方針に対する見解の相違からもうまれたことにも注意しておく必要がある。しかし、留意すべきことは司法官僚の場合は内地司法官僚に比して劣悪な待遇や身分上の不安定さのため、個人的な偏差はあるが、全体的には行政官僚よりもやや内地延長主義に対して友好的な立場がないわけではないということである。

司法官僚の徹底的淘汰を断行した横田局長は事後の人心の動揺を考慮して、判事の定年を設けると共にその定年に達するまでの身分の保障を確認する法令を発布した。それはいうまでもなく、一九二一年三月第四四議会を通過した判検事定年制を朝鮮に導入したものであった。従来総督の権限として朝鮮在勤の判事に対して休職を命じ得る制令があったが、それも撤廃し、朝鮮においても司法権の独立と司法官の身分保障を強化した。司法官の身分保障とともに、従来朝鮮人の裁判検事は内地人の訴訟事務を担当できない定めがあったのに対して、日本人裁判官と同一にし、これを担当し得るようと改めるなど、横田法務局長は原首相の法制政策の方針、すなわち朝鮮に特殊の司法制度の廃止という方針を忠実に実行する。

一九二〇年五月になると新しく民籍法および民事令改正委員会の委員を選任し、法務局は新しい法制政策に基づき民事令の改正に取り組んだ。しかし行政官僚と司法官僚の更迭によって改正委員会の委員の顔ぶれはがらりと変わる。一九二〇年五月七日付で国分三亥、参事官大塚常三郎、事務官沢田豊丈、工藤壮平、判事楠常蔵、判事伊東純吉が解任され、その代わりに原正鼎民事課長を実務責任者に法務局長横田五郎、事務官小田省吾、事務官卜部正一、参事官張間源四郎、参事官渡辺豊日子、参事官安武直夫が任命される。その後一九二一年一月一四日には判事水野正之丞、増永正一が、五月一二日には宮本元が、さらに七月二六日付で参事官和田一郎、事務官諸留勇助が任命される等、全体的に改正委員会の委員は新たに横田直参官僚の参加が増えてくる。新しいメンバーで審議を重ね、一九二一年一月二一日、総督府第一会議室で民籍法および民事令改正委員会が開催され、横田法務局長統裁の下に委員小田省吾編輯課長、小田幹次郎中枢院書記官、張間参事官、渡辺事務官、安武・萩原彦三参事官が出席し、成案を得た(44)。そして一九二一年一月末、総督案として能力、親族、相続全般にわたり法文形式で立案したものが脱稿された(45)。新来の官僚が朝鮮の事情、特に朝鮮人の慣習に暗かったので、一九一八年の改正方針が大きく反映されていた案ではないかと推測される。そのあとこの成案を携えて法務局の原民事課長が司法省と法制局との協議のため東京に行くが、しかし、総督府が作成した制令案は結局、日の目を見なかった。当時法制局は民事法規殊に親族相続等に関しては、朝鮮慣習の成文化に反対し、総督府の制令案は頓挫したのである(46)。原内閣の成立後、政友会員横田千之助が法制局長官に就任するなど、法制局の「政友会化」が進行し(47)、内外地の法制統一の方針はさらに強化されていたから、朝鮮総督府の旧慣を成文化する試みは原内閣には到底受け入れ難かったのである。

「生え抜き官僚」主導の朝鮮総督府制令案が法制局の反対で頓挫すると、朝鮮人の能力および親族相続に関する調査立案に関する委員会の規定もまた根底から大変革を加えなければならなかった(48)。それ以後、総督府は民事令改正方針について根本的な見直しをしている。朝鮮の旧慣を成文化する総督府側の動きについて正面から内閣が反対の意思を見せた以上、旧慣の成文化を主張した調査委員会の会員の発言権は弱まっていき、その代わりに横田法務局長を中心とする「内鮮」法律統一を主張する新来の官僚の発言権が強まっていくのは自然な流れだった。

以後、総督府は朝鮮人の婚姻成立要件の成文化を留保して方向を変え、近代的法制運用における必須条項である能力に関する条項の審議に乗り出す。引き続き、民事令改正は「時代の進運に伴はざる」条項と「慣習にはない」条項に焦点があてられた。両方とも土地調査事業や、産業振興政策に伴う資本の導入がもたらす朝鮮社会の資本主義化に対応するための、資本主義的な所有関係の確立や財産権行使という事情が考えられる。朝鮮民事令は日本の商法のほとんどを採用している点からみても、他の法規よりも改正しやすい法規でもあった。もっとも、その能力に関する条項の決定に至る道程はそれほど容易ではなかった。総督府内では能力規定に対して「議論が区々して或者は内地の民法をそのまま採用すべしと主張し、或者は此を難じて朝鮮も民度慣習を参考して特別の朝鮮人能力に関する法規を定めるべし等種々の論(49)」があったようである。地方制度改正過程に見られるように、ここでも朝鮮特殊事情論と内地延長主義の論理が衝突しているのがわかる。植民統治に直接携わっている官僚、特に朝鮮の日常生活の中で一番密接な関連を持っている民事訴訟を裁かなければならない司法官僚にとっては、内地延長主義―内鮮法規統一はどこまでも理想であって、すぐに採用できるものではなかった(50)。

だが、法務局の方針は法規統一と決まる。五月一九日原民事課長に代わって法制局と協議するために、渡日の途についた横田法務局長は朝鮮の古来の慣習にはない婿養子制度の制定には時期尚早だと主張しながらも、「その他朝鮮統治上内地と朝鮮との法律関係を統一することが最大重要問題だから、法制局は是れが統一に努力し居れり」(51)と法制局は法規統一方針を決めていたことがわかる。横田が婿養子制度に言及していることを見ると改正委員会では能力の条項のみならずもっと広い範囲で朝鮮慣習の日本民法適用に対する議論が行われたことを推し量ることが出来るだろう。

横田局長は人の能力、親族および相続に関する朝鮮の慣習は、その存在内容等必ずしも明らかではないだけではなく、時勢の進展、内地人と朝鮮人の交渉や接触によって既存の慣習も影響を受けざるを得ないとし、朝鮮においても「民法と同一主義の下に能力に関する制度を確立することは、朝鮮慣習の根本義と何等抵触する所なきのみならず、一面に於て内鮮法律制度の統一上至大の便益を伴ふ」(52)として、朝鮮民事令の改正の方向が民法の依用であることを明らかにしている。

その後、能力に関する条項は中枢院会議で多少の議論を経るなど紆余曲折を経て一九二一年一一月内閣に提出され、法制局で多少の字句を修正して全部通過し(53)、一九二一年一一月一四日制令第一四号を以て「朝鮮人の能力及無能力者の保護機関」として具体化された。能力に関する条項に続き、一九二二年一二月七日には制令第一三号「朝鮮人の親族、相続に関する事項」が公布された。

この時期の統治政策は水野人事と植民地統治の法律・制度的整備が絡み合って統治路線を巡る対立や葛藤（早く制度法律の改正を片付けて引き上げようとする水野の思惑と焦りによって増幅）、競合する中での妥協・折衷の産物にほかならない。原—水野—内務官僚は積極財政にもとづいた差別の撤廃を旗印に挙げた制度・法律・行政同一化を試みる。彼らは大正デモクラシー期に成長する民衆意識に注目した内務省的な発想で、社会教育、社会事業等民衆統合政策を導入しようとした。一方、彼らは民族運動対策については強硬的な立場を堅持しながらも、他方、閔元植が主導する参政権請願運動を支援する懐柔策を用意していた。

五　朝鮮統治転換への模索

①内務省出身官僚の統治構想

原の「朝鮮統治私見」に対する返事として、水野錬太郎は一九二〇年九月に京城大和町官邸で起草した「朝鮮統治私見」を提出している。水野は「朝鮮に赴任し、親しく其の情勢を察するに、朝鮮文化の程度、今尚ほ幼稚の堺を脱する能はずして、内地と相距ること甚だ遠く、未だ遽かに内地と雁行せしむるを得ず」と原が認識したよりも朝鮮文化の程度が内地との隔たりが甚だしいことに気づき、ある程度朝鮮の実情を考慮する必要を訴えていた(54)。引き続き同年一一月に後藤新平に「異民族をして短日間に忠亮之臣民」にさせるのは困難なことで、「十年廿年にして太平無事を夢むる事は六かしき事と存候」、「況んや世界大勢之変局に当り、人心に変調を来たし民族自決等之空論に刺激せられ、小弱国之民か調子に乗り出したる今日に於て多少之事故之発生は当然有之。此位の事にて神経を脳ます様にては異民族統治並に大陸発展は六かしくと存候(55)」と述べていた。水野は、異民族を短時間に忠良の臣民にさせることは困難だとしたものの、たとえ多少の「事故」が発生したとしても構わずに異民族統治を推し進める意志を表していた。

次に実務官僚レベルの朝鮮統治観を検討してみよう。ここでは水野が朝鮮を引き上げた後も有吉忠一政務総監時代まで朝鮮統治に参画し、それを支えてきた千葉了、丸山鶴吉、守屋栄夫を中心に取り上げる。なぜなら彼等は体系的な朝鮮統治論は持っていなかったものの、彼等が取った行動や彼等が残した言説を通して彼等の朝鮮統治方針を窺えると考えるからである。

まず、有吉政務総監時代に警務局長に就いた丸山鶴吉[56]である。彼は朝鮮独立絶対不可とする以外に具体的な朝鮮統治についての見解をみせなかったが、朝鮮自治論に対しても常に反対の立場に立っている。一九二〇年三月の吉野作造「朝鮮自治論」への批判をはじめ[57]、朝鮮自治論を「独立」につながるものとして危険視した。また警務局長在任時代に内田良平、頭山満らの「同光会朝鮮本部」の「朝鮮内政独立期成会」の設置が総督政治の否認につながるとして、一九二二年一〇月治安維持を理由に解散を命じた。その一方、彼は参政権請願運動を親日世論形成に利用するため積極的に支援する。例えばそれは、一九二〇年一月閔元植[58]によって結成された「新日本主義」を標榜する「国民協会」について、「朝鮮の思想指導に利用するのも一策であると考え、閔元植を上司にも夫れ夫れ紹介したり激励此れ努め[59]」たということからも窺える。閔元植は水野政務総監や千葉了からも支援され、資金援助を受けたり護衛を付されたりした。総督府から全面的庇護をうける親日団体として、同協会は地方講演、機関紙の発行、帝国議会に対する参政権請願運動を行った。

次に秘書課長守屋は、究極的に朝鮮を、内地と同様衆議院の選挙区として、議員の選挙を実施することを地方制度改正の目標にしたことは、前述したとおりである。守屋は文化統治五年目を迎えた一九二四年に次のように述べている。

総督府が近時警察奨励の策を立て、教育の普及について考慮し、交通衛生社会経済は勿論、民衆の娯楽又は芸術といつた様な方面にも調査を進めらるやうになつた。若し治安の維持が現状通りつゞけば恐らく参政権問題とか兵役問題とか内鮮を区別する重要事件の解決に歩一歩を進むることが出来るやうにならうと思ふのである[60]。

守屋は水野が取り上げた五大政策の遂行につき、楽観的な情勢認識を持っていた。たとえ、治安の現状維持という条件づきとはいえ、彼は究極的に参政権を付与し、徴兵令を布いて朝鮮を日本に同化させることができると考えていた。この意味では守屋も内地延長主義者にほかならなかった。

日本の警視総監にあたる京畿道警察部長や総督府監察官兼参事官を歴任した千葉了は一九二四年一月に朝鮮を引き上げるが、下岡忠治が政務総監に赴任する際に面会して、「朝鮮統治に関する意見一二条」を進言した(61)。その中で、彼は参政権の問題と徴兵令の問題は早晩解決しなければならない二大問題で、しかもそれは同時期であるべきと考えていた。彼は参政権の解決方法として、まず貴族院に有爵議員を送り、地方自治を漸次拡張して政治能力を向上させ、その後に衆議院に議員を送るという順序を想定していた。千葉は一九二〇年改正の地方制度の延長線上に、協議会を議決機関とし、府尹の公選を行い、地方自治の完成を実現することを主張し、そして最終的には日本の府県制を朝鮮に導入することを提案していた(62)。

他方、徴兵の問題に付いては「徴兵の問題も心配すれば際限が無い事で、インドでも埃及でもアイルランドでもモロッコでも或はネグローの如きでも、皆土民軍が編成されて、而かも英佛米本国の為に勇敢に働いて居るのであるから、日本でも工夫努力に依っていくらでも忠良なる朝鮮兵を編成することが出来るし、又さうしなければ本当に両民心の併合は出来ない(63)」と考えていた。ベトナムやインドのように複数の民族で構成される植民地の場合は、民族間の葛藤を利用した「土民軍」を編成しやすいのに比べ、比較的に民族対立が少ない植民地朝鮮において徴兵令の早急な実施を主張しているのは注目すべき点である。統治秩序が相当安定しないと実施できないにもかかわらず、早い時期から徴兵令問題の解決を主張したのはおそらく内地延長の実行、朝鮮統治の順調な進行に対する自信感の現れではないかと思われる。

このように内務省出身官僚達は内地との同一の制度を忠実に実行すれば朝鮮は自然に治まるので、その上で徴兵令問題や参政権問題を解決すべきであるという共通の統治方針を持っていた。

②持地六三郎の統治構想

三・一運動後、内地官僚の朝鮮進出と統治方針の変化に刺激され、活発な意見が公に、また秘密裡に議論され始める。一九一二年朝鮮に台湾総督府から転任し、土木局長を経て一七年六月から逓信局長官を務めた持地六三郎が、内地延長主義を批判し、早い時期から朝鮮総督府内で朝鮮自治を主張したのは注目される。持地は三・一運動勃発後間もなく、「大体ナリトモ向後ノ対鮮人統治政策確定シ、異臭ヲカカセサレハ、説諭慰撫の手段も困難歟と申上候。第三者想像罷在」(64)と統治政策の転換を促している。彼は後藤新平の植民地主義を継承し、台湾総督府学務課長在職時には、内地延長主義教育に反対した経歴の持ち主で(65)、官制改正以後、新来の内務省官僚の民族運動対策をはじめとする内地延長主義政策に反対した。特に、内地延長主義に基づいた制度、法律改革が矢継ぎ早に実行される一九二〇年に入ってから、それを進める水野系官僚との対立が深まった。斎藤総督が大塚内務局長と共に議会出席のため上京している間、学校騒動に対して新来の警務局長、学務局長の強硬方針をめぐって「生え抜き官僚」と対立し、また内閣解散で積極財政に基づいた内地延長主義的な政策の実行に蹉跌が発生するのではないかという予算問題も絡んで「朝鮮に於ても種々之齟齬有之」(66)というような深刻な様相があらわれる。こうした状況のなかで、持地は「国家永遠之ため満腔経綸を画策し、其信する処に一歩もマケス」、水野政務総監に「治鮮策」を提出するが、拒否され辞任することになった(67)。持地は二〇年六月、朝鮮総督府を依願免本官になり、同年一〇月「朝鮮統治論」を執筆し、一一月には「朝鮮統治後編」を斎藤総督に提出した。彼の意見書は内地延長主義を公然と批判することによって、朝鮮統治に対する議論を喚起することに大きく貢献するが、持地は西鮮航路援助問題でトラブルを起こし、財務局長河内山楽三から「逓信局長に於て少し独断的に急なる嫌なきにあらずと疑はれ候」(68)という批判を受けるなど、彼の朝鮮総督府内でどこまで影響力を持っていたかは疑問である。

さて「朝鮮統治論」や「朝鮮統治後編」については先行研究も言及しているが、本書では参政権請願運動を起こした閔元植が朝鮮人留学生によって東京で射殺された後まもなく、一九二一年四月『大鵬』（拓殖新報社刊行）に投稿した「朝鮮人参政権問題」を中心に分析することにする。持地は「朝鮮統治論」の中で、水野系官僚によって支援された参政権請願運動が朝鮮人から一顧だにされていないと述べている。閔の死について「ドコ迄も親日を標榜し、敢然大勢に逆行して其の主義に殉死した」と冷ややかに評した。また持地は一九二一年二月後藤新平に送った書翰の中で、閔は「朝鮮人にして而かも朝鮮人の心理に反抗し、其の得意の権貴迎合の長所を発揮して朝鮮大政治家たるの虚栄心を満足し、遂に其の新日本主義に殉死したり」と評しながら、閔の参政権請願運動を支援した水野系官僚に対して「其の此に至れる罪は寧ろ当路者の軽率不謹慎に在りと謂はさるを得さる也[69]」と厳しく批判した。

以後、持地の内地延長主義や同化論に対する批判はさらに厳しさを増していった。持地は日本の朝鮮問題が「英国の愛蘭問題の如く、左支右悟コネてコネてコネ廻し、遂に挽回すべからざる形勢を馴致するにならざるを莫きや」と憂慮をあらわす。そして「国民的な感情」は容易に撲滅できるものではなく、従来一民族の国家（homogeneity）であった日本が、「支那民族」（台湾）や朝鮮民族をも包有する国家となったにもかかわらず、言語、思想、慣習、社会および生活状態を異にする異民族の統治に際して一民族一国家の伝統的制度政策を無理に押し進めようとするのは、「克く克く反省熟察を加ふべきもの」と批判している[70]。さらに参政権問題についても、日本語通訳の問題を挙げ、朝鮮議員を帝国議会へ抱擁することは日本のためにも朝鮮のためにも不利益であるとした上で「朝鮮統治論」に引き続き軍事外交など帝国的政務を除く朝鮮内における政務に限った「朝鮮議会」の設置を主張しつづけた。

③植民地官僚の欧米出張

朝鮮総督府官制案が発布された一九一九年八月二〇日、外字新聞（アドバタイザー）はアイルランドの例を引き、「原首相ハ改革ニ付テモヤハリ同化主義ヲ取ルモ之ハ到底目的ヲ達成セサル」(71)と評するなど、朝鮮がアイルランドの二の舞になるのではないかという懸念が、政策担当者の中に高まっていた。(72)こうしたことから斎藤総督は一九二〇年、欧米出張中であった総督府官僚時永浦三に命じ、『愛蘭問題』を執筆させるなど、英国の植民地統治、特にアイルランドへの関心を寄せていた。アイルランド問題に注目したのは植民地当局だけではなかった。尹致昊も一九二〇年一月二〇日付の日記で次のようにアイルランドについて言及している。

本（『愛蘭の歴史』筆者）を読んで見たらこういう内容が非常におもしろく感じられた。英政府がアイルランド議会の議員らを指名することになっていた。英国国王が陸軍、海軍、外交、貨幣、租税に関連したすべての懸案を掌握することになっていた。アイルランド議会には貿易、官僚、警察などに対する権限が少しも与えられなかった。総督にアイルランド議会が制定したすべての法令を拒否して廃棄できる権限が与えられた。この程度ならば自治としては比較的無難だといえよう。それでも英国が今まで自治を与えることを拒否してきた。日本が（英国政府のように）愚かでないことを望む。(73)

尹致昊はアイルランド自治問題に関心を寄せ、権限が極めて制限された植民地議会すら許さないイギリスを批判しながら、日本がイギリスの轍を踏まないように望んでいたのである。

また大塚も内務局長に就任してまもなく、九月二二日付『京城日報』に、「英国が印度の統治に当って所謂文明諸国の諸制度に範を執り高等教育機関の設置陪審制度其他印度の実際に適応せざる制度を敷」き、其結果、「西洋式高等教育が印度古来の文物の破壊を来し白人の陪審官を置き陪審制は徒らに白人保護にのみ傾き失敗を見たる」(74)と、イギリスによるインド統治の例を挙げ、旧慣を無視して、本国の法律や教育制度をそのまま植民地に移植する植民地政

表14　第1次世界大戦後の朝鮮総督府官僚の欧米出張

出張出発時期	出張者	職位	旅行先
1919年11月	時永浦三	総督府事務官	アイルランド，欧米各国
1920年4月	生田清三郎	殖産局事務官	インド，中国，欧米各国
1921年7月	大塚常三郎	内務局長	インド，エジプト，アイルランド，欧米各国
1921年10月	林茂樹	専売局事務官	エジプト，欧米各国
〃	千葉了	監察官	インド，中国，欧米各国
1922年5月	平井三男	道事務官	アルゼリア，チュニジア，インド，欧米各国
1922年11月	守屋栄夫	庶務部長	アイルランド，欧米各国
1923年3月	本田川奎彦	嘱託	アイルランドで植民地調査

『朝鮮総督府官報』から作成．網掛けは生え抜き官僚を示す．

策を批判していた。こうしたなかで、朝鮮総督府は、第一次世界大戦後の欧米帝国による植民地支配の動揺に注目し、官制改正後、朝鮮総督府官僚達に欧米各国およびその植民地への出張を命じた。出張から戻った官僚達は一九二〇年代中後半の総督府の政策的主流を形成していく。ここでは、とくに大塚が残した『旅行日記』を材料として、欧米出張が彼の統治構想に与えた影響を探ってみよう。

大塚は一九二一年七月、植民地の独立運動と、これに対する宗主国の統治方針を研究する目的で欧米出張に出掛ける。在外中のノートおよび旅券から推定される旅行経路からすれば、彼の関心は、上海にある朝鮮臨時政府の動向はもちろん、英国のスコットランドおよびアイルランド合併の歴史、新興のソビエトの現況および将来の予測、敗戦ドイツの再建問題、スイス合邦国の歴史、ポーランド、ハンガリー、ブルガリア、セルビア、エジプト、インド等に注がれたようである(75)。大塚は「東欧西欧ニ於ケル治乱の源根タル民族ノ消長」を研究して「国是ノ樹立ニ寄与(76)」することを出張の目標とした。大塚は八月二六日セイロン島に着き、セイロン島人の自治権や議会改革の要求に関心を寄せ、異民族統治の困難に同感を表している。九月一一日にエジプトに着くが、この頃ちょうど独立承認をめぐって、アドリ・カーズン交渉が行われていた。独立の留保条件を巡ってイギリスとエジプト人との間で、激しい対立があり、戒厳令が敷かれて軍隊が出動し、反対運動を鎮圧している状態であった。大塚は多民族によって構成される複合国家エジプトの独立能力や独立が幸福をもたらすかどうかに疑問を示しつつも、「教育ノ状況社会ノ事情等精細ニ視察」する必要があると、独立熱の高いエジプトの状況に注目した。その後、彼は地中海を経て、イタリア半島に入り、九月二一日に国際連盟総会に参加した後、同月二六日、水野政務総監の推薦により、著作権に関する万国協会副会頭で、ベルリン大学教授であるRöthlisberger 博士と面会した。大塚はその面談内容を次のように日記に書き記している。

私は兼て蓄えて居つた疑問を連発するニ之ニ答て呉れる。此の旅行中こんなに益した事はない。質問の中第一は瑞西が民族言語信条にて異なりなから如何ニして国家的に強固に統合したかと云ふ事た、博士の答は共同の敵に対し自由に戦ふ必要ありしと。連邦は各地ノ行政を劃一ならしめざりし為国民は皆国家生活を自由愉快なる楽土なりと信じ、之を護衛する必要を自覚して居るが為であると云はれた。私の密かに抱いて居った所見に一致したのは愉快であった。それからは教育の制度の Variety の多い事や連邦政府は之ニ干渉せさる事なとを主張する。労働問題兵役の問題財政問題もおもしろく聞いた。(77)

大塚は出張に出掛ける前に、京城日報を通じて出張の目的を「在鮮十三年得た自己の確信を当ているか否か確かめたい」(78)と述べていたが、博士に多民族国家の国家統合について質問し、その答えを見つけ出したようだ。それは彼の所信でもあった、中央政府が画一的な制度・法律を植民地に押し付けるのではなく、地方制度や教育制度などによる自治の保証を通じた緩やかな帝国統合だった。その後、大塚はロンドンで数ヵ月イギリス植民地の施設等につき調査した後、(79)一九二二年六月、政務総監の交代が行われる時期に朝鮮に戻った。

小結

原首相の意志を受け継いだ水野錬太郎政務総監は大規模な人事交替により、若い内務省官僚と司法官僚を朝鮮に赴任させることで、内地延長を実現しようとした。水野政務総監の時代は、植民地統治の法律・制度的整備が行われたといえるが、水野人事と植民地政策が絡み、統治政策を巡って「生え抜き官僚」と新来官僚は激しく対立した。地方制度改正過程や朝鮮民事令改正過程に見られるように、この時期、次々と進められた制度・法律の改正は、内地延長主義的方向に進みつつ、両者の競合、せめぎあいの中でつくられた妥協・折衷の産物にほかならなかった。地方制度改正の場合、道、面協議会の選挙による議決機関の設置を主張する内務省出身官僚に対して、大塚内務局長をはじめ、「生え抜き官僚」らは朝鮮特殊事情論を引き合いに出して地方制度の内容を大幅に後退させた。他方、民事令の場合、「生え抜き」司法官僚らは朝鮮慣習を成文化しようとしたが、法制一元化を堅持する内閣法制局と対立する中、民事令改正委員が交代されたこともあり、結局日本民法の一部（能力に関する条項）を受容せざるを得なかった。

一方、水野系官僚は、朝鮮統治に対する楽観的な展望を持ちつつ、究極的に参政権を付与し、徴兵令を布いて朝鮮を日本に同化させることができると考えながら、閔元植の参政権請願運動を支援した。これに対して持地六三郎は内地延長主義や同化論に懐疑的な態度を示しながら、朝鮮人に白眼視された参政権請願運動を支援した水野系官僚達の「軽率不謹慎」さを厳しく批判した。

また、第一次世界大戦後、全世界的に脱植民地化の勢いが増す中、朝鮮総督府官僚は欧米各国やその植民地への出張を通じて脱植民地化の現場に直面し、彼らの欧米での体験は新しい植民地統治を構想するようになるきっかけになったのである。

注

（1）従来の研究は姜東鎮『日本の朝鮮支配政策史研究―一九二〇年代を中心にして―』（東京大学出版会、一九七九年）、趙聖九『朝鮮民族運動と副島道正』（研文出版、一九九八年）など、朝鮮総督府の植民地自治主義への転換へ至る道程を民族運動と結び付けて、斎藤実総督の周辺（阿部充家、細井肇、副島道正）から説明（中核にいるわけではない人物についての分析を対象）したため、支配政策の立案・推進主体である、政務総監をはじめ総督府官僚そのものに対しての検討が等閑に付された観がある。

（2）数少ない成果として木村健二氏の経済官僚に関する論文（「朝鮮総督府経済官僚の人事と政策」（波形昭一・堀越芳昭編『近代日本の経済官僚』日本経済評論社、二〇〇〇年）、岡本真希子『植民地官僚の政治史』（三元社、二〇〇八年）、松田利彦『日本の朝鮮植民地支配と警察』（校倉書房、二〇〇九年）などがある。

（3）尚友倶楽部『水野錬太郎回顧録・関係文書』（山川出版社、一九九九年）一二二頁。

（4）一九二七年九月、斎藤総督の辞任説が流れると九月一五日、守屋栄夫、白上祐吉、伊藤武彦、安武直夫、松村松盛などが集会を開き、水野の朝鮮総督擁立を議論した（『守屋栄夫日記』一九二七年九月一五日条、国文学研究資料館所蔵『守屋栄夫関係文書』所収）。また水野は守屋の政治団体である昭和連盟の総裁に就任した。

（5）清水唯一朗「大正期における政党と官僚―官僚の政党参加とその意識を中心に―」（寺崎修・玉井清編著『戦前日本の政治と市民意識』慶応義塾大学出版会、二〇〇五年）一四八頁。

（6）『朝鮮統治秘話』（帝国地方行政学会朝鮮本部、一九三七年）一五頁。このように水野は政友会内閣の協調を得て人事異動を行うが、だからといって露骨な党派人事だったと言う木村氏（前掲木村論文、二三七頁）の指摘には疑問を抱かざるを得ない。朝鮮総督府の官制改正や総督府首脳部の任命が山県閥との妥協の産物であったので、原は露骨な政党人事をさけて、内務省をつかって植民地改革を進める。木村氏は政友会人事と評価しているが、守屋栄夫はその当時政友会員ではなかったのみならず、憲政会の下岡総監時代に、社会局第二部長に栄転する。また後の話だが、伊沢多喜男に繋がる柴田善三郎、丸山鶴吉や山口安憲は憲政会と関係を持っており、また事務官レベルまで、政党人事と見るのは問題ではないかと思われる。

（7）大西比呂志「半井清―地方新官僚の軌跡―」（横浜近代史研究会『近代横浜の政治と経済』横浜開港資料館、一九九三年）

一五二―一五三頁。

（8）内地への帰巣本能が強い彼ら内務省官僚達は「朝鮮に参れば周囲の刺戟が少ない為に動もすれば日々の生活が緊張を欠くやうな憂いがあるから」といって、秘書課長守屋栄夫の呼びかけで、読書会を組織して一体感を高めたという（渡辺豊日子「議会政治と教育」（『朝鮮』第一二一号、一九二五年六月、一一二頁）。

（9）細井肇「朝鮮統治策論」（国立国会図書館憲政資料室所蔵『斎藤実関係文書』書類の部一〇四―二三、一九二〇年二月一三日付）。以下「斎藤実文書」と略記す。

（10）大正期の警察官僚の民衆統合については大日方純夫『近代日本の警察と地域社会』（筑摩書房、二〇〇〇年）が詳しい。

（11）佐々木正太『朝鮮の実情』（帝国地方行政学会朝鮮本部、一九二四年）一七六頁。

（12）半井清『浮き草の思い出』（私家版、一九七二年）五〇頁。

（13）栃木県出身。一高、帝国大学を経て、一九〇五年一一月文官高等試験に合格しすぐ内務属に任命された。一九〇六年一〇月、沖縄県警視兼沖縄県属として勤務。一九〇八年統監府書記官・韓国内部書記官として韓国に渡り、一九一〇年一〇月、朝鮮総督府書記官に任命された。その後、一九一三年一〇月、朝鮮総督府参事官を兼任し、一九一七年一〇月専任参事官に命じられ、一九一九年八月に中枢院事務官長兼中枢院参事官になる。一九一九年九月から一九二五年六月まで総督府内務局長に任命され、一九二一年七月から約一年間欧米出張に出掛けた（「大塚常三郎小伝」（国会図書館憲政資料室所蔵『大塚常三郎関係文書』以下「大塚文書」と略記す）。大塚に対しては同じ「生え抜き官僚」である青木戒三、田中卯三、生田清三郎も一目おいて交っており、試補達からも「大将」と呼ばれるほど「生え抜き官僚」の中に相当な影響力をもったと言われていた。また宇佐美勝夫を始め、引き上げた元総督府官僚からも新来の幹部と在来幹部との間で、「此度ハ内務局長へ御栄転被遊最多事の秋、特に御重任御栄誉は勿論の事に御座候得共、恐らくは意見を推して適任者の第一人者と為すは何人と雖異議なき所に可有之候。尚又新幹部諸氏ト旧来在任者トノ間ニ処シテ諸般ノ調節按排上ニモ直接間接ノ効果少カラサさる御事と奉存候」と諸般の調停役を期待されていた（一九一九年九月二四日付大塚常三郎宛小原新三書翰（「大塚文書」五〇―一）。

（14）丸山鶴吉『七十年ところどころ』（七十年ところどころ刊行会、一九五五年）五五頁。

（15）『京城日報』一九二〇年一一月二四日付。

(16) 松波仁一郎編『水野博士古稀記念　論策と随筆』(水野錬太郎先生古稀祝賀会事務所、一九三七年)三五九—三七三頁。
(17)『帝国議会衆議院委員会議録』第二七巻(臨川書店、一九八四年)三四五—三四九頁。
(18) 森山茂徳「日本の朝鮮統治政策(一九一〇〜一九四五年)の政治史的展開」(『法政理論』第二三巻第三・四号、一九九一年三月)八一—八二頁。
(19) 一九二〇年九月二六日付水野錬太郎宛赤池濃書翰(前掲『守屋栄夫関係文書』九—二四—一四所収)。
(20) 前掲『朝鮮統治秘話』一六四—一六七頁。
(21) 一九二〇年九月一日から六日まで行われた道知事会議では川村竹治警保局長と中川望山口県知事が参加、一九二二年地方長官会議には全羅南道知事元応常が参加し、一九二四年の道知事会議では阿部広島・大田新潟県知事が、一九二五年には浅利三朗香川県知事、郡山拓殖局書記官、大工原勧業模範場長が、一九二七年には大森山口県知事が参加した。
(22)『内務省史』によると、一九二〇年九月の会議からは、朝鮮の道知事・台湾の州知事が二・三人列席しているが、陪聴者としての取り扱いであった。その反対に道警察部長会議に内務省官僚を列席させた。例えば一九二四年道警察部長会議には内務書記官図書課長宇野慎三、埼玉県警察部長友部泉蔵、福井県警察部長豊島長吉、岡山県警察部長福田虎亀、警視庁特別高等課長岡田嘉久治、関東庁事務官警察課長藤田順治郎が参加し、一九二七年には山口県横山警察部長、兵庫県阿部警察部長、大阪府宮野特別高等課長、警視庁数藤特別高等課長、福岡県横溝特別高等課長、関東庁から西山事務官が参加した。
(23) 斎藤子爵記念会編『子爵斎藤実伝』第二巻(斎藤子爵記念会、一九四二年)五二九頁。
(24) 前掲『子爵斎藤実伝』三七〇頁。
(25) 姜再鎬は『植民地朝鮮の地方制度』(東京大学出版会、二〇〇一年、一九七—一九八頁)で、一九二〇年七月の地方制度改正の具体的な方針を原敬の「朝鮮統治私見」に求めているが、長谷川の騒擾善後策の方がより具体的で改正案の原型になったのではないかと思われる。
(26)『京城日報』一九一九年九月二三日付。
(27) 守屋栄夫「地方自治の理想へ」(『朝鮮』第八〇号、一九二一年一〇月)一一四—一一五頁。
(28) 前掲「朝鮮統治秘話」二六六頁。
(29)『帝国議会衆議院議事録』第二九巻(臨川書店、一九八四年)三四八頁。

(30) 尹致昊『尹致昊日記』八（大韓民国文教部国史編纂委員会、一九八七年）一九二〇年八月一二日条。
(31) 李昇一『朝鮮総督府法制政策─일제의 식민통치와 조선민사령』（역사비평사、二〇〇八年）。
(32) 本書では原敬の内地延長主義が総督府司法官僚の交替を通じて行われるトップ・ダウンの方式が総督府「生え抜き官僚」のボトム・アップの原理と衝突しながら、政策として決定される過程を中心に究明している。
(33) 国分三亥「統治施政方針に関する意見」（前掲「斎藤実文書」一〇四─四）。
(34) この点で、原の内地延長主義は教育という根本的な手段を除けば、朝鮮人の風俗、習慣、歴史などについては強制的な「同化」の必要を認めなかったという春山明哲氏の評価は再考すべきであると思われる（春山明哲「近代日本の植民地統治と原敬」（春山明哲・若林正丈編『日本植民地主義の政治的展開：その統治体制と台湾の民族運動 一八九五～一九三四年』アジア政経学会、一九八〇年）。
(35) 国分三亥「司法制度統一論に就て」（『朝鮮公論』第二巻四号、一九一四年四月）一七頁。
(36) 司法協会「朝鮮司法界の往時を語る座談会」（『司法協会雑誌』第一九巻第一〇・第一一号、一九四〇年一月）一二六九頁。
(37) 「倉富勇三郎日記」一九二〇年九月一七日条（国会図書館憲政資料室所蔵『倉富勇三郎関係文書』所収）。
(38) 横田は一八九八年東大卒業後、東京区裁判所判事、司法省参事官を経て、一九一三年からは横浜地方裁判所長として勤めていた。また一九〇六年六月からは法律取調委員、一九一二年四月からは共通法規調査委員として共通法制定にも参加するなど、実務と理論に通じた司法官僚であった。
(39) 前掲「倉富勇三郎日記」（一九二〇年八月二日条）によると「鈴木（司法次官鈴木喜三郎　筆者）国分ノ後任ハ朝鮮ノ現職者ヨリ採用シ、其補欠トシテ名古屋ノ検事正佐藤春樹ヲ採用スルコト内定シ居レリ。其他ニモ朝鮮ニテ勅任官ノ内三人位罷免シ奏任官二人位罷免スル様聞キ居レリト云フ」と行政官僚とは異なり、かなり厳しい条件で、内地官僚の朝鮮赴任が実現したが、在来司法官僚の内地転任は実現できなかった。
(40) 「法務局人物評論」（『朝鮮公論』第一〇巻第七号、一九二二年七月）五三頁。
(41) 高野孤鹿『中野俊助伝』（私家版、一九六二年）二〇─二二頁。『中野俊助伝』の利用にあたっては、郷土史家高橋明雄氏のご厚意を賜った。記して感謝の意を表する。
(42) 津久井利行「朝野名士の朝鮮観」（一六三）『朝鮮新聞』一九三六年一一月一九日付。

(43) 増永正一、宮本元、小川悌は後の南次郎総督・小磯国昭総督の時、司法部の首脳であり、いわゆる皇民化政策として推進した創氏改名や婿養子を認定する内容の民事令改正を行っていた人物である。

(44) 『京城日報』一九二一年二月二日付。

(45) 『毎日申報』一九二二年二月二日付。

(46) 前掲李『朝鮮総督府法制政策―일제의 식민통치와 조선민사령』一六六―一六七頁。

(47) 権藤四郎介『李王宮秘史』(朝鮮新聞社、一九二六年)一六四―一六五頁。

(48) 原正鼎「戸籍令制定当時の回顧」(『戸籍』第三巻二七号、一九四三年)六頁。

(49) 『毎日申報』一九二一年五月二八日付。

(50) 「生え抜き」司法官僚である菊池太惣吉咸興法院長は「能力に関する規定見計って相続に関する規定を設けると云ふ風に漸進主義をとるのが至極穏当な遣り口」であると評価しながらも、「従来の慣習が余程異って居るから、内地の法律を今其儘適用しようとしても到底駄目で、若ソウなると司法官としては頗る事務が簡捷であるが」、「多数の朝鮮人には寝耳に水の様な事が多くて急激に其慣習を破る事になるからドウしても漸次内地と歩調を合せて行く方針で気長に進めて行かなくてはならない」「法律と云ふものは一二少数の人の為に定められるものではなくて、最大多数の為に設くるべきものであるから、少数の人から多数の非難があってもこれは已むを得ない事であらうと思ふ」と法務局の法制方針を批判している(『京城日報』一九二一年九月一一日付)。

(51) 『京城日報』一九二一年五月二一日付。

(52) 『京城日報』一九二一年六月二日付。

(53) 一九二三年一一月九日付(推定)斎藤実宛横田五郎書翰(前掲「斎藤実文書」一六〇四―五)。

(54) 前掲『水野博士古稀記念　論策と随筆』三六一頁。

(55) 一九二〇年一一月二〇日付後藤新平宛水野錬太郎書翰(水沢市立後藤新平記念館所蔵『後藤新平関係文書』五二六―五)。

(56) 丸山鶴吉は一九〇九年内務省に入省し、警視総監官房特高課長、警視庁保安課長を経て、一九一七年欧米出張に出掛け、帰国後地方局保護課長、静岡県内務部長を経、一九一九年八月からは警務局事務官として勤め、一九二二年警務局長になり、朝鮮の治安を担当した。松田利彦『日本の朝鮮植民地支配と警察』(校倉書房、二〇〇九年)の第四部第二章「朝鮮総督府警察官僚・丸山鶴吉の抗日運動認識」が詳しい。
(57) 丸山鶴吉「朝鮮統治策に関し吉野博士に質す」(丸山鶴吉『在鮮四年有余年半』松山房、一九二三年に収録)。
(58) 閔元植は京畿道高陽郡守から退いて「新日本主義」(日韓が併合して新日本がうまれたので、新日本は両民族の共同の責任と、義務によって建設されるべきだという内容が盛り込まれる)を標榜する国民協会を結成、一九二〇年一月、衆議院に衆議院議員選挙法の朝鮮実施を求める旨の請願書を提出して以降、計三回にわたって衆議院に請願書を出した。参政権請願運動中一九二一年二月、東京の滞在先において朝鮮人留学生の手によって殺された。
(59) 前掲『七十年ところどころ』六六—六七頁。
(60) 守屋栄夫「思ひ出づるまゝを」(『朝鮮公論』第一二巻四号、一九二四年四月)四三頁。
(61) その内容は一．参政権に関する件、二．徴兵令に関する件、三．宗教類似団体に関する件、四．宗教教育機関、五．過激思想取締に関する件、六．国境警備に関する件、七．局部長其外鮮人登用に関する件、八．府尹公選に関する件、九．鮮人内地採用の件、一〇．投資に関する件、一一．同化政策及自由主義に関する件、一二．国外対策に関する件だが、その中で学務局長と道事務官の朝鮮人特別任用が実現する。
(62) 千葉了『朝鮮民族独立運動秘話』(帝国地方行政学会、一九二五年)二三三—二三四頁。
(63) 前掲『朝鮮民族独立運動秘話』二二四頁。
(64) 一九一九年四月一二日付大塚常三郎宛持地六三郎書翰(前掲「大塚文書」四五—一)。
(65) 駒込武『植民地帝国日本の文化統合』(岩波書店、一九九六年)、陳培豊『「同化」の同床異夢：日本統治下台湾の国語教育史再考』(三元社、二〇〇一年)。
(66) 一九二〇年二月二八日付斎藤実宛水野錬太郎書翰(前掲「斎藤実文書」一四五八—一一)。
(67) 一九二六年九月付関屋貞三郎宛持地ゐい子書翰(国会図書館憲政資料室所蔵『関屋貞三郎関係文書』四二二)。
(68) 一九二〇年一月八日付大塚常三郎宛河内山楽三書翰(前掲「大塚文書」三五—一)。
(69) 一九二一年二月二八日付後藤新平宛持地六三郎書翰(前掲『後藤新平関係文書』五三九—五)。
(70) 持地六三郎「朝鮮人参政権問題」(『大鵬』一九二一年四月)一五—一六頁。
(71) 「阪谷芳郎日記」一九一九年八月二一日条(国会図書館憲政資料室所蔵『阪谷芳郎関係文書』所収)。

(72) 朝鮮統治とアイルランドとの関係については、上野格「日本におけるアイルランド学の歴史」(『思想』第六一七号、一九七五年一一月)、山田朋美「戦間期日本におけるアイルランド認識」(津田塾大学紀要委員会『国際関係学研究』第三四号、二〇〇七年)、法政大学比較経済研究所・後藤浩子編『アイルランドの経験―植民・ナショナリズム・国際統合』(法政大学出版局、二〇〇九年)、加藤道也「朝鮮総督府官僚のアイルランド認識―時永浦三を手掛かりとして―」(『大阪産業大学経済論集』第一一巻第一号、二〇〇九年九月)、「時永浦三のアメリカ調査報告―アメリカにおける朝鮮独立運動とアイルランド独立運動―」(『大阪産業大学経済論集』第一一巻第二号、二〇一〇年一月)、同「植民地官僚のアイルランド問題認識―吉村源太郎を手掛かりとして―」(『大阪産業大学経済論集』第一二巻第一号、二〇一〇年一月)などを参照されたい。

(73) 前掲『尹致昊日記』一九二〇年一月二〇日条。

(74) 『京城日報』一九一九年九月二三日付。

(75) 「大塚常三郎小伝」(前掲「大塚文書」)。

(76) 『旅行日記』一九二一年八月一日条(前掲「大塚文書」所収)。

(77) 『旅行日記』一九二一年九月二六日条。

(78) 『京城日報』一九二一年五月九日付。

(79) 一九二一年(推定)一〇月二九日付斎藤実宛大塚常三郎書翰(前掲「斎藤実文書」五四―一)。

第四章　有吉忠一政務総監在任期における統治構想

本章では、有吉忠一政務総監赴任以後、朝鮮総督府が朝鮮内外の様々な統治環境の変化に直面して、いかなる政策判断を下したかを分析する。有吉政務総監在任期において、日本の財政悪化や中央政界の混迷、朝鮮における民族運動の高揚、関東大震災の勃発など朝鮮総督府をめぐる内外の統治環境が著しく動揺し、朝鮮統治は新しい局面を迎えた。有吉は、三・一運動後、文化統治を実質的にリードした水野錬太郎とは対照的に歴代政務総監の中で一番弱体だった。水野によって兵庫県知事から一躍親任官である政務総監に抜擢された有吉は長い間、地方官を転々し、中央政治の経験が少なかった関係から内閣と議会に対する交渉力は水野に比べ著しく落ちた。さらに、水野は加藤友三郎内閣、清浦内閣の内務大臣として朝鮮統治に対する影響力を行使したため、朝鮮総督府の中で有吉は困難な立場に置かれた。しかしながら、この時期を扱った先行研究は、総督府人事や行政整理を中心とする個別研究に集中している(1)。そのため、有吉政務総監期の朝鮮総督府官僚の意識や行動、統治構想を究明する上では限界がないわけでもない。したがって本章では、日本の中央政界が混迷を続けた中、不況、関東大震災の勃発、実力養成運動の展開など朝鮮総督府をめぐる統治環境が急変するなか、朝鮮総督府官僚が植民地の現実をいかに認識し、いかなる政策判断を下したかを見ていきたい。特に民族運動が高揚し、積極―同化政策が行き詰まりつつあるなかで、いかなる政策構想を模索したのかという問題について、「生え抜き官僚」の中心人物である大塚常三郎の動向に注目したい。

一　有吉人事

①政務総監人事

高橋是清内閣が内閣改造を巡る総裁派と官僚派との内紛によって倒壊し、政友会を与党とする加藤友三郎内閣が成立すると、水野が急遽内相に就任することになり、政務総監後任問題が生じた。前内相である床次竹二郎は水野の後任として同じ薩摩出身の山之内一次を推薦したが斎藤総督に採用されず、(2)また水野は川村竹治前拓殖局長に白羽の矢を立てて斎藤総督と高橋総理が就任を慫慂したが、川村はこれを辞退した。一時小橋一太前内務次官をあてる説もあったが、政友会に籍を置いていたために斎藤総督が好まず、結局、斎藤総督と古い縁故があり水野内相の親任も厚い有吉忠一に決定された。(3)有吉は千葉県、宮崎県、神奈川県、兵庫県で鉄道建設や土木工事、学校増設など積極政策を実行し、(4)名知事として知られていたことに加え、韓国併合前後の統監府総務長官、総督府総務部長官の経験が高く評価されたものと思われる。

表15は歴代政務総監の顔ぶれである。表をみると、一九一〇年代と二〇年代朝鮮へ赴任した政務総監のなかで、山県伊三郎と水野錬太郎は大臣を歴任した人物で、有吉と池上四郎を除けばすべて衆議院か貴族院に議席を持っていたことがわかる。有吉は官僚生活の大部分を地方官として送ったため中央政治に暗く、政党側とのパイプがなかったことから内閣や議会の交渉においては推薦者である水野の協力や海軍大臣を務めた斎藤の政治力に頼るほかなかった。総督府官僚の中で、丸山鶴吉警務局長、守屋栄夫庶務部長に代表される水野系列の内務省出身官僚たちは、水野ほど権威を持たないにもかかわらず、ことごとに干渉しようとする有吉との軋轢が絶えなかった。(5)そのため、総督府内の

表15　歴代政務総監

総督	政務総監	在任期間	前職
寺内正毅（1910. 10–16. 10） 長谷川好道（1916. 10–19. 8）	山県伊三郎	1910. 10–1919. 8	逓信大臣，貴族院議院
斎藤実（1919. 8–27. 12） 宇垣一成（1927. 4–27. 10）	水野錬太郎	1919. 8 –1922. 6	内務大臣，貴族院議院
	有吉忠一	1922. 6 –1924. 7	兵庫県知事
	下岡忠治	1924. 7 –1925. 12	内務次官，衆議院議員
	湯浅倉平	1925. 12–1927. 12	内務次官，貴族院議院
山梨半造（1927. 12–29. 8）	池上四郎	1927. 12–1929. 4	大阪市長
斎藤実（1929. 8–31. 6）	児玉秀雄	1929. 6 –1931. 6	関東長官，貴族院議院
宇垣一成（1931. 8–36. 8）	今井田清徳	1931. 6 –1936. 8	逓信次官
南次郎（1936. 8–42. 5）	大野緑一郎	1936. 8 –1942. 5	関東局総長
小磯国昭（1942. 5–44. 7）	田中武雄	1942. 5 –1944. 7	拓務次官
阿部信行（1944. 7–45. 9）	遠藤柳作	1944. 7 –1945. 10	内閣書記官長

秦郁彦『戦前期日本官僚制の制度・組織・人事』（東京大学出版会，1981年），『朝鮮総督府官報』から作成.

有吉の立場は確固としたものでなかった。地方官出身の有吉の政務総監就任については、もともと大臣級のポストに知事級を充てたという風評もあったほどであった。(6)

②総督府人事

水野は加藤内閣と清浦奎吾内閣の内相を務めつつ朝鮮に対する影響力を維持していたので、有吉は総督府において人事権を自由自在に発揮できる立場にはなかった。有吉政務総監在任期間における人事の特徴は、水野傘下の内務省出身者が引き上げ、「生え抜き官僚」が返り咲いた点にある。前任の水野政務総監が内務省から多数の官僚を連れてきたのに対して、有吉政務総監は山梨県知事から学務局長に就任させた長野幹と兵庫県理事官から秘書官に就任した中村寅之助と香川県警察部長大西一郎を移動させることに止まった。このような状況に対して、松村松盛は「内地から時々優良人物を輸入の必要ありますが、水野総監時代の様な引力は全然ありません。此点実に遺憾です」と不満を表した。(7) 有吉は一九二三年二月、初めて行政整理に伴う大きな人事異動を敢行した。その内容を見てみると、依願免本官されたほとんどの官僚が統監府時代以来韓国政府に招聘された官僚で「生え抜き官僚」であった。前政務総監の水野が内閣の内相として健在だったため、前政務総監期に招聘された新来の官僚についてはその進退を決定し難かったものと推測される。

一方、水野は、赤池濃警務局長を内閣拓殖局長官へ、柴田善三郎学務局長を三重県知事に異動させた。これにより両人の後任として警務局事務官丸山鶴吉と山梨県知事長野幹がそれぞれ警務局長、学務局長に就任した。水野内務大臣は、自身が朝鮮に連れてきた内務省官僚の一部を次第に内地に引き上げさせたため、内務省との連鎖的な人事異動が起きた(8)。

他方、河内山楽三財務局長は有吉の赴任に伴って辞任した。水野に比べて内閣との交渉能力が落ちる有吉が政務総監に就任すると、大蔵省との予算交渉が難航することを予想して辞任したと思われる(9)。有吉は後任の財務局長に新人を抜擢するという方針の下で、大蔵次官と交渉して富田勇太郎大蔵省書記官を採用しようとしたが(10)、実現できず、結局首席参事官和田一郎を任命した。さらに台湾総督府警務局長に転任した竹内友治郎逓信局長の後任について有吉は「逓信事業は内地と共助する方適当と被存候意味に於て此際逓信省より推選之人物を採用致候(11)」との方針から広島逓信局長蒲原久四郎を就任させた。朝鮮総督府簡易保険の実施に熱心であった有吉は、逓信省との円滑な交渉のため、逓信官僚を抜擢したと思われる。有吉がこの時期に断行した総督府部局長人事異動を整理すると以下のようになる。

総督府部局長

内務局長　大塚常三郎（留任）

警務局長　赤池濃―丸山鶴吉（一九二二・六～一九二四・九）

財務局長　河内山楽三―和田一郎（一九二二・七～一九二四・八）

学務局長　柴田善三郎―長野幹（一九二二・一〇～一九二四・一二）

殖産局長　西村保吉（留任）
逓信局長　竹内友治郎―蒲原久四郎（一九二二・一一〜一九二八・一）
専売局長　青木戒三（留任）
法務局長　横田吾郎―松寺竹雄（一九二三・四〜一九二九・一〇）
庶務部長　守屋栄夫（一九二三・九〜一九二四・九、守屋は一九二二年一〇月から庶務部長心得に就任）
鉄道部長　弓削幸太郎（留任）
　＊網掛けは内務省出身官僚

全体的に内地に引き上げた部局長ポストを内地で採用して交代する人事パターンであるが、この時期は前の時期に比べれば「生え抜き官僚」の局長ポスト（法務局長）が一つ増えた。

一方、有吉政務総監期には総督府官僚、その中でも水野派の課長らが次々と欧米出張に出かけた。[12] 守屋をはじめ総督府政策を実質的に担った水野派の中堅が一年以上総督府をあけたため、その空白を徐々に「生え抜き官僚」らが埋めていったのである。

このように、有吉政務総監在任時期の人事の特徴は、まず、水野派内務省出身者のうち、赤池濃、柴田善三郎といった有力者が内地に引き上げ、守屋庶務部長をはじめ内務省出身の本部課長らが次々と欧米出張に出かけたことによって、「生え抜き官僚」が徐々に勢力を拡大しながら発言権を強化した点にある。[13]

二　積極政策の修正

①緊縮財政

一九二〇年から始まった「戦後恐慌」により、総督府による膨大な財政支出も削減を強いられることとなった。高橋内閣の頃から課題とされた財政緊縮によって、二二年三月に第四五議会で成立した二三年度の予算案は前年度に比べ約一億一八〇〇万円の削減となった。内閣の財政緊縮の方針は行政整理実行で具体化され、二二年五月九日内閣書記官長通牒「行政整理ニ関スル一般事項」[14]において原則として各省所管経費中俸給および事務費の二割を天引により削減することとなった。二三年六月二日、行政整理準備委員会は鉄道部や官房庶務部の廃止、土木部の内務局への統合、衛生部設置の白紙化を主な内容とする行政整理要綱を決定した。[15]これは高橋内閣により作成され、加藤友三郎内閣に継承されて政府の方針となった。

このような内閣の財政方針に沿って有吉着任の直後、二二年七月一九日付で朝鮮総督府行財政整理委員会が設置された。[16]守屋栄夫秘書課長が陣頭に立った行財政整理委員会では施政の欠陥を指摘し、局部課の統廃合、人員整理、物品および消費品の節減、配給の改定、官営事業の廃止など一五〇〇万円規模の整理案をまとめた。同委員会では監官、民情視察官制の廃止、土木部および鉄道部の合併、外事課の廃止、官房の膨大な組織の改定、警務局の改革など様々な意見も提出されたという。[17]七月三一日、守屋は行政整理について有吉に報告したが、有吉は整理額を最小額にすることを指示した。[18]有吉は八月三日に行われた行政整理委員会において物品費の整理について大部分復活を指示するなど行政整理額を出来るだけ縮小しようとした。その後、行政整理委員会の案は有吉の案が加味され部局長会議で議論された。予想通り部課の統廃合に反対する意見が多く、結局四二〇万円の最終整理案を確定した。[19]その後、各省庁の反発によって内閣の当初方針は大幅縮小されるようになり、この流れに便乗して有吉は内閣による行政整理の影響を最小化することに努めた。[20]結局、二二年分として七一万余円の整理、二三年分は、人員の整理によるもの一二一万円、事業の整理によるもの一二一万余円、その他印刷所廃止といったものを含めた普通経費の総額に対して五分強、全体の総額に対しては六分一厘余の整理割合で、それまでの行政整理に比べれば例のない規模となった[21]。だが、当初計画した一五〇〇万円の整理案にははるかに及ばず、日本政府から一五〇〇万円の補助金を支給されている総督府の財政状況から考えると微温的な措置であったといえる。

このように、有吉の行政整理に対する微温的な態度や事務まで過度に干渉する態度[22]について、守屋は有吉に対する期待を捨てて次第に不満を募らせていた[23]。

一方、加藤友三郎内閣の成立とその財政緊縮方針の影響は特別会計にまで及びはじめた。二二年の予算編成で総督府は、前年と同じ三八〇〇万円の公債と二九一五万円の補充金を組んだ。しかし内閣は公債抑制と経費節減の厳しい姿勢で臨み、結局公債は二〇〇〇万円、補充金は一五一二万円に削減された。しかも実施過程では、この公債額も公債六五九万円、借入金二〇〇〇万円におきかえられた[24]。

②税・財政整理

この時期の総督府の財政・税制政策については先行研究で明らかにされているので、ここではこれらの研究を踏まえた上で、「生え抜き官僚」の財政・税制政策構想に焦点を絞って検討していきたい[25]。一九二〇年から始まった「戦後恐慌」は日本政府に緊縮財政を余儀なくさせ、総督府の放漫な財政支出を許されなくなった。日本政府の緊縮方針は関東大震災を経ることによってさらに強化され、二四年度予算では朝鮮の公債は全廃されて、一〇〇〇万円の事業費借入金が認められただけであった。積極財政の前提となっていた多額の公債資金が望めなくなると、総督府は当然何らかの財政改革に取り組まざるをえなくなった[26]。その財政改革の試みが具体化したのが、朝鮮財政調査委員会であった。一九二三年六月に設置された同委員会は、従来の租税制度が「財政上当面の須要に応ずるが為随時制定せられたものであるから、財政上の需要を充たす点に付いては十分考慮が払はれていたとしても、其の各々の租税を、全体として機能を稽へ、負担の公平をはかる等と云ふ事は比較的等閑視された」[27]という認識にもとづいて、租税の体系を整えるため設置された。委員は殖産局長西村保吉と大西一郎を除くと、統監府以来の朝鮮総督府の財政官僚と大塚常三郎、富永文一ら内務行政通によって構成された。[28]総督府は早くから税制の不備を認識していたが、政府の緊縮財政によって圧迫された総督府財政の建て直しを図る中で、税制の改革を模索したのである。この委員会は後述の一九二六年に設置される税制調査委員会と比べると、次のような特徴を持っていた。第一に総督府生え抜きの財務官僚が中心となって推進した三・一運動以後の税制・財政政策の改革を求める流れ、つまり財政の独立を目指す流れの中でうまれたという点であり、第二に調査が国・地方団体、国税・地方税など、広範囲にわたってなされた点である。しかし同委員会はいまだその成案を得ないうちに、一九二四年一二月の行政整理によって廃止された。

財政調査委員会の設置と同時期に、税務機関を行政機関から分離独立させる計画が進められていた。総督府では財務局と内務局の協議の結果、税務機関が設置されることとなった。これは租税業務の複雑化、とりわけ近く一般所得税制度が導入されることを前提として、これに対応できる専門的な税務官吏を配置する必要から出された計画であった。[29]その後、税務監督局と税務署の設置案は法制局の審議を経て一九二四年七月に帝国議会特別議会を通過し、八月一日から施行されることになった。しかし、新しく赴任した下岡忠治政務総監は、税務機関の創設について「考慮の余地ある」「不急の機関」と見做して中止の立場を取ったので相当の物議を醸した。[30]この問題は八月八日第一回の行政整理委員会で俎上に上げられ、様々な議論の結果、一時的に中止することとされた。[31]その後間もなく和田財務局長は八月一三日付で依願免職となり、新任の財務局長には大蔵省造幣局長草間秀雄が赴任することになる。この税務機関の独立問題と和田局長の辞職は、まったく無関係であるとは思われない。また斎藤総督が推し進めた税務機関の独立問題が下岡政務総監によって中止されたのは、斎藤総督にとっては不愉快なことであった。中枢院参議朴重陽は、この事情について元老西園寺公望に「下岡氏来たりて直ちに財務機関独立計画を一蹴したるは一面から之を観察せは斎藤総督の顔を丸潰に為したりとも見られ候」と伝えている。(32)

この計画は実施寸前で行政整理のあおりを受けて中止になったが、「生え抜き官僚」たちは依然として税務機関設置を求めた。そこには次のような理由があった。まず、一九二四年総督府は「税務署建築と予算九十八万円を計上し、全鮮に亘って税務監督局約五箇所・税務署約百箇所を設置する事を決定」(33)し、地方では（全羅道の全州と光州、慶尚道の大邱と釜山、咸鏡道の咸興と元山）地域有志たちが税務監督局誘致のため、各方面でロビー、陳情活動を展開した。(34)特に全州が候補地から脱落すると、亥角仲蔵全北知事は、光州が税務監督局の所在地に決定したことに責任を感じて辞職書を提出し、(35)全州の陳情委員(36)らが落胆のあまり、政務総監官邸に押しかけ、「常軌を逸したる行動」に走るほど加熱した様相を帯びるようになった。(37)その後紆余曲折を経て建物の確保と人事の選定まで準備が進捗していたが、総督府は突然の中止決定により生じるであろう民心の離反を憂慮したのであった。

次に、「生え抜き官僚」らは税務機関を設置して一般所得税を導入することこそ、不足する税収を補う現実的な方法であると判断した。実務担当者である財務局税務課長井上清は歳入の増加を計るため、不十分な税務方面に充実した機関を設置することによって自然増収を計り、一九二四年において約一〇〇万円の自然増収と共に逐年の成績向上を見込んでいた。(38)そして、財務局官僚は税務監督局や税務署の建築に必要な経費を、その設置によってうまれる自然増収によって充当しようとする心算であった。これは税務機関を設置して朝鮮に一般所得税を導入することで総督府財政を健全化させ、予算面の大蔵省の干渉を排し、朝鮮独自の政策を実行しようとする制度設計にほかならなかった。(39)財政調査委員会の廃止と税務機関設置の一時中止は、「生え抜き官僚」による自立的な財政建て直し策の挫折を意味し、これ以降、税制整理・財政政策の主導権は大蔵省・大蔵省出身官僚によって掌握されることとなった。

三　朝鮮銀行監督権問題

朝鮮銀行は朝鮮総督府の監督下に置かれていたが、他の特殊銀行はすべて大蔵省の監督下にあったため、朝鮮銀行の監督権に関しては論議が絶えなかった。特に一九一七年、朝鮮銀行券が満洲で法貨として流通することになったことをきっかけに、監督権の大蔵省移管が積極的に提起され、一九一八年には朝鮮銀行法改正案が議会に提出された。結局これは実現を見なかったが、一九二二年、朝鮮銀行の整理が本格化すると監督権移管を巡る論争が再燃した。[40]朝鮮銀行は第一次世界大戦後の戦後恐慌によって膨大な不良債権を抱えており、[41]有吉が朝鮮に赴任するにあたってはその整理問題が緊急の課題とされた。

斎藤総督は朝鮮銀行の整理を推し進めるため朝鮮銀行総裁の更迭を決意し、有吉と相談して市来乙彦蔵相の同意を得た。[42]有吉は、斎藤総督に「鮮銀の状態は日一日と危殆を加え加ふるに美濃部の放漫なる貸出しは于今其の方針を改めす随分甚敷事をも耳に致候」[43]と述べ、総督の意図に沿って西原借款の担当者である美濃部俊吉総裁[44]を更迭し、その代わりに住友銀行取締役加納友之介（有吉と大学同期）の就任を図った。加納は受諾の意思を示しながらも、「蔵相か一言厚意を以て整理に関し援助を与ふる旨を約言せされは受け難し」という立場をとっていたが、市来蔵相は、「朝鮮銀行の整理に余り軽々見居りたるか為めにして事情を聞くに従ひ其重大なるに意外の感を催」したため、援助を約束することには躊躇していた。[45]

その後、市来は美濃部総裁留任を希望したため、有吉政務総監は、「一向に埒開き不申候段甚心苦敷日々督促を試み候へ共、于今決定不致歯痒生き様に御座候」[46]と焦りと苛立ちをあらわにしていた。引き続き水野内相、宮田光男内閣書記官長や馬場鍈一法制局長官が調停を試みたが、市来蔵相は美濃部留任を主張し続けたので、有吉は「本件の進展如何によりては蔵相に対し言明致したる関係もあり責を負ふて辞任の已むなきに至るやも難保」と辞職までも示唆した。[47]

このように、市来大蔵大臣が美濃部の更迭に消極的であった理由として守屋は次の三つを挙げている。まず、特殊銀行を改造すれば混乱を惹起するおそれがあるのでその時機ではないという財界からの強い反対意見があった。次に、大蔵大臣は在野の頃、日露貿易に関与したことがあり、次官在職時代には西原借款を提供したので、朝鮮銀行の整理を実行すれば種々の裏面の事情が一般に暴露され、議会で問題になる可能性があった。最後に、政友会には美濃部の留任を望む人々が存在した。[48]

以後、総裁更迭問題は朝鮮銀行の監督権と絡んで複雑な経緯をたどった。大蔵省側（特に井上準之助蔵相、市来蔵相の後任として一九二三年九月就任）は朝鮮銀行を整理するため、まず監督権の大蔵大臣への移管を主張したが、有吉政務総監は、朝鮮銀行は「朝鮮開発の為に設けられたもの」であるとして移管に反対した。これに対し大蔵省は、朝鮮銀行の「不実の震源地」は朝鮮ではなく日本本土や満洲地域なので、朝鮮総督府が直接監督するのは不適切であると主張した。[49]衆議院でも大蔵省の主張に同調する議員があらわれた。

こうしたなかで、一九二三年九月に起きた関東大震災によって、東京支店は全焼し、融資先の諸事業も震災の影響を被るなど、朝鮮銀行の財産内容はいっそう悪化した。朝鮮銀行が政府・日本銀行への援助を要請すると、大蔵省は要請を受け入れる一方で、監督権の大蔵大臣移管を求める姿勢を一層強めた。結局、二四年二月に朝鮮総督府および内閣との間で結ばれた新たな「打合事項」では「朝鮮銀行法」の改正を前提とし、法改正実施までの間も実質上大蔵省が朝鮮銀行を主管する体制をとることが決定された。美濃部は更迭され、野中清（元大蔵省専売局長）が総裁に就任した。[50] 有吉は「野中ハ温厚なる人格者の由及居候間、守成之地位に立つ人とし而は結構歟と存候」[51] としてこれに同意した。美濃部を更迭して朝鮮銀行整理の主導権を握ろうとする有吉の計画は失敗に終ったのである。

四　私設鉄道合同問題

寺内総督時代には会社令を厳格に適用して会社設立を抑制した。そのため私設鉄道設立は一九一四年二月に裡里と全州をつなぐ全北軽便鉄道と一九一六年四月に大邱と河東、清州と島致院をつなぐ朝鮮軽便鉄道しか許可されなかった。総督府は全北軽便鉄道設立を許可して全北と府、二八郡の官吏を総動員して当会社の株式を募集したという。特に警察署長は巡査、憲兵に命令して会社のために株式募金を促し、疑惑事件まで発生した。[52] 一九一六年以降、「大戦景気」の影響が朝鮮にも現れはじめ、日本内地からの企業進出が本格化した。朝鮮総督府は産業開発のため、朝鮮会社令を緩和し、内地資本を積極的に誘致したので、斎藤総督・水野政務総監赴任後は内地資本によって次々と私鉄が設立される。私鉄を設立した人物の中には、西鮮殖産鉄道会社社長衆議院議員山本悌二郎（政友会）や両江拓林鉄道会社社長貴族院議員福原俊丸（研究会、公正会）といった政治家が含まれていた。朝鮮総督府は私鉄に便宜を図り特権を付与するなどしたほか、朝鮮銀行や東洋拓殖会社も巨額の株式を引き受けて私鉄の設立を支援した。

しかし、一九二〇年からはじまった戦後恐慌によってこれらの会社の多くは大打撃を被り、二、三の会社を除いては経営難に陥った。こうしたなかで、一九二〇年二月に設立された朝鮮産業鉄道（大株主は藤山雷太、東拓）は、同年四月に株主総会を開き、解散を決議したため、私設鉄道補助問題が表面化した。京城商業会議所は解散反対意見を表

表16　私設鉄道会社

私鉄会社	設立年度	資本金	社長及び重役	株主
全北鉄道	1914.2	60万円	（専務理事）河本国三郎，（理事）山崎増平，朴基順，大沢藤十郎，（監査）中屋堯駿	中屋堯駿（5074），永原邦彦（1134），高見国恒（500），山崎増平（393），朴基順（336），大沢藤十郎（335）
朝鮮軽便鉄道（後に朝鮮中央鉄道会社）	1916.4	1,200万円	社長小野金六（専務理事）佐藤潤象，武和三郎，（理事）渡辺嘉一，中野実，鈴木熊太郎，吉村鎭雄，（監査）山口太兵衛，韓相龍，東条正平	帝国生命保険会社（9000），東条正平（8460），日本徴兵保険会社（6850），内国貯金銀行（6730），愛国生命保険会社（5400），東拓（5000），吉村鎭雄（4505），満鉄会社（3000）
西鮮殖産鉄道会社	1919.12	1,000万円	社長山本悌二郎，（常務理事）賀田直治，西島新蔵，（理事）松田貞治郎，劉壎燮，（監査）松平直平，三宅川百太郎，白完爀	東拓（47000），三菱製鉄会社（30000），山本悌二郎（12600），賀田金三郎（9650），賀田直治（9205），西崎鶴太郎（4500），岩崎小弥太（3885），松平直平（3050）
金剛山電気鉄道	1919.12	500万円	社長久栄民之助，（専務理事）岡田竹五郎，（理事）馬越恭平，古市公威，（監査）倉知鉄吉，韓相龍，牧山耕蔵	久米民之助（6020），馬越同族会社（2120），高砂信託会社（2000），山本条太郎（1250）
南朝鮮鉄道会社	1920.1	1,000万円	社長坂出鳴海，（専務理事）土屋新兵衛，（理事）松木幹一郎，長崎英造，佐田家年，西岡貞太郎，釘本藤次郎，小山庄三，石橋為之助，岡本良太郎，（監査）植村俊平，藤田謙一，鋳谷正輔	大正生命保険会社金光庸夫（30000），山下合名会社（24000），日本教育生命保険会社（10000），鈴木岩次郎，鈴木よね（各3000），鈴木岩蔵（2000），鋳谷正輔，松木幹一郎（2000），迫間房太郎（2120），西岡貞太郎（1300），
朝鮮京南鉄道	1920.2	1,000万円	社長長嶋弘（常務理事）秋本茂，（理事）大内暢三，中村房五郎，堤清六，金沢冬三郎，立川芳，（監査）中村郁次郎，梅浦五一，手島重兵衛，（顧問）大屋権平	飯村正三郎，盧永根，立川芳，長島弘，梅浦五一，秋本茂，森川林（各2000以上）
朝鮮産業鉄道会社	1920.2	500万円	社長岡村左右松，（専務理事）伊藤利三郎，中西錬次郎，（理事）伊吹震，原田金之祐，（監査）松平直平，渡辺栄太郎，（相談）藤山雷太	藤山雷太，東拓
朝鮮森林鉄道会社	1920.2	2,000万円	社長大川平三郎，（専務理事）長谷川太郎吉，（理事）田中栄八郎，津田鍛雄，八木武三郎，藤田好三郎，下郷伝平，島徳蔵，熊沢一衛，永田甚之助，（監査）松平直平，伊藤長次郎，渡辺甚吉，阿部房次郎，韓相龍，	東拓（85000），九州製紙会社（30000），大川合名会社（21500），田中栄八郎（12000），長谷川太郎吉（12000），熊沢一衛（6700），津田鍛雄（5000），渡辺甚吉（4000），中之島製紙会社（4000），小西安兵衛（4000），合資会社積善社（3700），松村精一（3500），東洋生命保険会社（3000），田村久八（3000）
両江拓林鉄道会社	1920.5	1,500万円	社長福原俊丸，（理事）岩原謙三，原鉄三郎，笠井真三，藤原銀次郎，赤松範一，（監査）井上周，渡辺嘉一，山田敬亮	王子製紙会社（49700），福原俊丸（30399），小原源一（6000），井上周，貝島合名会社，横山寅一郎，久原房之助，平田章千代（5000），
図們鉄道	1921.3	280万円	社長飯田延太郎，専務理事山田昌寿，（理事）浜名寛祐，宇井孝三，戸沢民十郎，（監査）加治嘉太郎，大村信善	

衆議院議員山本悌二郎（政友会），貴族院議員松平直平（研究会），貴族院議員福原俊丸（研究会，後で脱退して公正会入会），貴族院議員赤松範一（公正会），笠井眞三（工学博士），渡辺嘉一（工学博士）「韓国歴史情報統合システム」http://www.koreanhistory.or.kr/ から作成.

明し、全朝鮮商業会議所連合会も朝鮮総督府に補助金政策の強化を進言したため、一時的に解散は阻止されたが、依然として私鉄経営は不安定のままであった。結局、藤山雷太などの株式買収資金一〇〇万円を朝鮮銀行が融通することによって、朝鮮産業鉄道会社の解散問題は解決された。のみならず、一九二二年に入ってから両江拓林鉄道会社の解散問題が起きた。この問題も朝鮮銀行が株式担保貸付で久原本店が株式を買収することによって解決された[53]。

一九二〇年一〇月、私鉄各社は朝鮮私設鉄道協会（一九二二年六月に朝鮮鉄道協会に改称）を結成し、朝鮮総督府に援助を求めた。これに対して朝鮮総督府は、一九二一年三月、朝鮮私設鉄道補助法を公布し、払込資本金額並びに社債または借入金について、一〇個年を限って八分に達するまでの補助を保証した。

有吉は朝鮮産業の実績を挙げるには交通機関の整備、ことに鉄道の普及を最重要視する立場だった[54]。朝鮮総督府は私鉄を奨励するために補助金の率を上げ、従来一〇年だった補助期間を一五年に延長した。さらに、熱烈な私鉄合併論者の有吉は各会社を合併して強化するため、二〇〇〇万円の社債を政府が保証する私鉄保証法案を第四六回議会に提出した。だが、衆議院では、実現していない合併を前提として法案を審議するのは尚早であり、またこの法案が成立すれば樺太、台湾等からも同種の要望が出る可能性があるという理由で否決した。この背景には、土地改良会社補助予算が否決されたことを不快に思っていた井上角五郎の復讐的反対や[55]、山本悌二郎に対する三土忠造の反感、高橋是清政友会総裁の不満が大きく働いていた[56]。有吉は斎藤総督に「小生の議会に不情なりし為め単に野田（元東洋拓殖会社総裁　野田卯太郎）床次両氏の了解を以て足れりとし、他之幹部に交渉せさりし」と否決理由を報告した[57]。以後、朝鮮総督府は私設鉄道に対して保証に代わる便宜を与えることを約束しながら合併を推進したが、私鉄合併社長人選をめぐって私鉄の株主間では様々な対立が生じ、人選は難航した。もとより私鉄合併会社の重役選定は合併の際、朝鮮総督府に一任することになっていたが、両江拓林社長福原俊丸は貴族院方面や鉄道省に自己推薦の運動を行った[58]。

福原と同郷だった田中義一元陸軍大臣までもが斎藤総督に福原の社長就任を運動する状態であった[59]。

こうした状況の中で、斎藤総督の個人的な政治顧問であった阿部充家は私鉄合併会社社長選任をめぐる内地政界の雰囲気を次のように伝えている。

政務総監に関する東京に於ける各方面の感触は小生聞く所を以てすれば余り面白からざる傾向乎と憂慮され申候。事実としては合併鉄道社長の択撰問題に有之。鉄道大臣及次官側にては福原男を推し之れが背景として研究会を擁し、或る意味から申すば研究会が主動となりて鉄道省の腹を固めさせたりとも可申候。此の関係を無視して他の候補者の推撰を強いられたる一事は朝鮮を中心としたる公平無私の点より申せば何等感情の衝突を見る道理も無之候得共、其所に当時政界に横溢し居る種々閥なるもの一種の勢力ありて単純率直の行動を許さぬもの有之候ふ事は閣下も御熟知の事に有之。此の一事は来る議会に於て貴族院に種々の形を変へて哩諺の所謂犬糞的報復手段となりて顕はるゝ惧なしもせずと存上候[60]。

福原が属していた貴族院の最大の会派で加藤内閣に影響力をもっていた研究会は、鉄道省（大臣大木遠吉、貴族院研究会所属）に対し積極的に働きかけ、福原の私設合併社長就任を求める運動を行った。だが、鉄道省技師大村卓一を社長に推挙することに決定した有吉が福原の社長就任を拒んでいたため[61]、阿部は朝鮮総督府が対貴族院対策に苦慮することを心配したのである。

結局、九月一日に、朝鮮中央鉄道に西鮮殖産、南朝鮮、朝鮮産業、朝鮮森林、両江拓林鉄道会社が合併して朝鮮鉄道会社が成立し、その社長に朝鮮総督府の推薦で前満鉄社長野村龍太郎が就任した。ところが、もともと各私鉄株主らは、重役選任を朝鮮総督府に一任していたにもかかわらず、朝鮮総督府の選定を無視して新たに株主総会で投票で重役を選任するなど、紛議は後を絶たなかった[62]。その背景には朝鮮銀行整理問題や総裁更迭問題にからまる「有吉総監対美濃部総裁を通じたる研究会並に政友会の或一派」の策動が噂された(63)。

このように、有吉は政友会寄りでありながら政党と直接的関係を持たなかったため、帝国議会での予算獲得や政策の協調に大きな困難を感じていたのである。さらに後援者である水野内相との不仲説が流されるなど(64)、彼の総督府内外における立場は微妙なものであった。結局、私鉄の合併による朝鮮鉄道株式会社の設立という有吉の構想は私鉄の株主の反対で失敗した。有吉は政務総監としての威信を損ない、さらには京城帝国大学設立問題から貴族院では苦境に陥った。有吉政務総監は基本的には水野の政策を踏襲したが、公債の打ち切りによって諸事業を実行に移せなかったことも、彼が辞任に追い込まれた原因の一つではないかと思われる。

五 統治構想

①関東大震災と朝鮮総督府

一九二三年九月一日に関東大震災が起きると流言蜚語が流れ、自警団、軍警によって朝鮮人に対する虐殺が行われた。第二次山本権兵衛内閣は事態を憂慮し、九月五日内閣告諭第二号「震災　国民自重に関する件」を発表し、「民衆自ラ濫ニ鮮人ニ迫害ヲ加フルカ如キコトハ固ヨリ日鮮同化ノ根本主義ニ背戻スルノミナラス又諸外国ニ報セラレテ決シテ好マシキコトニ非ス」、「平素ノ冷静ヲ失ハス慎重前後ノ措置ヲ誤ラス」ように求めた(65)。このような内閣の措置に対して、有吉は「総理の諭告等により鮮人虐殺の報道を誇大し而此度は鮮人の激昂とならんとする徴候有之。是に対し専ら緩和の方法を講し居(66)」ると斎藤総督に報告していた。有吉は民心緩和の方策として予定されていた共進会を進行させようとしたが、これに対して丸山警務局長は多数を集会に参加させることは上策ではないので中止することを主張して有吉と対立した。結局、共進会は有吉の主張通り開催されて成功裏におわった。

その後、内閣が朝鮮人虐殺事件について発表すると、有吉は「国内に影響を及す而已ならす鮮地は固より遠く海外にも我国民の信用を失墜せしむるか如き事件」であり、「朝鮮総督府に何等打合もなく、此の如き事件を決せられ候に付き総督とし而は黙視する能はさる而已ならす或は総督とし而は其進退を決せられさる可らさる事」と述べて内閣に抗議した。(67) 山本総理は朝鮮と関連した重大な事件を総督府と事前協議なしに発表したことについて陳謝して再発防止を約束した。

震災処理をめぐる朝鮮総督府と内閣との葛藤は、朝鮮人送還問題についても繰り返された。

内務省からは不穏を慮つて鮮人を半島へ送り還へすと云つて来る、還へされては困る、還へして呉れるなと交渉したが、この儘にして置いては鮮人がひどい目に逢ふ、この場合保護の法がない、彼等の安全を保つには半島に還へす外方法が無いと云ふので、どうしても還へすと云ふ、仕方が無いので受取る事にして下の関と釜山へ吏員を派して受取り、総督府で温い待遇をした、何しろ内地で戦々競々として居た彼等である、総督府が温い手を延べて親切に待遇するものだから彼等も蘇生の思ひで非常に喜んだ。（中略）当時最も心配した事は、虐殺の報に一般鮮人が昂奮の余り、報復的に在留内地人の虐殺をやりはしないかと云ふ事であつた、当時鮮人の人口は千七百万人、在留内地人は四十万人を数へたが、駐在兵力は二個師団に過ぎず、若し事を好む無頼の鮮民が暴行の端を開き、それがモップ化し全半島に蔓延し随所に内地人虐殺が行はれる様な事になつたら、二個師団の兵力では誠に心細い、それを非常に心配した。(68)

有吉は朝鮮人虐殺の知らせが朝鮮に広がることで統治に危機がもたらされることに極度に神経を尖らせていたので、虐殺の知らせが朝鮮に伝播しないよう朝鮮人の帰国に反対した。これに対して内務省は、治安維持のために早期に帰還させることを主張し、結局、朝鮮総督府はこれを受け入れたのである。また、有吉は虐殺事件を契機として朝鮮人の蜂起が勃発すれば、駐屯軍二個師団では、とうてい防止できないという極度の危機感・恐怖感を持っていた。実際、在朝日本人は三・一運動が起きた時と同じく、自警団を組織し、釜山においてすら日本刀を携えて水源地を守る者があらわれるありさまであった。(69) 総督府当局としては、「若しこれを放置しておくに於いては、必ず自警団と朝鮮人との間に何かの衝突が起き、容易ならぬ事態の原因となるに違ひない」と考えて、全朝鮮を通じて自警団の解散を命じた。(70)

このように、朝鮮総督府官僚らは朝鮮人虐殺事件が朝鮮統治に及ぼす影響を深刻に受け止め、虐殺を隠蔽しながら朝鮮人の民心の帰趨を注視していた。総督府民情視察事務官洪承均は、関東大震災によって避難してきた人たちを収容した釜山に長期間出張し、避難民および地方民の動態について次のように斎藤総督に報告している。

本事件ノ民心ニ及ホス悪影響ハ表面ニ現レストモ、万歳騒動ヨリ以上ノモノナキカヲ憂慮セラル。即チ之カ胚胎トナリ、将来何カノ機会ニ不幸ニシテ事変起レハ万歳騒動ノ比ニアラサルヘキヲ予想セサルヘカラス。故ニ其胚胎ヲ朝鮮人ノ胸中ヨリ早ク消散セシムル方法ヲ講スルコトカ今後の喫緊問題ナルハ勿論ナルモ、之ハ垢ヲ洗落スカ如クニ短時日ヲ以テ期シ得ヘキ問題ニアラサルヲ以テ何カ一定ノ方針ヲ立テ不断ノ努力ヲ要スヘキコトナリトス。(71)

総督府官僚らにとって、関東大震災における朝鮮人虐殺は三・一運動に比肩する大きな統治に対する危機であった。以後、朝鮮総督府は虐殺を隠蔽するため「内鮮融和化政策」を積極的に推し進めた。丸山警務局長は経済会、移民会、国民協会、大正親睦会、矯風会等親日団体一二団体が参加した「各派有志連盟」という組織を結成させ、大震災後の反日感情を緩和しようとした。(72) さらに、朝鮮総督府は在朝日本人を中心とする新たな団体を組織させ、彼らを通じて朝鮮人有力者を抱き込みつつ総督府と歩調をそろえさせようとした[73]。一九二四年四月、丸山鶴吉警務局長の主導下に日本の「皇民会」[74]を模範として内鮮融和を目的に設立された「同民会」はその代表的な団体であった。

このように、関東大震災は朝鮮総督府官僚に朝鮮統治の危機感を募らせる大きなきっかけになった。斎藤実の政治顧問である細井肇[75]は、一九二三年九月一七日「大日本主義の確立と朝鮮統治方針の変更」[76]という意見書を総督に提出して、「一視同仁、内地延長は、主義ではなく究極理想であらう。幾十年か、幾百年か、幾千年かの後ちに達し得る、或は遂に達し得られざる、究極の理想ではなるまいか」と内地延長主義・同化政策の放棄を主張した。細井は東京の大森で朝鮮人に間違われ、危うく殺されかかった。このような体験もあって、九月一〇日内閣書記翰官長樺山資英に書翰を送り、朝鮮統治方針の大変更、大日本主義の確立を提言した[77]。

②大塚常三郎の朝鮮議会構想

一九二三年に入ると総督府の統治政策の転換を求める声が上がるようになった。積極政策に基づいた内地延長主義は行き詰まり、行財政整理を中心とする緊縮政策やそれに伴う度重なる増税は植民地の矛盾を深化させた。度重なる増税は言うまでもなく朝鮮公職者らの自治制の拡大、政治参加への要求を促進した[78]。また、内務省出身官僚が中心になって推し進めた参政権請願運動への支援[79]をはじめとする対民族運動政策はこれといった成果を挙げることなく、行き詰まっていた。さらに政党とのパイプを欠く朝鮮総督府は、帝国議会での予算獲得や政策協調に大きな困難が生じていた。

このような状況のもとで、総督府内では政策転換への模索がなされるようになった。欧米出張から帰った「生え抜き官僚」の一人である大塚常三郎はその中心的な位置を占めていた。児玉秀雄が、大塚に「朝鮮ノ憐事ヲ案スルニ頗フル多難ト被察候。其際ニ臨ミ往時ヲ知リ而モ現代ノ新文明ヲ見聞シ来シ候大兄ノ手腕ニ待ツモノ愈々多キヲ加フルモノアリト被考候。殊ニ一時所謂旧分子ヲ排斥セリトシタル傾向ハ今ヤ一変シ新旧相親マントスルノ趨勢ヲ来タル昨今ニ於テハ大兄ノ学識ト経験ヲ待ツコト益々切ナルモノアルハ寧ロ当然ト存候」(80)と述べたように、行き詰まった統治政策の転換を実行する人物として大塚に期待が寄せられたのである。特に有吉政務総監の時代、朝鮮言論界では「大塚政治」と呼ばれる程、影響力を有したという。大塚自身もそのような期待に応えて「生え抜き官僚」の中心として動き始めた。内務省出身官僚山下謙一忠北内務部長は欧米出張中の守屋に次のように報告している。

二月末朝鮮官界ハ行政整理ニ伴ふ道知事以下ノ大異動か行われた。大体大塚内務ノ主張か大分入れられた様である。在来種ノ復活とても曰ふへきか中には随分露骨なものもある。松村君（秘書課長松村松盛　筆者）ハ総督と共に東京に行つて為に干係かお膳立ニは困却せられたと云ふ噂かある。(81)

内務省出身官僚らは大塚を中心に「生え抜き官僚」たちが結集することについて警戒していたのである。このような状況のなかで、斎藤の政治顧問であった阿部充家も「警察中心の傾向漸く改り内務行政の発展の端緒開らけ来りたる」(82)と報告していた。内務省出身官僚が掌握する警務局に支援された参政権請願運動の失敗などにより、対民族運動融和政策が進まないなか、新しい活路が期待されたのである。一九二三年一月、ある総督府当局者は、時期尚早であることを認めながらも、朝鮮議会を設置して朝鮮の在住者によって審議・決議させる案に賛意を表明していた。(83)三・一運動後の本国政府が、朝鮮自治を朝鮮独立につながるおそれがあるとして認めなかったことを考えると、総督府官僚は朝鮮自治に対して柔軟な立場をとっていた。総督府英字新聞機関紙『ソウルプレス』の元社長山県五十雄は、参政権付与に関してアイルランドの例を挙げ、朝鮮の代議士を議会に送ることは議会を攪乱させる恐れがあるとして反対し、代わりに朝鮮議会を設立することを主張していた。(84)これもこのような朝鮮総督府の雰囲気と無関係ではないだろう。

ところで、大塚は一九二三年一月、元総督府学務局長である宮内次官関屋貞三郎から内大臣秘書官長への就任依願を受けた際、以下のように述べている。

有吉総監着任以後は本部の空気は大に変り小生も幸に同氏の諒解を得て心地よく働き得る境地に立ち居り、或は此の機会に於いて在鮮十五年の結論として多少なりとも有意義の仕事を為し、国家に貢献し得べき期待を以て此の総督総監之下に粉骨燼身致し度存じ居り候。最善を尽して事所志は異なるも命なるべく其の際に深く此地を去るに未練は無之候得共、此の際自発的に内地に去るの念は無之、貴兄初め先輩との後援を力に他意なく御奉公致度存じ候。(85)

大塚は有吉政務総監赴任以来、総督府の雰囲気が変わり、政務総監の諒解を得て心地よく働ける状況になったことを伝え、また内大臣秘書官長への就任依願に対しては「在鮮十五年の結論として多少なりとも有意義の仕事」をし、朝鮮に残り国家に貢献したいとして、丁重に断わっている。この書翰で大塚が「在鮮十五年の結論」とまで表現した「有意義な仕事」というのは一体何を指しているのか。結論を言えばそれは「朝鮮議会」の構想であった。その後シベリア出張から帰ってきた大塚は、二三年五月、斎藤総督に「赤化防止ニ関スル意見書」(86)を提出し、社会主義運動の朝鮮への浸透に対して警戒するように訴えていた。大塚は朝鮮における社会運動および独立運動の高まりに対して根本的な対策を立てることを提言し、その一方で、朝鮮民族の事大性による国外独立運動と労農政府との結合を朝鮮統治上の深憂であると警戒していた。

かくして、大塚常三郎は積極―同化政策が行き詰まり、朝鮮における社会運動および民族運動が高揚するなかで、その打開策として「朝鮮議会（参議院）要綱」を斎藤総督に提出した。(87)

「朝鮮議会（参議院）要綱」については先行研究も言及しているが、(88)本書では大塚が「朝鮮議会（参議院）要綱」を提出した背景について、世界情勢認識、民族運動対策、植民地運営という側面から見てみたい。

まず、朝鮮への衆議院議員選挙法施行を不可とする理由については、アイルランド国民党の例を引き、帝国の国政を無用に混乱させる畏れがあることを挙げている。大塚は欧米出張を通じて、朝鮮の「究極ノ同化ヲ得ザルモノトスルモ尚連立以外ニ立国ノ基礎ヲ鞏固ニスルノ途他ニナキモノナリ」との年来の所信を一層強くした。イギリスが、朝鮮と日本のように、人種・文化・民族・地理的に密接な関係を持っていたアイルランドを同化しようとし、それが却って「帝国治乱の源根」になったことが念頭に置かれている。法制官僚として長い間、植民地法制に携わってきた大塚は、持論である朝鮮特殊事情論に基づいて、内地の法律や各般の制度と悉く同一とする形式的、名義のみの同化は却って反発を招くばかりであると批判する。彼は、朝鮮内政への参政権を与えることが朝鮮の実情に適するのみならず、朝鮮人の不平を緩和すると同時に朝鮮人に「帝国臣民としての自覚」を持たせ、内地・朝鮮一団になって大戦後のきたるべき世界的な経済戦争に勝ち残るためのもっとも現実的な方策であると認識していた(89)。

また、大塚案は物産奨励運動や民立大学設立運動などの実力養成運動の要求を取り込んでいた。阿部充家は斎藤総督にこの点について次のように提言している。

何とぞ此の機会に於て毎々進言仕候各地鮮人の有力志を纏め産業上に立脚したる団体を組織せしめ、徐ろに彼等をして経済思想を喚起せしめ、目下彼等の輿論となり最も有力な実力養成論に結び付け、教育殖産の二大綱目を目標となして自然に独立論など到底行ひ難き途を取るより安全にして行はれ易き此の方面より進むの得策なる可を自悟開発せしむる様な御方針此際是非共御確立熱望に堪へず候(90)。

また阿部は欧米出張から戻ってきた大塚に民族運動勢力の「独立論が形を換へて経済的に立脚せる議論に変転せる」と伝えながら、人心緩和の方策として、「産業資金の簡易なる融通を与へて産業発展の途を開」くことや「内務

表 17　大塚案の歳入内訳　（単位　千円）

	地税	取引所税	鉱業税	酒税	砂糖消費税	歳入
大塚案	15,000	710	550	7,700	1,500	25,460
1920 年	11,453		645	3,767	614	
1921 年	11,646	696	574	5,153	1,062	
1922 年	15,200	587	476	8,505	1,619	
1923 年	15,226	506	487	7,750	1,438	
1924 年	14,894	415	493	8,335	3,080	
1925 年	15,253	333	536	8,424	2,361	

歳入は禹明東『일제하 조선재정의 구조와 성격』（고려대학교경제학과박사논문，1987 年）より作成.

行政の今少果断敢行を見度切望仕候」[91]と提言した。大塚案には朝鮮人の、産業や教育方面への強い関心や要求を取り入れ、朝鮮人を帝国統治の枠内につなぎとめようとする側面があった。これはかつて「民度」や民力の理由で自治抜きの変則的な地方制度を立案した大塚にとっては大きな変化といわざるを得ない。ただし、それはどこまでも、軍事、外交その他国権維持、治安保持に関する帝国的政務を除く、限定された内政の自治にとどまったということを忘れてはならない。議員の半分は官撰議員とし、「総督は解散を命ずるを得ること」、「議会の決議違法又は不適当なるときは原案を執行し又は再議を命ずることを得ること」として議会の権限を大幅に制限し、朝鮮総督府や在朝鮮日本人の利益に反しないようにした。

最後に、大塚案は朝鮮議会の利点として「内地議会又ハ官庁ノ事務ノ混雑ヨリ来ル渋滞ヲ防クヲ得」ることを挙げているが、その背景には朝鮮総督府が官制改革以後、内地から人事・予算・植民政策の面で強い干渉を受けるようになっていたことが挙げられる。特に有吉政務総監時代には私鉄保証法案の挫折をはじめとして内閣や帝国議会での予算獲得や政策協調の面で、植民地経営が困難となっていた。さらに有吉政務総監の就任以降、朝鮮銀行監督権の大蔵省移管や裁判所構成法実施のほかに、銀行・郵便・司法を内地の機関に統一し、また拓殖省を設置して朝鮮総督の総合的な行政権を制限する内地からの圧力もより著しくなった[92]。このような状況のなかで提出された大塚案は、立法権と予算審議権を持つ独立性の強い朝鮮議会を志向している点から判るように、内地情勢に影響を受けない植民地を構築しようとする「生え抜き官僚」の願望が表現されたものであったといえよう。これに反して、大塚のライバルで水野派である守屋栄夫庶務部長は『朝鮮公論』に「拓殖省設置の急務」を投稿し、政友本党の庶務である牧山耕蔵や水野内務大臣に拓殖省設置を積極的に主張するなど内閣による中央集権的な植民地統制に積極的な立場をとった(93)。

「朝鮮議会（参議院）要綱」は内務局長私案として提出されたが、植民政策学者といったタイプであった持地六三郎（第三章参照）にくらべ、「生え抜き官僚」に影響力の強かった大塚の意見書が持つ意味は大きいといえよう。大塚は大正一一年組や大正一〇年残留組を中心として「鶏林倶楽部」を組織して毎週一回内務局の食堂に有資格者を召集し、昼食をとりながら彼らを指導したという。そこではアイルランドの独立、植民地の自治、善意の悪政といったテーマが話し合われたという(94)。

以上を整理すると、水野の推薦で兵庫県知事から一躍政務総監に就任した有吉の朝鮮赴任によって、朝鮮総督府は新しい局面を迎えた。原―水野の積極―同化政策を可能にした第一次世界大戦による好景気は、一九二〇年からのいわゆる「戦後恐慌」で終わり、好景気が支えた積極政策は修正を余儀なくされた。その上、議会にパイプを持たない政務総監の出現によって帝国議会での予算獲得や政策協調に大きな困難が生じていた。民族運動の対策や積極―同化政策が行き詰まりつつあるなかで、大塚は局面を打開するため、教育や産業などの内政の自治を許容した「朝鮮議会」設置を構想し、帝国秩序の再編を試みる政策構想を模索しはじめたのである。

小結

水野錬太郎の推薦で兵庫県知事から一躍政務総監に就任した有吉忠一の朝鮮赴任によって、朝鮮総督府は新しい局面を迎えた。原—水野の積極—同化政策を可能にした第一次世界大戦による好景気は、一九二〇年からのいわゆる「戦後恐慌」で終わりをつげ、好景気が支えた積極政策は修正を余儀なくされた。地方官出身の有吉の政務総監就任に対する朝鮮の世論は好意的ではなく、内閣や議会との交渉では推薦者である水野の協力に依存するしかなかったため、総督府内での有吉の立場は確固たるものではなかった。また水野が朝鮮に対する強力な影響力を維持していたため人事権を自由に行使することもできず、強力なリーダーシップを期待した総督府官僚から白眼視された。一方、「生え抜き官僚」たちは有吉人事や水野派官僚たちの欧米出張によって、相対的にその勢力を拡大しはじめた。

有吉は、赴任当初は水野の路線である積極政策を固守しようと試みて少壮官僚の反発を買い、未熟な政局運営のため私鉄保証法案が挫折するなど帝国議会での予算獲得や政策協調に数多くの蹉跌を招いた。一九二三年から「生え抜き官僚」たちは総督府の主導権を取り戻しながら、積極政策に対する再検討と総督府財政の健全化を計ろうとしたが、そのような彼らの意図は朝鮮財政調査委員会、税務監督局の設置と税務署設置案として具体化された。このような状況の中で勃発した関東大震災・朝鮮人虐殺は朝鮮総督府をめぐる統治環境を一層悪化させた。総督府官僚は朝鮮人虐殺事件が朝鮮統治に及ぼす影響を三・一運動に比肩するものとして深刻に受け止め、斎藤総督周辺では統治政策の転換を主張する人も登場しはじめた。

このように、国家財政の悪化、内閣の総督府に対する統制の強化、社会運動・民族運動の高揚など朝鮮総督府をめぐる内外の統治環境が悪化する中で、「生え抜き官僚」の中心人物である大塚常三郎は局面を打開するため、教育と産業など内政の自治を許した「朝鮮議會」設置を構想し、帝国秩序を再編する統治構想を模索しはじめた。これは、単なる朝鮮民族の自治への要求に対する譲歩ではなく、植民地本国の政治変動から超然とした安定的な植民地支配を維持するための方策であり、「生え抜き官僚」たちの既得権益を擁護する側面をも有していた。「文化統治」初期における「生え抜き官僚」らは民族運動が高揚する一方で、内地延長主義がトップ・ダウンで導入されていくという状況に対応するため、朝鮮議会設置を構想するようになったと見るべきであろう。「生え抜き官僚」の代表的人物である大塚常三郎の朝鮮議会設置構想が以後、朝鮮をめぐる新たな統治環境の変化に直面してどのように展開され、それが一九二九年児玉秀雄政務総監の就任後、どのように総督府案に発展するのかについては第七章に譲りたい。

注

(1) この時期を扱っている代表的な研究にはLynn Hyung Gu "Ariyoshi Chuichi and Colonial Period Korea"(東方学会『国際東方学者会議紀要』第四三号、一九九八年)、木村健二「朝鮮総督府経済官僚の人事と政策」(波形昭一・堀越芳昭編『近代日本の経済官僚』日本経済評論社、二〇〇〇年)、岡本真希子『植民地官僚の政治史』(三元社、二〇〇八年、五〇四—五〇五頁)、松田利彦「朝鮮総督府官僚守屋栄夫と〈文化政治〉—守屋日記を中心に—」(松田利彦・やまだあつし編『日本の朝鮮・台湾支配と植民地官僚』思文閣出版、二〇〇九年)等がある。全体的に総督府人事に対する分析が中心であり、この時期を俯瞰するには多くの限界がある。リン・ヒョング氏は執筆当時まだ一般に公開されていなかった『有吉忠一関係文書』を初めて使って政務総監就任前の経歴、内閣との交渉者としての役割と統治観を簡略に検討した。リン氏の論文は全体的に伝記的な性格が強く内閣との交渉者としての役割を有吉の個性に求めるなど一九二〇年代朝鮮統治での政務総監の役割と総督府内の権力配置に対する分析は不十分である。木村健二氏は有吉政務総監時代の本府人事と政策(行政整理)について簡単に言及している。総督府内の人事異動を本国から新しい官僚の流入と記述している。岡本真希子氏は朝鮮総督府の御用新聞の『京城日報』を引用しながら、行政に暗い武官総督とこれを補佐する文官政務総監という文化統治初期の状況で斎藤総督が「統治の顔」として次第に登場し、斎藤総督の人事方針によって本国からの官吏流入が抑制されたと記述している。この時期は水野内務大臣が総督府人事行政に深く関与しながら、有吉政務総監を支援していたという事実を勘案すれば、斎藤総督が人事行政でどれだけ強力な指導力を発揮したかについては疑問が残る。松田利彦氏は総督秘書官と庶務部長を歴任した守屋栄夫の日記を使って有吉に対する総督府官僚の評価が低かったという点、予算編成と行政整理をめぐって総督府官僚と衝突したという点を指摘している。

(2) 一九二二年六月一二日付斎藤実宛床次竹二郎書翰(国立国会図書館所蔵『斎藤実関係文書』一〇九五—一二)。以下「斎藤実文書」と略記する。
（3）『読売新聞』一九二二年六月二二日付。
（4）有吉の積極政策については山村一成「日露戦後山県系官僚の積極政策―有吉忠一知事の千葉県における施策を例に―」（桜井良樹編『地域政治と近代日本』日本経済評論社、一九九八年）と徳永孝一『〈官〉が立った。〈民〉が動いた。―有吉県政と大正期宮崎―』（鉱脈社、二〇〇八年）を参照。
（5）一九二四年に入ると丸山警務局長との関係が極度に悪化し、丸山は朝鮮に戻らず東京に留まり続けるという状況に至ったという（『倉富勇三郎日記』一九二四年三月三日条、国会図書館憲政資料室所蔵『倉富勇三郎関係文書』所収）。
（6）石森久弥「歴代政務総監の風格」（『朝鮮公論』第一三巻一〇号、一九二五年一〇月）六二頁。
（7）一九二三年四月一七日付守屋栄夫宛松村松盛書翰（国文学研究資料館『守屋栄夫関係文書』八〇―二―二―一七）。
（8）大霞会『内務省史四』（原書房、一九七〇年）九六―九七頁。
（9）紅葉山人「朝鮮殖産銀行稗史四」（『朝鮮公論』第二六巻第四号、一九三八年四月）二一頁。
（10）一九二二年六月一〇日付斎藤実宛守屋栄夫書翰（前掲「斎藤実文書」一五二三―八）。
（11）一九二二年一一月八日付斎藤実宛有吉忠一書翰（前掲「斎藤実文書」三〇七―二三）。
（12）守屋栄夫をはじめ、一九二三年四月には渡辺豊日子農務課長、黒木吉郎鉱務課長、山口安憲監察官が、一九二四年になってからは、岡崎哲郎会計課長、馬野精一警察講習所所長、関水武監察官が欧米出張に出かけた。
（13）岡本氏は拙稿「「文化統治」初期における朝鮮総督府官僚の統治構想」（『史学雑誌』第一一五巻第四号、二〇〇六年四月）に対して「論文の分析対象期は一九二三年までにとどまっているため、水野系がいわば「在来官吏」化する流れが見えていない」、内務省出身官僚は「水野と進退を共にしておらず、一九二〇年代後半もしくは一九三〇年代まで朝鮮に在勤しつづける」と批判している。内地に引き上げた内務省官僚は警務局長赤池濃、学務局長柴田善三郎、千葉了京畿道警察部長、白上祐吉警務局警務課長など一〇人、数の面では「大勢」とは云えないが、局長二人をはじめ重要な人物が引き上げたことは確かである。また一九二〇年代後半もしくは一九三〇年代まで朝鮮に在勤しつづけている官僚らを無視したという指摘には同意できない。別稿では残留した「大正八年組」（斎藤総督と一緒に赴任した内務省出身官僚）の存在を指摘し、彼らのなかで松村松盛のような人は「生え抜き官僚」が支持する朝鮮議会よりも衆議院議員選挙法実施を主張するなど統治認識の相違が見られることを指摘している。「大正八年組」は結束力が強く、一九二〇年代までは「生え抜き」総督府官僚とは対決意識を持っており、「在来官吏」化したとはいえない。宇垣総督の赴任直後、松村松盛（殖産局長）、古橋卓四郎（咸南知事）、馬野精一（全南知事）、安藤袈裟一（咸北知事）などが内地に引き上げてはじめて、朝鮮に残った官僚らが「在来官吏」化したと見た方が事実に近いと思われる。

(14) 国立公文書館所蔵「行政整理ニ関スル書類大正十一年」（2A―別1781）。

(15) 国立公文書館所蔵『歴代内閣の行政整理案』（2―A―40―資361）。

(16) 主なメンバーは以下の通りである。調査委員：総督府監察官　生田清三郎、時永浦三、総督府参事官　守屋栄夫、張間源四郎、総督府事務官　菊山嘉男、安武直夫、幹事：萩原彦三、児島高信など全体的に新・旧少中堅官僚が中心になった。

(17) 『朝鮮新聞』一九二二年八月一七日付。

(18) 『守屋栄夫日記』一九二二年七月三一日条。

(19) 『守屋栄夫日記』一九二二年八月四日条。

(20) 有吉忠一「経歴抄」（横浜開港資料館所蔵『有吉忠一関係文書』所収）。

(21) 和田一郎「大正十二年予算に就て」（『金融と経済』第四六号、一九二三年）一三頁。

(22) 総督府秘書課長松村松盛は欧米出張中の守屋栄夫に「府内は平穏無事です。総監が官房部長的奮勉をされるので小生等は大助かりです。呵々」と有吉の干渉的態度を揶揄している（一九二三年四月一七日付守屋栄夫宛松村松盛書翰　前掲『守屋栄夫関係文書』八〇―二―二―一七）。

(23) 前掲松田「朝鮮総督府官僚守屋栄夫と〈文化政治〉―守屋日記を中心に―」一二七―一二八頁。

(24) 堀和生「朝鮮における植民地財政の展開―一九一〇―三〇年代初頭にかけて―」（飯沼二郎・姜在彦『植民地期朝鮮の社会と抵抗』未来社、一九八二年）二二〇―二二一頁。

(25) 鄭泰憲『일제의 경제정책과 조선사회：조세정책을 중심으로』（歴史批評社、一九九六年）、前掲堀「朝鮮における植民地財政の展開―一九一〇―三〇年代初頭にかけて―」。

(26) 前掲堀「朝鮮における植民地財政の展開―一九一〇―三〇年代初頭にかけて―」二二〇頁。

(27) 斎藤子爵記念会編『子爵斎藤実伝』第二巻（斎藤子爵記念会、一九四二年）五九四頁。

(28) 同委員会のメンバーは次のとおりであった。委員長　政務総監有吉忠一、委員　殖産局長西村保吉、内務局長大塚常三郎、財務局長和田一郎、監察官田中卯三、参事官矢鍋永三郎、大西一郎総督府事務官、財務局税務課長井上清、財務局関税課長井上主計、財務局司計課長林繁蔵、内務局地方課事務官富永文一など。

(29) 前掲堀「朝鮮における植民地財政の展開―一九一〇―三〇年代初頭にかけて―」二一三―二一四頁。ちなみに台湾では一九二一年に個人所得税が導入された。

(30) 三峰会『三峰下岡忠治伝』(三峰会、一九三〇年)四二三―四二四頁。

(31) 「税務機関設置中止」(『金融と経済』第六四号、一九二四年一〇月)九六頁。

(32) 一九二七年一二月一日付西園寺公望宛朴重陽書翰（立命館大学編『西園寺公望伝』別巻一、岩波書店、一九九六年、三三四頁)。

(33) 『京城日報』一九二四年一月二三日付。

(34) 「朝鮮各道財務監督局設置機関書類」(前掲「斎藤実文書」七八―二一)。

(35) 『守屋栄夫日記』一九二四年四月一三日条。

(36) この陳情委員には全州の日本人有力者だけではなく、姜完善、安徳賢、李圭南、金英武など朝鮮人公職者や弁護士九人が加わっていた。「地方利益」のため、在朝日本人と朝鮮人有力者が協力して総督府に陳情していたことが分かる。

(37) 一九二四年（推定）四月二四日付斎藤実宛亥角仲蔵書翰（前掲「斎藤実文書」三四三―二)。

(38) 『京城日報』一九二四年二月三日付。

(39) 藤本修三「朝鮮の税制及び税制の運用について」(友邦協会所蔵聴き取りテープT―一四三、一九六〇年三月二三日録音)。

(40) 조명근「조선은행법에 내재된 식민지 중앙은행제도의 모순―감독권의 소재를 둘러싼　논의를　중심으로―」(『한국사학보』第三四号、二〇〇九年二月)二二三―二二四頁。

(41) 朝鮮銀行史研究会編『朝鮮銀行史』(東洋経済新報社、一九八七年)第三章「業務整理期の朝鮮銀行」を参照されたい。

(42) 「斎藤実覚書鮮銀総裁更迭問題」(前掲「斎藤誠文書」八三―一二)。

(43) 一九二三年一二月一二日付斎藤実宛有吉忠一書翰（前掲「斎藤実文書」三〇七―五)。

(44) 美濃部は東京帝国大学法科大学を卒業後、農商務省に入省した。農商務省参事官兼秘書官、特許審査官、書記官を経て、一九〇一年には大蔵省に移り、秘書官、文書課長を歴任した。一九〇三年、三五歳の時に北海道拓殖銀行総裁に任命され、一九一六年一月から一九二四年まで朝鮮銀行総裁を務めた（朝鮮中央経済会編『京城市民名鑑』朝鮮中央経済会、三三二―三三三頁）。

(45) 一九二三年一一月二四日付斎藤実宛有吉忠一書翰（前掲「斎藤実文書」三〇七―三）。

(46) 一九二三年一二月六日付斎藤実宛有吉忠一書翰（前掲「斎藤実文書」三〇七―四）。

(47) 一九二三年一二月一二日付斎藤実宛有吉忠一書翰（前掲「斎藤実文書」三〇七―五）。

(48) 一九二三年一月一〇日付斎藤実宛守屋栄夫書翰（前掲「斎藤実文書」一五二三―一三）。

(49) 前掲조「조선은행법에 내재된 식민지 중앙은행제도의 모순―감독권의 소재를 둘러싼 논의를 중심으로―」二四頁。

(50) 前掲『朝鮮銀行史』二五二―二五五頁。

(51) 一九二四年一月二五日付斎藤実宛有吉忠一書翰（前掲「斎藤実文書」三〇七―三六）。

(52) 中野正剛『私が観たる満鮮』（政教社、一九一五年）四六―四七頁。一方、全北鉄道の発起人甲田直行は一九二五年一二月二四日付書翰で斎藤総督に「不肖直行は全羅北道全州郡に耕地を購入し、明治四拾四年に渡鮮、その後警務部長憲兵少佐伊東四郎と意見を異にし事業の計画は破砕せられ大正七年に故山に帰り時機の至るを翹望」と述べている（一九二五年一二月二四日付斎藤実宛甲田直行書翰　前掲「斎藤実私文書」七三八―一）。

(53) 矢島桂「植民地朝鮮への鉄道投資の基本性格に関する一考察―一九二三年朝鮮鉄道会社の成立を中心に―」（『経営史学』第四四巻第二号、二〇〇九年九月）六六、六九頁。

(54) 『京城日報』一九二三年一月二六日付。ちなみに当時鉄道部長だった弓削幸太郎は私設鉄道の合同に対して消極的であった。

(55) 一九二〇年朝鮮総督府が提出した朝鮮農事改良会社の補助金二〇万円が貴族院で削減された。農事改良会社を設立した政友会の井上角五郎に対する貴族院の反感が作用した結果という（井上角五郎先生伝記編纂会『井上角五郎先生伝』井上角五郎先生伝記編纂会、一九四三年、三五九―三六七頁）。

(56) 一九二三年（推定）三月二一日付斎藤実宛弓削幸太郎書翰（前掲「斎藤実文書」一五九九）。

(57) 一九二三年三月三一日付斎藤実宛有吉忠一書翰（前掲「斎藤実文書」三〇七―一三）。

(58) 一九二三年七月四日付斎藤実宛有吉忠一書翰（前掲「斎藤実文書」三〇七―一五）。
(59) 一九二三年五月七日付斎藤実宛田中義一書翰（前掲「斎藤実文書」一〇二五―四）。
(60) 一九二三年（推定）八月七日付斎藤実宛阿部充家書翰（前掲「斎藤実文書」二八三―二〇八）。
(61)『読売新聞』一九二三年八月一八日付。
(62)『読売新聞』一九二三年一二月二五日付。
(63)『読売新聞』一九二三年一二月二七日付。
(64) 一九二四年四月一六日付徳富蘇峰宛阿部充家書翰（伊藤隆編『徳富蘇峰関係文書　三』山川出版社、一九八七年、九九頁）。
(65) 平形千恵子・大竹米子編『関東大震災政府陸海軍関係史料一』（日本経済評論社、一九九七年）七一―七三頁。
(66) 一九二三年九月一四日付斎藤実宛有吉忠一書翰（前掲「斎藤実文書」三〇七―一八）。
(67) 一九二三年一〇月二五日付斎藤実宛有吉忠一書翰（前掲「斎藤実文書」三〇七―二一）。
(68) 前掲「経歴抄」。
(69) 在朝日本人の三・一運動に対する対応については、李昇燁「三・一運動期における朝鮮在住日本人社会の対応と動向」（『京都大学人文学研究所）人文学報』第九二号、二〇〇五年三月）を参照されたい。
(70) 丸山鶴吉『五十年ところどころ』（大日本雄弁会講談社、一九三四年）三五一頁。
(71) 前掲『関東大震災政府陸海軍関係史料一』二五一頁。
(72) 警務局長であった丸山鶴吉は一九二四年一一月一五日貴族院定例午餐会講演でこうした団体は自発的に結成されたと述べているが、国民協会や矯風会などの団体が総督府の援助の下で結成された団体だったことを考えると、自発的に結成されたかは疑わしい。
(73) 内田じゅん「植民地期朝鮮における同化政策と在朝日本人―同民会を事例として―」（『朝鮮史研究会論文集』第四一号、二〇〇三年一〇月）一七八頁。
(74) 皇民会は警務局長丸山鶴吉の岳父である北条時敬（元学習院長）が幹部として属した団体で、東京に拠点を置き、反社会主義、反共産主義を揚げ、国家を基礎とする興国運動を標榜し、機関紙『皇民会報』を発行していた。

(75) 細井肇は朝鮮総督府の統治政策に協力した代表的な御用言論人であった。東京朝日新聞記者時代に『政争と党弊』を著して政党政治の弊害を非難した。その後、斎藤総督に雇用され朝鮮関連の出版と宣伝活動をしながら、総督の個人顧問として高等政策に参画した。斎藤実関係文書には三二八通の細井の書翰が含まれている。細井肇についての研究は欄木寿男「大正期における朝鮮観の一典型―『朝鮮通』細井肇を中心として―」(『法政大学近代史研究会会報』第八号、一九六五年)、高崎宗司「ある『朝鮮通』の生きた道―細井肇の朝鮮論について―」(『季刊三千里』一九八三年夏号)、青野正明「細井肇の朝鮮観―日本認識との関連から―」(『韓』一一〇号、一九八八年)があげられる。このうち高崎氏は細井が朝鮮人に「内地」並の権利を持たせて朝鮮人を増長させるものとして内地延長主義に批判的だったととらえているが、筆者はこの理解には同意できない。

(76) 細井肇「大日本主義の確立と朝鮮統治方針の変更　一九二三年八月一〇日」(前掲「斎藤実文書」四四―四〇)。細井は関東大震災以後一貫して内地延長主義に反対する意見を斎藤総督に提言する。

(77) 一九二三年九月一〇日付樺山資英宛細井肇書翰(国会図書館憲政資料室所蔵『樺山資英関係文書』三二一)。

(78) 一九二四年五月三日付大塚常三郎宛富永文一書翰(国会図書館憲政資料室所蔵『大塚常三郎関係文書』八一)。以下「大塚文書」と略記す。

(79) 松田利彦『日本の朝鮮植民地支配と警察』(校倉書房、二〇〇九年)の第四部第二章「朝鮮総督府警察官僚・丸山鶴吉の抗日運動認識」を参考されたい。

(80) 一九二二年一〇月一八日付大塚常三郎宛児玉秀雄書翰(前掲「大塚文書」三二一―四)。

(81) 一九二三年四月一六日付守屋栄夫宛山下謙一書翰(『守屋栄夫関係文書』八〇―四〇―一―二九)。

(82) 一九二三年七月二二日付斎藤実宛阿部充家書翰(前掲「斎藤実文書」二八三―四九)。

(83) 『大阪朝日新聞』朝鮮版　一九二三年一月一二日付。

(84) 山県五十雄『朝鮮統治の過去現在及将来』(私家版、一九二三年三月)二九―三〇頁。

(85) 一九二三年一月二八日付関屋貞三郎宛大塚常三郎書翰(国立国会図書館所蔵『関屋貞三郎関係文書』五四八―四)。

(86) 大塚常三郎「赤化防止ニ関スル意見書」(前掲「斎藤実文書」九八―一二)一九二三年五月一〇日付。

(87) 松田利彦「植民地期朝鮮における参政権要求運動団体「国民協会」について」(浅野豊美、松田利彦編『植民地帝国日本の法的構造』信山社、二〇〇四年）は「朝鮮議会（参議院）要綱」の年代を一九二三年と推定している。

（88）　代表的な研究としては、駒込武『植民地帝国の文化統合』（岩波書店、一九九六年）、小熊英二『〈日本人〉の境界』（新曜社、一九九八年）、森山茂徳「日本の朝鮮支配と朝鮮民族主義」（北岡伸一・御厨貴編『戦争・復興・発展』東京大学出版会、二〇〇〇年）、金東明『지배와 저항、그리고 협력』（경인문화사、二〇〇六年）をあげることができるが、いずれの研究も作成時期を、民族運動と関連して一九二〇年代半ばと推定している。本書では大塚案の歳入内訳を当時の総督府の歳入内訳と照らし合わせ、再推定してみたい。総督府は本国の補助金削減に直面して増税を敢行した。一九二二年四月に地税を三〇％、三五〇万円引き上げ、砂糖消費税を倍増させ、五月から酒税を二五％引き上げた。一方、一九二三年には砂糖消費税令（制令第三号）を改定し、砂糖、糖蜜、蜜水、移出の糖蜜には朝鮮総督が決めるところによって消費税を免除した（『朝鮮総督府官報』一九二三年一月一六日付）。一九二三年歳入で砂糖消費税が一九二二年に比べて減少するのはそのためであろう。

表17で見るかぎり、大塚案の歳入内訳にもっとも近いのは一九二三年の歳入内訳である。実力養成運動もやはり一九二三年半ばが最盛期で一九二四年に入って衰退する。のみならず東亜日報勢力の自治運動の母体と見なされる連政会の結成も一九二三年だった。一九二三年朝鮮議会構想を暗示した関屋に送った大塚書翰を考え合わせると、作成時期は一九二三年から一九二四年初期の間と推定することが最も説得的ではないだろうかと考えられる。

（89）　『京城日報』一九二二年四月二〇日から二六日まで五回にわたって掲載された大塚の演説。

（90）　一九二一年九月六日付斎藤実宛阿部充家書翰（前掲「斎藤実文書」二八三―二六）。

（91）　一九二二年一二月二四日付大塚常三郎宛阿部充家書翰（前掲「大塚文書」一）。

（92）　政友会の領袖であり東拓副総裁を歴任した野田卯太郎は一九二二年七月一五日に倉富に「朝鮮総督ハ早ク之ヲ止メ、中央ニ拓殖省ヲ置キ朝鮮ニテハ取次ヲ為ス丈ケニテ直接ニ取置セシメ、郵便抔ハ内地ノ機関ニ統一シ、銀行抔ハ其成績ノ如何ニ頓着セス、朝鮮人抔ニ随意ニ営業セシムルガ宜キコト」と漏らした（前掲「倉富勇三郎日記」）。また陪審員法成立をきっかけに第四六議会では、「殖民地裁判の統一に関する質問」が行われた。

（93）　『守屋栄夫日記』一九二四年一月二五日条、二月四日条。

（94）　「朴重陽について」（『東洋文化研究』第四号、二〇〇二年三月）三二四―三二五頁、景山宜景「鶏林倶楽部の思い出」（『鶏林』第一号、一九五九年一二月）三頁。

第五章　護憲三派・憲政会内閣における統治構想

本章では、護憲三派内閣成立以後に総督府に生じた変化について、主に財政・税制政策を中心に探ってゆく。本章で扱っている下岡・湯浅政務総監期は、関東大震災以来日本の財政悪化が深化し、第二次護憲運動の結果、普選実施と貴族院改革を掲げた護憲三派が選挙で勝利し、政党勢力の影響力が植民地まで拡大しつつあった。その一方、一九二五年、朝鮮共産党が結成され、一九二六年には朝鮮王朝の最後の王である純宗の葬儀式を契機として第二の三・一運動と呼ばれる六・一〇万歳運動が起こるなど、朝鮮総督府をめぐる統治環境は悪化の一路を辿っていった。こうした中、朝鮮総督府官僚らは中央政府の財政方針にしたがい、財政・税制の整理を余儀なくされる一方、高揚しつつある朝鮮民族運動に対応するため、新しい統治構想を模索した。とりわけ「文化統治」以後、水野、下岡のような力量ある政務総監に圧倒され、斎藤総督が湯浅政務総監期になってからは総督府人事権を握り、統治政策にリーダーシップを発揮することになった。この時期、斎藤総督の指示で作成されたと思われる中村寅之助の意見書はこのような状況変化の産物にほかならなかった。

本章では、このような問題意識に基づき、第一節では総督府人事を、第二節では財政・税制政策を、第三節では副島道正の朝鮮自治論や中村寅之助の意見書が提出される背景を検討する。

一　総督府人事

①総督・政務総監人事

海軍出身の加藤友三郎や山本権兵衛内閣、官僚閥である清浦奎吾内閣などいわゆる中間内閣の成立は、結果的には斎藤総督の地位にあまり影響を及ぼさなかった。斎藤総督は『国民新聞』顧問で個人的な政治顧問である阿部充家や同じ言論人出身の細井肇などを通じて情報を集め、政変のある際に「墓参り抔と称し」(1)て上京し、政局を探知するなど、本国の政治変動に敏感に反応していた。特に護憲三派内閣の成立後には斎藤総督交替、田中義一赴任説も出たが、加藤高明首相は「朝鮮総督として極めて適任者であって他人を以てこれに更ぶることは絶対に出来ぬ」(2)と斎藤の留任を決定した。だが、九月に入って斎藤総督辞任説が新聞紙上に流れると、これに対して江木翼内閣書記官長は「二三の属僚を更迭したことから胚胎したことだらう」と極力否認したが、これに対して守屋栄夫は「官僚臭味か溢れていやに感ぜられた」と日記に綴っていた。(3)

内閣の交替に伴ってその進退が左右される文官の台湾総督に比べると、朝鮮総督の地位はより安定的であったと言えるだろう。しかし、政務総監の選任は内閣の政派関係を考慮しながら、政府との協議の上で決定せざるを得なかった。朝鮮総督は政務総監を通じて内閣とのパイプを保つことで予算の確保や政策の調停が可能になり、反対に内閣は政務総監を通じて統治政策や人事・予算に関与することになった。そして斎藤総督と政務総監との関係は、斎藤総督の非政党的志向により表面的には大したトラブルもなく順調な関係を保った。「生え抜き官僚」矢鍋永三郎は、斎藤総督と政務総監との関係について「総監の人物如何によりまして、両者の関係には色々の意味に於て差異を見受けました。或時代には総督が浮き出て、或時代には総督は沈んで見へました」[4]と回想している。つまり政務総監の日本政界における政治力量や政党との関係によって、総督と政務総監の間との勢力関係はかなり異なっていたのである。たとえば、中央における政治基盤がほとんどなかった有吉忠一の場合は、対議会対策や対内閣関係を斎藤総督に依存する傾向が強かった。その反面、憲政会の下岡忠治は、統治政策や行政整理・人事更迭等に主導的な役割を果たしている。こうした側面から宇垣一成代理総督は、「斎藤子には朝鮮に対する政策の持合せは無かも知れぬ[5]、水野、有吉、下岡、湯浅と総監の気分に準する政治が行はれて居る辺から考えて！」と厳しく批判していた。したがって、いわゆる「文化統治」における斎藤実の役割や位置づけについては、再考が求められる。それでは以下、総督・政務総監の関係を具体的に見ていこう。

清浦内閣が崩壊し、護憲三派内閣が成立すると、政務総監後任問題が再び浮き彫りになった。一時政務総監の下馬評には、斎藤総督と同郷の菅原通敬前大蔵次官や、江木翼内閣書記官長の推薦とうわさされた上山満之進らの名が上がった[6]。加藤首相は斎藤総督に有吉忠一政務総監の更迭を求め、斎藤総督はその後任として菅原通敬を推薦した。有吉は斎藤に三回も辞表を提出し、斎藤も以前から有吉を更迭する意思を持っていたので、政務総監更迭には異議は無かった[7]。だが、加藤首相は斎藤の菅原推薦を退け、一方で枢密院や斎藤総督の意向を受けて下岡忠治に憲政会の党籍離脱を求めたため、下岡は「加藤ノ甲斐ナキニ憤慨シ」ながらも、政務総監として赴任する[8]。この人事の背景には次のような事情があったといわれる。政友会の横田千之助は護憲三派内閣成立の貢献者であるとして下岡の入閣に尽力したが、加藤首相に受け入れられず、下岡は代わりに台湾総督を望んだが、それも他に阻む者があって実現できなかったという[9]。こうした事情はあったものの、政務総監に就任した下岡は産業第一主義を前面に取り上げ、産米増殖政策の遂行に力を注いだ。

ところが一九二五年一一月、その下岡が急死した。空席となった政務総監の後任問題について、斎藤総督と加藤首相との間で「総督から希望意見を述べその範囲で人選を首相に一任する」[10]と合意がなされた。上山満之進の他、関東長官児玉秀雄、菅原通敬、石原健三が下馬評に上がったが、結局、湯浅倉平に決定した。斎藤総督の日記によれば、一九二五年一二月一日午後三時に斎藤は首相加藤高明に会見し、その夜九時半には湯浅を訪れ、さらに一二月三日午前九時に再度加藤と私邸で会見して、湯浅が就任を内諾した旨を報告した[11]。第一次加藤・斎藤会談では、前者が貴族院議員上山満之進を、後者が湯浅をそれぞれ推したが、結局両者の意見は湯浅に一致した[12]。そして斎藤総督は、政務総監就任にあまり乗り気でない湯浅に対し、自ら三顧の礼をつくして説得した[13]。つまり下岡政務総監の場合とは異なり、斎藤総督自身が交渉して自らが政務総監を選んだのである。この時、憲政会の総務町田忠治は、湯浅の人選について次のように評した。

多年内務省にあって行政事務に最も堪能な人であり、かつ政党政派に偏せずにやって来たのであるから（中略）斎藤総督が見込んで懇望したのであらうが、総督府部内に知人も多く定めし気受けもよいことと思ふ。政変ごとに政務総監が変わっては事業もあがらない。君ならば何れの内閣でもその要なく、植民地に党臭を入れることもないから、この点から誠に適任である[14]。

町田は湯浅の行政手腕と不偏不党の態度を指摘しているが、実際は彼が憲政会系の存在であったことは貴族議員としての言動からも明らかであり、湯浅はその意味では決して完全な不偏不党の人材であるとは言い難かった[15]。朝鮮で共産党運動や民族運動が高揚するなか、内務省の警察畑出身だった経歴が斎藤に認められ、また在任期間中に露骨な党派人事が行われていない点からも、湯浅の就任は斎藤の意図に符合する面があった。そして湯浅も産業の奨励に対しては、「故下岡君の遺志を継いで、特に産米の増殖などについては最善の努力を致したい」[16]と下岡政務総監の政策の継承を表明した。

②総督府人事

下岡政務総監時代になると、総督府中央における総督府人事で水野系の派閥が凋落するようになる。水野の両翼と呼ばれていた庶務部長守屋栄夫や警務局長丸山鶴吉、殖産局長西村保吉が退任し、その代わりに憲政系とみなされた池田秀雄が秋田県知事から殖産局長に就任し、警務局長には木内重四郎の推薦により社会局第二部長から三矢宮松が赴任した。[17]下岡政務総監は三矢を警務局長に抜擢するために、守屋を社会局第二部長に転任させたのである。守屋は斎藤総督に社会局への異動について相談をしたものの、斎藤は「其の方かよかろう」と返事するだけであった。これに対して守屋は「在鮮満五年にしてやつと足を洗ひすることゝなつたが、憲政会の時代に実現されやうとハ思ひ設けぬ所であった。総督は頼りのない人だと水野さんが度々いふて居られたが、今にして思ひ出すやうな気かする」[18]と不満を漏らした。

また、大蔵省との円滑な予算交渉の実現を考慮して、財務局長には税務通と言われる大蔵省造幣局長草間秀雄を、満鉄から委譲された朝鮮鉄道を管理する鉄道局長には鉄道省を辞職したばかりの大村卓一を、それぞれ抜擢した。総督府設置以来「生え抜き官僚」によって占められていた財務局の局長を草間秀雄とし、大蔵省理財局勤務を経て大阪市南税務署長として勤めた水田直昌を財務局事務官に抜擢したのは、財務政策の建て直しを試みたものと思われる。なお下岡は、朝鮮人官吏任用の方針の下で、局長、本府課長や道事務官に初めて朝鮮人を抜擢し任命した（学務局長李軫鎬[19]、学務局宗教課長兪萬兼、黄海道内務部長李範益、咸北財務部長金東薫）。その一方、護憲三派内閣の裏の重鎮である木内重四郎の影響で、木内の門下である「生え抜き官僚」の躍進が目立った。大塚常三郎を始め、留任する青木戒三専売局長、大塚を継ぐ内務局長に就任する生田清三郎[20]など在来の総督府官僚が台頭するようになった。

下岡人事の中で特に目を引くのは、一九二四年一二月に行われた行政整理に伴う人事であった。行政整理により総督府の官制が改正され、庶務部および土木部および参事官、監察官が廃止されるなど多くの官庁の統廃合がなされ、高等官三五〇人、判任官三二〇〇人、雇員二五〇〇人もの人員整理が行われた[21]。この時期本国からの移入が少なかったため、全体的には「生え抜き官僚」の勢力が拡大したのは想像に難くない。

湯浅政務総監の時期は「人事行政ニ至タルマデ凡ヲ総督自身ニ於テ按配内定シ、然ル後之ヲ実行セシメ[22]」た有様であった。斎藤総督も長い間、朝鮮統治に携わり、次第に朝鮮統治に対する情報と経験を積んだのみならず、自ら政務総監を選ぶなど統治の主導権を握るようになったのである。そのため、内地からの人材導入がほとんどなく、警務局長に香川県知事から浅利三朗を抜擢したほかは大きな変動はなかったのである。

二　緊縮財政期の総督府の財政・税制政策

この時期の総督府の財政・税制政策については先行研究で明らかにされているので、ここではこれらの研究を踏まえた上で、到底一枚岩とはいえない総督府内部の権力構造に注目しながら、朝鮮総督府官僚の財政・税制政策構想に焦点を絞って検討してゆきたい[23]。

①行政整理

日本政府の緊縮方針は関東大震災を経ることによってさらに強化され、一九二四年度予算では朝鮮の公債は全廃され、一〇〇〇万円の事業費借入金が認められただけである。それに加えて行政整理のあおりが朝鮮総督府に及んだ。その徹底的な行政整理を断行したのが憲政会の新任政務総監下岡忠治であった。憲政会は一九二一年五月、原内閣の

「四大政策」に対抗するため、行政・財政・税制の内容を検討する三大整理特別委員会を設置したが、下岡はその委員を務めた。[24] 下岡政務総監は朝鮮総督府着任まもない一九二四年七月二二日、定例総督府局部長会議を開き、行政整理に関する各局部長の意見を徴した。当時賛否の両論が局部長間にもあったが、反対の筆頭に立ったのは庶務部長守屋栄夫であった。守屋は「我朝鮮総督府は十二年予算編成の当時、事業費人件費等で一千二百万円、又三千万円公債募集打切りの為に一千万円併せて二千二百万円の大整理を行ったのである。如何に官庁だからと云つて、整理ばかりが必要でもなければ消極政策が邦家の隆運を促す基準とはなるまいではないか」と反対の意思を表していた。[25] 学務局長長野幹も「教育事業は統治の根本であり、年々就学者増大の趨勢に鑑みれば整理の余地ありや否や疑問である」[26] と述べ、反対に同調していた。その反面、大塚常三郎内務局長だけは

一体朝鮮の行政は余りに福利的である。今少し緊張した何ものかを発見する必要がありはせぬか。人件費事業費必ずしも行政整理の余地なきものとは認められぬ。（中略）帰着する処は断と力に依つて決定さるべきものであらう。事実に於いて我が国民は此の多事な而して国難前途に横はつて居る秋に際し善処する所あらざれば、邦家の前途は実に憂ふべきものではあるまいか。朝野一致、整理緊縮の根本義に想到し、国力を培養する事が国民として努力すべきものであらねばならぬ。[27]

と賛成の意思を表した。その後朝鮮総督府も行政整理委員会を組織し、臨時行政調査委員として次のようなメンバーが任命された。

委員長　政務総監　下岡忠治
委員　　総督府内務局長　大塚常三郎
　　　　総督府参事官　矢鍋永三郎

総督府庶務部長　守屋栄夫
総督府事務官　松村松盛、中村寅之助、林繁蔵(28)

そして一九二四年八月八日の第一回委員会を皮切りに本格的に行政整理に取り組むこととなる。大塚内務局長は、「竜山の総督官邸に栖寵城して、整理案を立てる」(29)など行政整理に積極的に介入した。一九二四年一〇月一七日、下岡政務総監は斎藤総督に次のように大蔵省との予算協議の様子を伝えた。

朝鮮予算問題は一般会計の整理問題意外に永引き、之為甚敷遷延に打置き、昨今に至り大蔵当局の審査を始め候次第にて尚数日を経過せぬ迄其結果判明致兼、補充金は五百万円位削減之見込に有之候処、総督府整理案の成績に顧み我々の主張を容認する傾向相見申候。或ハ極小額の減額を要求致候哉も不知。其節は以電報御意見御伺可申上候。(30)

政府の方針は行政整理と補充金を結び付けて実行する態勢をとっていたのであった。同年一一月一八日、朝鮮総督府政務総監下岡忠治が内閣書記官長江木翼に上申した「行政整理実施ニ関スル件」(31)によると、朝鮮総督府官制定員の整理中、次の事項については第三期に整理するように大蔵省と協議したといいながら、

朝鮮総督府官制中　一．行政講習所　事務官一人属二人
二．測候所（十三ヶ所）技手十四人
三．鉄道部　属二人　技手二人
朝鮮総督府諸学校官制中　諸学校職員　奏任四人　判任十四人
朝鮮総督府臨時職員設置制中　奏任一八人　判任百八九人

朝鮮総督府で、「部長二、参事官一、監察官二、事務官一六、視学官一、編修官一、監査官一、技師十二、通訳官一、

属六十四、技手二十五、通訳生一、総計　一二八」を整理する計画であった。一九二四年一二月一五日付で庶務部および土木部および参事官、監察官を廃止、行政講習所廃止を主な内容とする官制改正が発せられ、これに伴い、高等官三五〇人、判任官八五〇人、判任官待遇二〇〇〇人に達する大規模の人員整理が行われた。また財政調査委員会、旧慣制度調査委員会、情報委員会、産業調査委員会、法規整理委員会など各種の委員会は、主務課においてそれぞれ調査をなせば足りるもの、あるいは大体既にその目的を達し、最早必要を認めないもの、として廃止された。

さらに、局部の廃合と同時に、地方官庁の権限拡張を実行して事務簡捷をはかるという名目のもと、総督府所管業務を地方団体に移管していった。一九二四年から一九二五年にかけて、慈恵医院・官立中学校・測候所等様々な機関業務が地方団体に移管された。その他、新規事業に対しては特に緊縮方針を採り、経費の節約に全力を傾け、約一五〇〇万円を捻出し、事業繰延公債募集減一〇〇〇万円も加えると総額二五〇〇万円に達した。これは当時政府側整理委員の手に成る整理案二三〇〇万円よりも二〇〇万円多いものであった。[32]

②税制整理

前章で言及したように、財政調査委員会による独自の財政・税制の建て直しの試みは下岡政務総監就任によって挫折したが、行財政整理が一段落すると、税制整理の論議が日本政府側から起こった。加藤首相は一九二五年一月二二日の施政方針演説を通じて税制整理の方針を明らかにし、税制改革に取り組むことを宣言した。同年四月、大蔵省内に蔵相（浜口雄幸）を会長とし、大蔵省官吏の他に内閣関係官吏を委員とする税制調査会を設置して、六月末にはこの税制調査会によって、税制整理方針と直接国税整理要綱、間接国税整理要綱などがまとめられた。この税制調査会でまとめた整理案は浜口蔵相の主導によって作成され、憲政会の年来の主張を実現したわけだが、大蔵省にとっては税収の確保が何よりも優先される中、不況下での新たな課税は可能な限り避ける方針を採った。結局、税負担が軽度の資本利子税と清涼飲料税を新設し、営業税の課税標準を外形標準から純益に改定したほか、歳入の減少を補塡するために相続税、酒造税、麦酒税などの増徴が決定された[33]。そして一九二六年に入ると、政府は第五一回議会において「外地の税制に就ても速やかに整理すべき方針なることを声明[34]」し、一九二六年度の総督府予算に税制整理の経費として一五万円が計上され、朝鮮における税制整理が始動する。第五一回帝国議会衆議院予算委員会で憲政会議員石坂豊一が税制整理に対する質問をすると、これに対し政府委員草間総督府財務局長は「内地ト均衡ヲ取ルガ為ニ改正ヲ致スモノモアリマス。又ソレニ関連ヲ致シテ寧ロ根本ニ遡ツテ負担ノ均衡ヲ得セシメル為ニ、新ナル租税ヲ場合ニ依テハ設ケル必要モアリマス、両方ノ方面ニ向ッテ要求イタシタイノデアリマス[35]」と答えた。税制整理の基本方向について日本との均衡を取ることを明らかにしながら、増税の可能性をも認めたのである。そして帝国議会が終了すると、朝鮮における税制整理が実務的にも本格化する。

塚本清治内閣書記長官は四月一四日に浜口蔵相を訪問して、植民地の税制整理中、特に朝鮮における税制の根本的整理について協議した[36]。大蔵省は整理の具体的方針として「内地同様社会政策的見地から整理を行うこと」、「内地の整理に準じ相当改廃を加ふる事」などを確定したが、これは一九二五年に大蔵省がまとめた税制案を植民地にできるだけ適用する方針、つまり税制における内地延長にほかならなかった。大蔵省は第五二回議会に内地の第二次税制整理（登録税、砂糖消費税等）や樺太の醬油税廃止等とともに、植民地における税制の根本的整理を行い、内地の税制に対応させようと計画したのである。

このように、朝鮮の税制整理は大蔵省によって発議され、大蔵省官僚の主導権の下に実行された。一九二六年六月の六・一〇万歳運動の勃発直後に、大蔵省の税制方針を元にして税制調査委員会が設置される。委員会は六月二八日、第一回の会合を開催し、調査審議の範囲と方法については小委員会を設けて事務の進行を図ることにした。調査範囲は内国税、関税（移入税を含む）、地方租税、専売に関する事項に決定し、調査方針は租税の体系およびこれに対する実行案を第一に調査審議することにした。また事務進行のための小委員会の構成員として、草間財務局長、生田内務局長、山本犀蔵審議室事務官、松本誠理財課長、石黒英彦地方課長、田中三雄税務課長、水田直昌司計課長代理、大島良士京畿道財務部長を任命し、小委員会がまとめた実行案を委員総会に付議することに決定した[37]。

その後、第一回小委員会で、直接国税、間接国税、関税、地方租税、専売、税務機関の整備の順に調査することを決定し、まず小委員会は国税体系樹立に関する調査に取り組んだ。また七月初めには、主務局長である草間財務局長が、本国の関係官吏を委員に嘱託するために日本にわたった[38]。それは税制整理が内地主管官庁に回付された際に、関係官庁である大蔵省、法制局、拓殖局に朝鮮独自の事情を知らせるためであるのみならず、本国の税制と連携を保つ必要があったからであろう。その後、同委員会は国税体系において、朝鮮の現行税制が「（一）各税間の脈絡整はずその組織不完なること、（二）現在の経済状態に適合せざるものあること、（三）負担の衡平を得ざること、（四）届伸力を欠き財政上の需要に応じ難きこと」の欠点があると判断して、それを補正するため、将来における国税の体系を「（一）一般所得税を租税体系の中枢となすこと、（二）収益税の組織を整備し一般所得税の補完税となすこと、（三）消費税・関税及交通税を配し以て租税体系を全からしむること」の方針を立てた。

このような改正の方針は増税を目指しながら、所得税を中心とし補完税として地税および営業税に適当な改善を加えて存置するという大蔵省の方針を踏襲したものにほかならなかった。しかしこの国税体系を直ちに実行に移すことは、朝鮮の「民度」、産業の状況に照らして困難であるので、ある程度は朝鮮の「特殊事情」を考慮せざるをえなかった。同委員会は「小委員会の回を重ねること十五回、このほか国税に関する財務局の打合は四十五回、内務局地方税に関する協議会も四十余回[39]」に及ぶまで慎重に調査・審議を続け、第一次実行案として、（一）市街地税令を廃止し地税令に統一すること、尚地税令に付相当改正を加ふること、(二) 営業税を創設すること、(三) 資本利子税を創設すること、(四) 所得税を改正すること、(五) 酒税を改正すること、(六) 移入税を改正すること、(七) 関税を改正すること、につき調査・審議を遂げた。直接税として営業税・資本利子税を創設し、砂糖消費税・酒税・綿織物移入税などを改正したことは、大体において大蔵省の税制改正の方針を貫徹するものだった。しかしながら、その開催回数の多さからも判るように、小委員会での営業税や所得税改正に対する議論は、容易にまとまらなかった。地方税の場合、所得税と同一内容を有するものが存在し、特に学校組合戸別割の負担が大きいという問題があった。その中でも特に議論が激しかったのが、営業税であった。

営業税は資本金・売上高・従業員などの外形標準にもとづいて課する税だったため、内地では第一次護憲運動のときから不公平さに対する批判によって一九二六年には廃止や地方委譲まで論ぜられ、結局一九二六年二月に廃止され、代わりに営業純益に課税する営業収益税が新設されていた(40)。一九二六年に日本で廃止された営業税を朝鮮で国税として新設するという案は、当然小委員会の内に対立を引き起こしたのである。営業税の新設について、反対派は次のような理由を挙げている。地方税・国税を対等に賦課すること、永年議論の種になった外形標準制による内地の旧営業税は国税として不適切であること、行財政整理の結果地方の増税負担が過重であること、市街地内居住者の負担が加重になることなどであった(41)。そして反対者は営業税の国税新設の代わりに、「国費財政上の必要ある場合は煙草定価の引上又は酒税税率の引上等に依り適当なる増収を計る(42)」ことを提言した。具体的にだれが営業税を国税に移すことに反対したかは断定できないが、小委員会のメンバーの中で、少なくとも内務局の官僚が積極的に賛成したとは思われない。なぜなら下岡政務総監の主導で行われた行財政整理の結果として総督府が総督府所管業務を地方団体に移管したため、道には国家業務の委任もあって土木・勧業・教育を中心に経費が増加しており、面でも事業費のほか徐々に土木・勧業の関連費が増加しているという問題があった。そして、内務局の官僚は直接税である営業税を地方税に編入することによって、地方財政の悪化とそれによる地方税の増税を少しでも防ごうとする側であり、国税を新設して政府の補充金をできるだけ削減させようとする、政府・大蔵省の方針とは対立していた。営業税を地方税の中に編入し、その代わりに煙草定価の引上げ、または酒税税率の引上げにより増収を図る主張は、国税は間接税をもって、地方税は直接税をもって充当するという児玉秀雄の三・一運動善後策の構想とも類似している。地方税を直接税で充当し、朝鮮人の租税に対する抵抗を地方自治の漸次拡大を通じて緩和させようとする構想と一脈通ずるところがあるだろう。

同年九月に小委員会は国税体系およびその第一次実行案並びに地方租税体系およびその第一次実行案を決定して、九月六日から行われる予定である税制整理委員会総会に提出した。九月四日には大蔵省主税局長黒田英雄、拓殖局書記官北島謙次郎、法制局参事官樋貝詮三が朝鮮に渡って調査委員会への参加が可能となり、初めて調査委員会の本会議開催の準備が整った。初日の九月六日には小委員会でまとめられた案を財務局長が提出し、まず国税の体系ならびにその実行方法等につき協議をはじめたが、審議には入ったものの決定を見るに至らずに終わった。本会議で依然として焦点となり議論されたのは、やはり営業税、移入税の撤廃問題であった(43)。九月八日に質疑応答が終わり、その翌日から営業税、移入税につき審議したが、営業税の新設については行政方面から幾分の意見があり、酒、織物移入税については全廃と半減の意見が分かれ、特に殖産局側は全廃に反対するなど、難航を重ねた(44)。九月一〇日にようやく五日間にわたる会議が終わり、国税においては営業税が新設され、ほぼ内地と同様に酒税が値上りし、酒織物移入税は総督財源を考えた上で、若干値下げするに留まった。地方税においては市場税を廃止する代りに不動産移転税を新設して、結果的に二〇万円相当の増税が行われることになる。

さて『東亜日報』は、朝鮮総督府の増税を目標とする税制整理に対して「一種の恐怖と疑惑を以ってその成り行きを凝視[45]」していた。営業税の国税移管を主な内容とする税制整理の内容が明らかになると、『東亜日報』は国税として悪税である営業税を租税体系にする「当局者の誠意と知識態度」に疑問をあらわし、地方財源の減少によって朝鮮人の負担が加重されることを懸念した。さらに「専制政治下の政治はいつも治者階級に有利で、被治者階級に不利だというマルクス思想の真理にもう一度気づかざるを得ない[46]」と総督府の税制整理を厳しく批判した。

このようにして租税制度を内地と同様にするという、伝統的な大蔵省税制方針[47]がほぼそのまま採用されるようになった。そして大蔵省の税制方針の貫徹によって朝鮮社会はさらに疲弊し、植民地統治の矛盾は一層深化する。その一方で、増税は植民地朝鮮における政治的参与要求を高揚させ、総督府官僚が統治政策の転換を構想し始める契機を提供することになったのである。

三　統治構想

①副島道正の朝鮮自治論と朝鮮総督府官僚

加藤高明内閣が成立すると、今まで日本の植民地統治方針の一枚看板であった、内地延長主義が再検討され始めた。植民地視察から帰ってきた浜田恒之助拓殖事務局長（憲政会）は一九二五年八月、加藤首相に植民地出張復命書を提出したが、その中で、次のように植民地政策の転換を提言している。

朝鮮、台湾ニアリテハ風俗慣習ヨリ文物制度ニ至ル迄極力内地化セムト努メツヽアリ、其ノ結果ハ有形、無形共ニ旧来ノ事物ヲ破壊スルニ至リ却テ土着民ノ反抗ヲ招キツヽアリ、此ノ如キハ殖民地統治策トシテ適当ナル政策ト謂フヲ得サルノミナラス五十年、百年ニシテ成効スヘキモノニアラス、宜シク、内地人ト利害休戚ヲ同フセシメトモニ同一国民タルノ感情ト理想ヲ養成スル範囲ニ止メ所謂同化主義又ハ内地延長主義ヲ更改スヘキナリ。(48)

浜田は復命書の中で、「土着人ノ信仰尊重」、「法規万能主義ヲ改メ政治ヲ簡易ナラシムルコト」、「殖民政策ノ研究」、「土語学習」、「土着人ノ思想研究」、「忠君愛国教育」、「土着人ト内地人ノ結婚」などを植民地共通の事項として提言していた。彼は朝鮮統治について三〇〇〇年の歴史を有した一七〇〇万人の民族の言語、風俗、習慣、信仰等を同一にするのは絶対不可能であるので、その代わりに朝鮮人を「日本国民化」すること、すなわち同化政策や内地延長主義を放棄し、民族が協同して同一国民として利害と感情と理想とを同じくすることを「同胞化」と名づけ、多民族国家体制を構想していたのである。(49)

彼のこのような統治構想は、イギリスをモデルとする政党政治を目指した憲政会出身閣僚の中でも少なくない共鳴者がいた。(50)たとえば、加藤首相は一九一九年四月の憲政会東北地方大会での演説で、三・一運動への対応策として「十年後」の朝鮮に対し「ある程度の自治」を与えることを提唱した前例もあり、また、多年イギリス大使としてイギリス滞在の体験があるためか、日本の政治指導者のなかでは珍しく朝鮮自治論を公表した人物であった。(51)また江木翼法相は三・一運動直後、「法律も、制度も、関税も、政策も、成るべく本国式ならしめんとしたるが如きは、欠陥中の欠陥」と述べ、内地延長主義の誤謬を批判した。(52)

下岡政務総監は朝鮮到着と同時に、「産業の開発これが自分としての朝鮮統治の大主眼だ勿論鮮人参政権問題、警務機関忠実それ等も決して等閑に付するわけではない」(53)と述べ、朝鮮人参政権問題に言及した。その後、一九二四年末、下岡は朝鮮人の政治参与問題について、「既に研究済み」で、下岡自身が具体的な意見を持ち、様々な意見を参考にして解決することを表明した。(54)また三矢宮松警務局長は同年一一月、『朝鮮公論』を通じてイギリスによるインド、エジプト、南アフリカなどの異民族統治を成功例であると評価し、イギリスの植民地統治研究に対する意欲を示すなど、[55]総督府官僚の中に統治方針・参政権問題に対する関心が高まりつつあった。当時内閣の拓殖事務局長であった浜田恒之助は、嘱託大山長資と共に植民地視察途中満洲を経て一九二四年一二月二五日、京城に入城し、斎藤総督を始め、下岡政務総監、大塚常三郎内務局長など総督府首脳部と会談したが、当時の総督府の雰囲気を次のように伝えていた。

過去は知らず、現在の総督府当局の大部分は、同化政策の成功せぬことを知つて居るのでは無からうか、而して今日此の同化主義なり文化主義なり、内地延長主義なりから或る新しい方面に向つて転換せんとしつゝあるのでは無からうか。[56]

浜田は総督府官僚の大部分が同化政策は成功しえないと考え、統治政策を転換しようとしているのではないかと推測していた。このような総督府の事情は、当時総督秘書官であった松村松盛の次のような回想によっても裏付けられる。

私（松村松盛　筆者）は洋行する時、下岡さんに何か御用事がありませんかと云ふと、アイルランドに行つて、体育を研究して見て呉れないかと云はれたが、途中で下岡さんが歿くなられたので力を落しました。あの当時、加藤高明さんは自治論者であつたが、それを研究して朝鮮統治に一つのエポックを作らうと云ふ考へがあつた様であります。[57]

松村が欧米出張に赴いたのは一九二五年一月のことであるが、下岡は加藤首相の植民地問題認識と歩調をあわせ、松村をアイルランドに行かせ、アイルランド問題を研究させることによって、統治政策の転換を試みようとしたのではないかと思われる。このように下岡政務総監が赴任すると、大塚常三郎を始めとする「生え抜き官僚」のみならず、朝鮮総督府の首脳部も朝鮮人政治参与問題を含む統治政策の転換を内々に検討し始めた(58)。

さて普通選挙法の成立は植民地における参政権問題を浮き彫りにさせ、植民地統治の根本方針が問われるきっかけにもなった。普通選挙法の通過に当たって元台湾総督である田健治郎は、元老西園寺公望や元首相山本権兵衛に日本帝国の植民地統治の根本方針（内地延長主義か自治主義か）の樹立を促していた(59)。また元朝鮮軍司令官菊池慎之助は、一九二五年二月、朝鮮の民情が日増しに険悪化し、独立思想が高まっているため、特段の対策を講じなければならないと田健治郎に漏らした。その後、中央集権的な植民地政策に批判的であった菊池は「世界各国の政体如何を研究」し、その結果を斎藤総督に送った(60)。

ところで、一九二五年一一月、副島道正京城日報社長は、総督府機関紙である『京城日報』に「朝鮮統治の根本義」を載せ、朝鮮自治論を公に主張し、在朝日本人社会に大きな波紋を起した。副島の「朝鮮統治の根本義」は、先行研究の指摘するように(61)、民族主義者を自治論に誘導するための観測気球であったことは間違いないが、本書ではその提唱背景について、総督府をめぐる内外環境の変化という側面から見てみたい。副島は京城日報社長の条件として「不偏不党」・「独立独歩」の方針を斎藤総督に要求したが、斎藤総督はそれを快諾し、相当の地位を約束した(62)。副島は一九二四年八月京城日報社長に就任したが、八月七日、総督府官邸で午餐会で行った社長就任の講演が物議を醸した。午餐会に参加した京城記者団は演説の内容を問題にし、副島排斥を決議した。『朝鮮新聞』や『京城日日新聞』など在朝日本人が経営する新聞、雑誌の経営者が副島の積極的な『京城日報』拡張計画に経営危機を感じたのである(63)。副島と京城の新聞通信社との衝突は、丸山警務局長の斡旋でいったん丸く収まったが(64)、一時的な弥縫策に過ぎなかった。その反面、副島は『東亜日報』の金性洙、宋鎮禹を東京の自宅に招き、饗応するなど(65)、民族運動陣営と接触して懐柔を謀った。

副島は欧米出張から帰ってきて間もなく、一九二五年一一月二四日に三矢警務局長と会見した。その際、三矢から『京城日報』の姉妹紙である朝鮮語新聞『毎日申報』の不振を問い詰められると、副島はその打開策として三矢に「此際独立独歩不偏不党の主義を発揮し自治論を唱へては如何」と提案し、賛成の意を得た[66]。その後、副島は丸山幹治主筆に筆記させ、周知のように『京城日報』紙上に一一月二七日から三回にわたって「朝鮮統治の根本義」を社説として掲載し、帝国議会への朝鮮人議員参入に反対し、朝鮮自治を唱えた。このように副島の自治論提唱は、三矢が賛成の意を表すなど総督府の暗黙の了解を得たと思われる。副島は、前述したように総督府が朝鮮自治に関心を持っていることを探知し、自治論を唱え「過激なる鮮人に対して一種の安全弁」たることを期待したのではないか。だからといって副島の自治論は、三矢警務局長によって民族運動の融和策としてのみ利用されたとは考えられない。なぜなら『京城日報』を純然たる株式会社にしようとする副島の方針には反対したものの、三矢は一九二六年六・一〇万歳運動後、「与フルモノハ与へ抑ヘルモノハ押へ可シトナリ、朝鮮限リノ地方議会ヲ必ズ現在予算ノ半額ハ之ヲ地方議会ニ帰スヘシ[67]」と、朝鮮自治に賛意を表しているからである。このように副島の自治論提唱は民族主義者を自治論に誘導するための観測気球であったことは間違いないが、総督府官僚は自治論に対して相当同調したのであろう。

②中村寅之助の案

斎藤総督は一九二七年三月に官房文書課長中村寅之助[68]に、「朝鮮人の参政権に関する問題に付いて案を作れ」と命じ、中村はこれを受けて意見書を作成した。斎藤はそれを私的腹案として若槻礼次郎首相に提出しようとしたが、内閣総辞職により若槻には口頭で伝え、元老西園寺には一冊を手渡したという経緯があった[69]。この時に中村が作成した意見書は、『斎藤実関係文書』中にある「朝鮮在住者の国政並地方行政参与に関する意見」と題される書類と推定される[70]。先行研究では主に社会運動および民族運動との関連性に注目するが、本書ではこのような理解を踏まえながら、なぜこの時期に斎藤総督が同意見書を作成させたかという問題を、総督府をめぐる内外の統治状況から見てみたい。

湯浅政務総監が朝鮮に赴任した後、朝鮮総督府をめぐる内外の統治環境は大きく変わった。第一に、朝鮮内では一九二六年六月に六・一〇万歳運動が勃発し、また一九二七年二月には新しく左翼と民族運動陣営の合作団体である新幹会が結成された。このような事態にあたって浅利警務局長は、軍縮全権大使としてジュネーブに出発する斎藤総督に向かって、朝鮮自治問題について、「本問題の解決は、朝鮮統治の為には、多年の体験を持たれる斎藤総督の努力に依つて之を行はれたい」と進言していた(71)。阿部もまた斎藤総督に「是非共今度の機会に兼ねての御腹案出現有之候様切に祈上け申候」と述べながら、浅利について「小生の持論と符節を合わせたる如き所論を承り恰も空谷の跫音を聞く心地致し近頃愉快を覚へ申候(72)」と伝えていた。治安責任者である浅利は、三矢と同じく朝鮮自治問題については前向きな態度を取っていた。松田利彦氏が既に指摘したように、森山茂徳氏の研究での指摘とは異なり、警務局が「朝鮮自治論」に必ずしも反対したわけではない(73)。

第二に、第五〇回帝国議会で普通選挙法案（一九二五年五月公布）が通過すると、植民地住民に対する参政権付与の問題が、一層活発に議論されることになった。一九二七年二月一九日、大垣丈夫外五六名は、第五二回議会で政友会議員松山常次郎を紹介議員として「朝鮮在住者ニ対スル参政権付与ニ関スル件」と題する請願書を提出したが、採択されず参考として政府へ送付されるに止まった。それまで親日団体である国民協会を中心として行われていた参政権請願運動に、在朝日本人が参加したのである。他方、一九二六年三月には、陳情活動を受けて、樺太への衆議院議員選挙法施行に関する法案が議員立法として第五一回帝国議会へ提出された。これは衆議院で委員会を全会一致で通過しながらも、上程を見ず審議未了となり、同趣旨の法案も第五二議会衆議院で賛成多数で可決されながら（議員提出）、貴族院で審議未了となった(74)。朝鮮とは異なり、樺太への衆議院議員選挙法施行は衆議院で多数の賛成を得ていたため、以後に期待がかけられた。こうした中で、副島は、井上準之助が「徹頭徹尾小生の論に賛成なる旨断言致され候。又某大臣は若槻総理も自治論者なる旨申され候」と報じ、斎藤総督に朝鮮自治の実行を促した。(75) 斎藤総督は一九二六年七月、中央朝鮮協会専務理事阿部充家に書翰を送り、「中央朝鮮協会ノ発会式モ挙行セラレ候由コレヨリ事業トシテ研究ノ結果ヲ承ルヲ得ベクト期待罷在候」(76) と述べ、中央政界における朝鮮人政治参与問題の論議を注視した。ちなみに中央朝鮮協会は一九二六年、朝鮮総督府の政策を援助するため、朝鮮総督府の元高官を中心として、朝鮮と関係がある財界人・ジャーナリスト・衆議院議員・貴族院議員・在朝日本人などを会員として、東京で組織された団体である。協会は朝鮮問題の研究のため、特別調査委員会（委員長井上準之助）を設けたが、政治および行政を研究する第一部では参政権問題が研究されていた。(77)

第三に、中国情勢の変化、特に中国革命が進むことによって、朝鮮にその影響が及ぶのではないかという懸念が、総督府官僚をはじめ斎藤総督の側近中に広がった。阿部は元国民新聞記者で中国に滞在している「支那通」今関寿麿（朝鮮総督府嘱託）を斎藤総督に紹介したが、斎藤は今関から中国情勢に関する詳しい情報を得ていた。(78) 阿部は一九二五年一二月斎藤総督に「日本に取りては満洲の将来が決して対岸の火災視されず相成、従つて朝鮮に波及する所も亦た尠からざるもの有之と存候」(79) と懸念を表した。引続き一九二七年二月、北伐が東三省に及ぼす影響を憂慮しながら、阿部は斎藤総督に「東三省より延りて我朝鮮に対する長策大計の確立せらるる事切に祈上候」(80) と述べていた。さらに、ジュネーブへ出発する斎藤総督に向かって「支那今日の状勢は芳しく人心に刺激を与へ」、「人心の安定を欠き居り候ふ」、「御出発に際し御訓示を発せられ其中に朝鮮人をして一条の光明を認め得べき暗示を御与へ下され候はゞ時下に対する一種の鎮経剤と相成り可申と奉存上候」(81) と朝鮮議会設置の声明を発表することを提言していた。

一方、「支那通」である田鍋安之助は一九二七年四月二日、斎藤総督に「張作霖敗退すれは満洲か大混乱に陥る恐れあり」、「其混乱か朝鮮に波及すへきは免さる[82]」と述べ、懸念を表した。また篠田治策李王職次官も「北部支那の赤化の後は朝鮮も動揺する事なきを保し難し[83]」と心配していた。

第四に、第五二回議会で税制調査会が提出した増税案が通過し、増税が決定された。一九二七年から施行された税制整理の影響による増税、とくに営業税の国税委譲による地方税の負担の加重は、公共団体議員の自治拡張要求を一層活性化させることとなった。阿部もこの状況について斎藤に「目下行はれ居候道評議会員の撰挙などから推測して朝鮮統治の方針に一新紀元を開始する時期愈切迫し来れる感痛切を加へ申候。其撰挙の競争の激甚なる其立候補者の面触れに一種の変更を見る事毎に新気運の動きつゝあるを認め申候[84]」と伝えていた。

こうした状況の中、一九二七年二月一〇日、財部彪海相は斎藤総督に五月ジュネーブで行われる軍縮会議の日本代表として参加することを依頼したが、斎藤総督は辞退した[85]。内閣でも若槻礼次郎首相が中国の情勢を考慮して同意せず、幣原喜重郎外相も同様の理由で反対の立場であった。結局、財部海相は山梨勝之助次官を朝鮮に急派して、宇垣一成陸相を臨時総督に立てることで斎藤を説得し、その同意を得た。このように、斎藤総督は海軍側の懇切な願いを受け入れて朝鮮を離れる前に、湯浅政務総監とも相談せず、政治的な負担が少ない「私的腹案」として、朝鮮人参政権問題を元老や若槻前首相に提示したのである。民族運動・社会主義運動が高揚する一方、朝鮮居住者の政治参与要求が高まる中で提出された「私的腹案」は、中央政界における反応を計るための観測気球にほかならなかっただろう。

では、中村寅之助案の大要を以下で見てみよう。これは、帝国議会の衆議院および貴族院に制限して議員を選出する方法と、「朝鮮地方議会」を設置する方策とを並べて論じている。

まず、「内地のそれと同一の制度の下に貴族院議員及衆議院議員を出し得べきこと」は、「前途尚遼遠」であるので、「内地における場合に比し此等議員の定員及選任の方法に適当の制限を加」へて少数の議員を出すことにすれば、実行出来るのみならず、「朝鮮統治上好果を斎し得べしと信ず」とする。こうした趣旨で朝鮮から貴族院議員三三名と衆議院議員三一人を帝国議会に送ることを提案していた。

次に、「朝鮮地方議会」については、日本より分離の恐れや、朝鮮人議員が大多数となることによる在朝日本人の利益無視の危険などの反対論があるが、自治の範囲が広範でなければ危険はないとする。むしろ、朝鮮地方費に関する予算は大蔵省の査定を受けずに朝鮮地方議会に予算を附議することによって「事務の敏速を期し得る」のみならず、「朝鮮人の参政上の期待を満足せしめ民心を緩和し朝鮮統治に対する不評を減少せしめ延いて帝国に対する反抗的気運を抑制することを得」るとして、監督権を留保した上で、経済的利益の損失がないという条件ならば問題はないとしている。中村が想定した朝鮮地方議会は定員一〇九人の中、任命四〇人、道評議会議員の中間選挙により七三人、直接選挙で六人だけが選出されるなど、外形上大塚の案に比して後退しているように見えるが、専売収入三五七六万円（総計六〇〇〇万円）が含まれており、朝鮮地方議会に付議する予算額ははるかに多かったのである。

小　結

第二次護憲運動の結果、護憲三派内閣が成立すると、朝鮮総督府は新しい局面を迎えた。第一に、政友会（水野錬太郎）や政友会より（有吉忠一）の政務総監から憲政会系統の下岡忠治に政務総監が交代することによって、総督府内で水野系官僚の勢力は著しく後退した。その反面、憲政会系の殖産局長、警務局長が新しく赴任し、また朝鮮人官吏任用の方針の下で、局長、本府課長や道事務官に初めて朝鮮人を抜擢した。第二に、内閣の行・財政整理、税制整理の方針の下で、税務機関設置に代表される「生え抜き官僚」の独自の財政建て直し策は、新任した下岡忠治政務総監によって潰された。その代わりに大蔵省主導の税制整理が行われ、増税が強いられることになった。当時税制調査委員会で議論となった営業税を国税にするか、それとも地方税にするか、という問題は、単なる税金の帰属問題ではなく、中央政府の朝鮮の事情を考慮しないトップ・ダウンの統治方針に対する、「生え抜き官僚」の反発に端を発するものであった。積極政策にもとづいた同化政策が緊縮財政によって行き詰まっていく中、総督府の相次ぐ増税や産米増殖計画は朝鮮社会を疲弊させ、植民地統治の矛盾は深化することになる。(86) それだけではなく、一九二五年の普通選挙法成立は、植民地における参政権付与問題に対する議論を勢いづかせた。こうした植民地の現状に直面した朝鮮総督府の官僚は、朝鮮統治方針の転換を本格的に模索し始めるようになる。

斎藤総督は内閣との協議の上、自ら湯浅倉平に政務総監就任を交渉して抜擢して以後、朝鮮統治にリーダーシップを発揮した。斎藤総督は、一九二七年に軍縮全権大使としてジュネーブへ出発する前に、湯浅政務総監にも相談せずに中村文書課長に「朝鮮在住者の国政並地方行政参与に関する意見」を作成させ、私的腹案として若槻首相へ提出した。中村文書課長が取りまとめた「朝鮮在住者の国政並地方行政参与に関する意見」は、帝国議会に朝鮮在住者を参加させる方法と、「朝鮮地方議会」を設置する方策とを並列して論じていた。中村の「朝鮮地方議会」案は一方では、民心の緩和や朝鮮統治に対する不満を減少させ、他方では朝鮮総督府予算に対する大蔵省の査定を制限し、朝鮮総督府の自律性を確保することを狙っていた。またこうした朝鮮自治論に対して警務局は必ずしも反対したわけではなかった。

注

(1) 岡義武・林茂『大正デモクラシー期の政治—松本剛吉政治日誌—』(岩波書店、一九五九年)一九二三年八月一八日条。
(2) 『東京朝日新聞』一九二四年六月二四日付。

（3）『守屋栄夫日記』一九二四年九月一一日条（国文学研究資料館所蔵『守屋栄夫関係文書』所収）。
（4）矢鍋永三郎「軍服の総督と背広の総督」（中村健太郎『斎藤子爵を偲ぶ』朝鮮佛教社、一九三七年）一七九頁。
（5）角田順校訂『宇垣一成日記一』（みすず書房、一九六八年）一九二七年九月五日条。
（6）『読売新聞』一九二四年七月一日付。
（7）『倉富勇三郎日記』一九二四年三月三日条（国立国会図書館憲政資料室所蔵『倉富勇三郎関係文書』所収）。宋秉畯の倉富への伝言。
（8）『倉富勇三郎日記』一九二四年七月一三日条。三浦梧楼の倉富への伝言。斎藤総督は「下岡君が就任すれば純憲政会を脱して無所属となって貫はねばならぬ」と語っていた（『京城日報』一九二四年七月三日付）。
（9）三峰会編『三峰下岡忠治伝』（三峰会、一九三〇年）二一一―二一二頁。
（10）『読売新聞』一九二五年一二月二日付。
（11）『斎藤実日記』一九二五年一二月一日、三日条（国立国会図書館憲政資料室『斎藤実関係文書』所収）。以下「斎藤実文書」と略記す。
（12）林茂『湯浅倉平』（湯浅倉平伝記刊行会、一九六九年）一九九頁。
（13）萩原彦三『私の朝鮮記録』（私家版、一九六〇年）五六頁。
（14）『東京朝日新聞』一九二五年一二月三日付。
（15）前掲『湯浅倉平』二〇三頁。斎藤の秘書官を務めた守屋栄夫も湯浅に対して「憲政会臭味があるやうに思はれる」と評している（『守屋栄夫欧米渡航日記』一九二三年九月一一日条）。
（16）『東京朝日新聞』一九二五年一二月二日付。
（17）一九一八年京都の府会議員選挙に絡む疑獄事件が突発し、当時警察部長だった三矢は知事木内重四郎とともに事件への関与を疑われ、同年七月休職を命じられた（栗林貞一『地方官界の変遷』世界社、一九三〇年、二五八頁）。
（18）『守屋栄夫日記』一九二四年九月五日条。
（19）武科試験を通じて官僚生活に入る。英語学校である同文学校卒業後、高宗皇帝のロシア公使館避難を契機として日本に亡命。その後、全北知事歴任（稲葉継雄「李軫鎬研究―朝鮮総督府初の朝鮮人学務局長の軌跡―」『国際教育文化研究』第六号、二〇〇六年六月）。

(20) 一八八四年徳島県に生まれ、法学院（中央大学の前身）、一九〇五年文官高等試験合格。翌年統監府に赴任し、以後水産課長、商工課長、外事課長を経、平北知事に昇進した。その間、一九二〇年四月から約一年半、インド、中国、欧米視察に出かけた。一九二五年大塚の後任として内務局長に就任し、一九二九年まで在職する（民衆時論社朝鮮功労者銘鑑刊行会編『朝鮮功労者銘鑑』民衆時論社朝鮮功労者銘鑑刊行会、一九三五年、二五—二六頁）。ちなみに欧米視察中イギリスでは英字新聞三種類を一生懸命に読んだという（『大阪朝日新聞』一九二三年三月二四日付）。イギリス帝国の植民地統治について研究したのではないかと思われる。

(21) 水野系に分類される官僚、西村保吉（殖産局長）、飯尾藤次郎（平北知事）、久留島新司（水産課長）、児玉魯一（江源警察部長）、重信文敏（咸南内務部長）、武井健作（慶北内務部理事官）が整理される他、「生え抜き官僚」の中でも田中卯三（監察官）、下村充義（道事務官）、秦秀作（総督府参事官）、野手耐（営林蔽長）、山崎真雄（総督府事務官兼外務事務官）、深川伝次郎（総督府参事官）などが依願免職する。

(22) 一九二九年八月一九日付児玉秀雄宛朴重陽書翰（『守屋栄夫関係文書』八五—四—五—四、守屋宛朴重陽書翰所収）。

(23) 鄭泰憲『일제의 경제정책과 조선사회：조세정책을 중심으로』（歴史批評社、一九九六年）、堀和生「朝鮮における植民地財政の展開—一九一〇—三〇年代初頭にかけて—」（飯沼二郎・姜在彦『植民地期朝鮮の社会と抵抗』未来社、一九九二年）。

(24) 奈良岡聡智『加藤高明と政党政治』（山川出版社、二〇〇六年）二二五頁。

(25) 前掲『三峰下岡忠治伝』四二二—四二三頁。

(26) 前掲『三峰下岡忠治伝』四二三頁。

(27) 前掲『三峰下岡忠治伝』四二三頁。

(28) 『朝鮮総督府官報』一九二四年八月八日付。

(29) 古庄逸夫『朝鮮統治回想録』（私家版、一九六二年）一四頁。

(30) 一九二四年一〇月一七日付斎藤実宛下岡忠治書翰（前掲「斎藤実文書」九〇一—三）。

(31) 国立公文書館所蔵「行政整理実施に関する件」（2A—1—別2161）。

(32) 前掲『三峰下岡忠治伝』四二四頁。

(33) この税制改革については、神野直彦「社会政策的租税政策の展開―一九二〇年代の租税政策―」(『経済学雑誌』第八六巻第三号、一九八五年九月)、迎由理男「大蔵官僚と税制改革」(波形昭一・堀越芳昭編『近代日本の経済官僚』日本経済評論社、二〇〇〇年)を参照されたい。
(34) 朝鮮総督府財務局『朝鮮ニ於ケル税制整理経過概要』(朝鮮総督府、一九三五年)一三頁(以下「税制整理経過概要」と略す)。
(35) 『帝国議会衆議院委員会議録』第四八巻(臨川書店、一九八八年)六八五頁。
(36) 『東京朝日新聞』一九二六年四月一五日付。
(37) 『京城日報』一九二六年六月二九日付。
(38) 『京城日報』一九二六年七月六日付。
(39) 『京城日報』一九二六年九月七日付。
(40) 大蔵省編『明治大正財政史』七(経済往来社、一九五七年)一三八―一四二頁。
(41) 前掲「税制整理経過概要」五三―五七頁。
(42) 前掲「税制整理経過概要」五七頁。
(43) 『京城日報』一九二六年九月七日付。
(44) 『京城日報』一九二六年九月一〇日付。
(45) 『東亜日報』一九二六年八月三一日付。
(46) 『東亜日報』一九二七年四月五日付。
(47) 水田直昌「朝鮮財政・金融史話」(財団法人友邦協会『朝鮮近代史料研究集成第一号』友邦協会朝鮮史料研究会、一九五九年)一二七頁。
(48) 国立公文書館所蔵「殖民地出張復命書の件」(2A―14―纂―1718)。
(49) 浜田恒之助、大山長資共著『我が殖民地』(冨山房、一九二八年)三四八頁。
(50) 前掲奈良岡『加藤高明と政党政治』。
(51) 拓殖局属託大山長資は加藤高明が、時期尚早としつつ、「若し朝鮮人の文化が内地人の程度に進み、国家といふものに対する信念なり感情なりが慥かりして来たなら、自治を認めてやつても差支あるまいと思ふ」と述べたと回想している（前掲『我が殖民地』四二七頁）。

(52) 江木翼「朝鮮騒動と植民政策の根本義」（『朝鮮及満洲』第一四三号、一九一九年五月）一八頁。

(53) 『大阪朝日新聞』朝鮮版　一九二四年七月二〇日付。

(54) 前掲『三峰下岡忠治伝』二六三―二六四頁。

(55) 三矢宮松「英国紳士の尊敬すべき個性と異民族統治の要領」（『朝鮮公論』第一二巻第一一号、一九二四年一一月）九―一〇頁。ちなみに三矢警務局長は同年一〇月、朝鮮を訪問した植民学者矢内原忠雄を官舎に招待したが、おそらく植民地統治に対する意見を聴取するためであろうと考えられる。

(56) 前掲『我が殖民地』三六九頁。

(57) 「朝鮮統治二十五周年『朝鮮回顧譚』座談会（その三）」（『思想と生活』第一二巻第七号、一九三五年七月）（水沢市立斎藤実記念館所蔵）三八頁。

(58) 松田利彦「植民地期朝鮮における参政権要求運動団体「国民協会」について」（浅野豊美、松田利彦編『植民地帝国日本の法的構造』信山社、二〇〇四年、三八八―三九〇頁）は『大阪朝日新聞　鮮満付録』や『釜山日報』の記事を引用しながら、下岡総監が内地延長主義から自治論への転換を示唆する動きをみせていたと指摘している。

(59) 『田健治郎日記』一九二五年八月九日条、九月二一日条（国立国会図書館憲政資料室所蔵『田健治郎関係文書』所収）。

(60) 一九二五年（推定）二月一二日付斎藤実宛菊池慎之介書翰（前掲「斎藤実文書」六七九）。

(61) 副島の自治論主張については従来の研究は、姜東鎮『日本の朝鮮支配政策史研究―一九二〇年代を中心にして―』（東京大学出版会、一九七九年）、趙聖九『朝鮮民族運動と副島道正』（研文出版、一九九八年）、前掲松田「植民地期朝鮮における参政権要求運動団体「国民協会」について」、金東明『지배와 저항, 그리고 협력』（경인문화사、二〇〇六年）などを参照。姜氏は、その政策的意図が、「当時の朝鮮民衆の反日気運の盛り上りを鎮静するための懐柔と、当時に漸次強力になりつつあった共産主義者を孤立させるとともに、植民地統治権力側に接近しつつあった民族主義右派を抱き込むことによって、独立運動の分裂を策する観測気球たるところにあった」という。またその実行過程については総督府当局と東亜日報幹部と副島が事前協議の上で発表したと主張した。これに対して趙氏は斎藤実宛副島書翰を引用しながら、東亜日報幹部との事前

協議説を否定して、副島の自治論がただ当局の意向を反映したのではなく、彼の持論であったことを明らかにした。また趙氏は、斎藤総督の個人顧問である阿部充家は三矢警務局長と共に民族主義者の誘導策として副島の「朝鮮自治論」を利用しようとし、それは斎藤総督の暗黙の了解を得ていたと主張したが、姜氏や趙氏の主張は阿部主導の陰謀という陰謀説を免れるものではない。一方金氏は、三矢局長が副島を利用して自治論を発表したという趙の解釈を批判しながら、朝鮮人からの自治要求を強調している。先行研究は阿部や三矢警務局長主導による誘導策に副島が利用されたという策略説や、朝鮮人からの自治への要求を提唱の背景として説明していたが、朝鮮総督府側の政策意図は明らかになっていない。特に阿部や三矢の陰謀によるものと解釈するのは、当時の総督府の自治論に対する態度から判断すると、大いに批判の余地がある。

(62)　前掲趙『朝鮮民族運動と副島道正』一四七頁。
(63)　前掲趙『朝鮮民族運動と副島道正』一四八頁。
(64)　『守屋栄夫日記』一九二四年八月一四日条。
(65)　『守屋栄夫日記』一九二四年一一月二八日条。ちなみにこの席には関屋貞三郎宮内次官、松村松盛総督秘書官、守屋栄夫社会局第二部長、古橋卓四郎総督府事務官も参加した。
(66)　一九二六年四月一二日付斎藤実宛副島道正書翰（前掲「斎藤実文書」九五五―二六）。
(67)　『関屋貞三郎日記』一九二六年八月七日条（国立国会図書館憲政資料室所蔵『関屋貞三郎関係文書』所収）。
(68)　中村寅之助は有吉総監が兵庫県知事の時の理事官であり、有吉とともに朝鮮に来て以来、総督府秘書官を経て文書課長として活躍した官僚である。
(69)　斎藤子爵記念会編『子爵斎藤実伝』第二巻（斎藤子爵記念会、一九四二年）六六四―六六七頁。中村は『子爵斎藤実伝』で二月に斎藤総督から指示を受けたというが、斎藤実日記を調べると斎藤は二月三日から三月一日まで日本にいたので、前後事情を判断すると三月と思われる（斎藤実日記によると、中村が斎藤と面会したのは三月一五日であった）。
(70)　森山茂徳「日本の朝鮮支配と朝鮮民族主義」（北岡伸一・御厨貴編『戦争・復興・発展』東京大学出版会、二〇〇〇年）、前掲金『지배와 저항, 그리고 협력』など。ちなみに朝鮮総督府は総督府官僚の欧米植民地への派遣や植民地研究を進めていたが、一九二五年、総督府官房文書課はその成果を「外国植民地制度梗概」という三冊の本としてまとめている。その主な内容はインド地方自治制度、フィリピン自治法など植民地立法機関に対する研究であった。文書課長であった中村は、こ

の研究成果を参照して意見書を作成したのではないかと考えられる。

(71) 浅利三朗「朝鮮に於ける思想問題」(朝鮮新聞社編『朝鮮統治の回顧と批判』朝鮮新聞社、一九三六年)六一頁。

(72) 一九二七年四月二日付斎藤実宛阿部充家書翰(前掲「斎藤実文書」二八三—一三八)。

(73) 森山氏は前掲論文「日本の朝鮮支配と朝鮮民族主義」二五頁で、朝鮮総督府官僚、とくに司法官および警務局の官僚たちは、「朝鮮自治論」に反対であったとしているが、議論の余地がある。

(74) 塩出浩之「戦前期樺太における日本人の政治的アイデンティティについて—参政権獲得運動と本国編入問題—」(『日本とロシアの研究者の目から見るサハリン・樺太の歴史(一)』北海道大学スラブ研究センター、二〇〇六年一月)三二一—三三頁。

(75) 一九二六年四月一二日付斎藤実宛副島道正書翰(前掲「斎藤実文書」九五五—二六)。

(76) 一九二六年七月一三日付阿部充家宛斎藤実書翰(国立国会図書館憲政資料室所蔵『阿部充家関係文書』一一一—四一)。

(77) 中央朝鮮協会については、拙論「戦前期における中央朝鮮協会の軌跡—その設立から宇垣総督時代まで—」(『朝鮮学報』第二〇四輯、二〇〇七年七月)を参照されたい。

(78) 今関は斎藤に一九二三年から約一五〇通の書翰を送っていたが、そのほとんどが中国情勢に関するものであった。

(79) 一九二五年一二月一六日付斎藤実宛阿部充家書翰(前掲「斎藤実文書」二八三—九二)。

(80) 一九二七年二月一八日付斎藤実宛阿部充家書翰(前掲「斎藤実文書」二八三—一三六)。

(81) 一九二七年四月五日付斎藤実宛阿部充家書翰(前掲「斎藤実文書」二八三—一三九)。

(82) 一九二七年四月二日付斎藤実宛田辺安之助書翰(前掲「斎藤実文書」一〇四〇)。

(83) 一九二七年四月五日付斎藤実宛副島道正書翰(前掲「斎藤実文書」九五五—五二)。

(84) 一九二七年四月二日付斎藤実宛阿部充家書翰(前掲「斎藤実文書」二八三—一三八)。

(85) 『財部彪日記』一九二七年二月一〇条(国立国会図書館憲政資料室所蔵『財部彪関係文書』所収)。

(86) 産米増殖計画が朝鮮社会に及ぼした影響については、河合和男『朝鮮における産米増殖計画』(未来社、一九八六年)を参考されたい。

第六章　山梨半造総督在任期における統治構想

一九二〇年代、政党政治の隆盛と軍部の衰退によって植民地帝国日本の統合の中心勢力として、政党が植民地に本格的に進出することになった。特に政党内閣制が成立すると政党間の内閣交代は、地方官はもちろん植民地長官にまで影響を及ぼすことになった。政党内閣は政党中心の政策遂行という名分の下、植民地長官に自分の党出身の人物を任命して、植民地統治を「政党化」した。これによって一九一九年から一九二七年までの長い間、朝鮮総督に在任した斎藤総督は、政友会内閣の田中内閣によって交代させられ、その代りに陸軍大将出身でありながらも政友会と深い関係を結んでいた山梨半造が朝鮮に赴任する。山梨は総督在任期間が短かかっただけでなく、在任期間中に各種の疑獄事件を起こしたこともあってか、彼に関する伝記も存在しない。そのため、山梨総督時代については、他の総督に比べて今まで注目をあびてこなかった(1)。だが、山梨総督は他の朝鮮総督とは違って政党色が強く、また貴族院、軍部、宮中勢力などの非選出勢力は、彼の総督任命に対して当初より批判的だった。政党政治の弊害を植民地に延長するという非選出勢力らの憂慮は、結局山梨総督疑獄事件で現実のものとなり、これによって政党の朝鮮進出にブレーキがかかることになった。

本章では政党勢力が本格的に朝鮮へと進出する山梨総督時期に注目することによって、総督・政務総監人事、植民地での利権争奪など、政党政治と植民地統治との相互関係を解明する糸口としたい。また、普通教育拡張案をめぐる総督府教育当局、「生え抜き」の朝鮮総督府官僚、在朝日本人、野党（民政党）などの諸政治勢力の多様な見解を検討することによって、朝鮮統治勢力の統治観を見てみたい。具体的には、山梨総督の赴任以後に総督府に生じた変化について、人事と政策を中心に考察する。山梨総督時代に朝鮮自治論の検討は中止され、積極＝同化政策が推進されたが、これは「生え抜き官僚」の反発を招いた。その具体例として、普通教育拡張改革をめぐる議論を取り上げ、「生え抜き官僚」の朝鮮統治観を明らかにしたい。史料としては今までそれほど引用されなかった『大阪毎日新聞』、『大阪朝日新聞』の朝鮮版と国文学研究資料館が所蔵している『守屋栄夫関係文書』を使って総督府内部の議論を調べていくこととしたい。

一　総督府人事

①総督・政務総監人事

斎藤総督がジュネーブ軍縮会議に出席する直前に、枢密院の台湾銀行緊急勅令問題で若槻内閣が倒壊し、政友会の田中義一内閣が成立した。政党間の政権交代の影響は、今まで内閣の交代に超然としていた朝鮮総督の人事にまで及び、斎藤総督がジュネーブから帰ってきた際には、朝鮮総督更迭問題が発生した。田中首相は盟友で元陸軍大臣であった山梨半造大将を総督に内定し、斎藤の帰国前から、新聞を使って斎藤の総督辞職を既成事実化しようとしていた。これに対し健康状態が悪化していた斎藤は田中の勧告を受け入れ、辞任を受け入れた(2)。しかし、シベリア出兵中の機密費乱用事件や、政友本党切り崩しのために、政友本党議員梅田貫一を買収した事件に関連して、山梨には反対の声が多く、そのため山梨総督起用を試みる田中・政友会に対する批判も強かった。周知のように昭和天皇は「世評に関し御下問」したのみならず、元老、宮中、枢密院側からもこの人事に憂慮する声が相次いだ(3)。また野党は言うまでもなく、犬養毅、高橋是清、元田肇など政友会の顧問をはじめ政友会議員の中でも反対の意見を持っている者が多かった。一方、総督府警務局長浅利三朗が斎藤元総督に「朝鮮の政党化に就ては国家の深憂とも被存候」(4)と述べるなど、朝鮮総督府関係者や在朝日本人も、山梨には批判的であった。

このように山梨総督は世論上不評だったので、田中首相は政務総監には各方面と円満な関係を持てそうな人物を選考しようとした。田中首相は山梨を内定した後、鳩山一郎内閣書記官長を使い樺山資英に政務総監就任を打診したが、「適才は他にありませう」と断られた。(5)その後、川村竹治や政友会議員早川鉄治が下馬評にあがったが実現できず、湯浅倉平政務総監に留任を勧めるなど、政務総監の後任選定は難航をきわめた。結局田中首相は自身が陸軍大臣の時、大阪で軍事援護会の資金募集を援助するなど、肝胆相照らす間柄である池上四郎を推薦した。池上は各府県警察部長歴任の後、大阪警察部長を経て大阪市長に推薦されて以来約一〇年間在職し、優れた手腕を発揮しかつ警察行政にも経験のある七一歳の老人であった。池上の抜擢は、神田署長時代から長年政友会に関係を持ち、関西政友会を開拓した功労が認められたものと伝えられる。(6)元総督府庶務部長の守屋栄夫は「朝鮮の政務総監はいよいよ七十一歳の前大阪市長池上四郎氏に決定発表された。好人物ではあるが、誠意の革新は望まれそうもない」(7)と多少否定的な評価を下していた。

しかし、一九二九年四月に池上四郎政務総監が死亡した後、再度後任人事が難航することになった。結局児玉秀雄が六月二二日赴任するまで、二ヵ月以上政務総監の地位が空白となる事態となっている。宮内次官関屋貞三郎は、元関東長官児玉秀雄の政務総監就任の経緯について次のように書いている。

午前児玉伯政務総監ニ親任。池上氏薨去後田中総理ニ対シ、最初宇佐美氏ヲ推薦セシコトアリ。山梨総督帰京前総理ヨリ宇佐美氏ニ交渉セシモ受ケス、其後総理ニ面会セシ際（行幸供奉ヨリ帰京後）宮内省ヲ去リ他ニ出ツル心ナキヤヲ問ハレタルモ意ナキ旨返答セシコトアリ。沢田君（当時北海道長官沢田牛麿　筆者）ノ説アリシモ考慮ノ結果児玉伯ニ決セルモノ、如シ。(8)

政務総監の人選について関屋次官は、総督府在職時代の上官で当時の資源局長官であった宇佐美勝夫を田中総理に推薦した。田中はその就任を宇佐美に交渉したが、宇佐美は受け入れなかったため、さらに関屋に打診したが、それも断られた。結局斎藤実が田中首相に児玉を推薦し、田中首相からは「宇垣大将の補佐役たらんことを期」(9)することを約束した上、児玉は朝鮮に赴任した。

②山梨・池上人事

山梨総督・池上政務総監時代の人事の特徴はまず、日本本国からの新任者が大幅に減ったという点である。(10)山梨総督は朝鮮の政党化を憂慮する世論を意識したせいか、「赴任後は事務官の更迭をするだらうなとのうはさある様ですが事務官といふものはこう久的なものですから左様な考へは全然持つてませぬ」(11)と表明した。また池上政務総監も大阪市関係者から朝鮮への随伴を期待されたが、「僕にはお伴は必要ない、あちらには馴れた立派な人々が沢山居るから」(12)と断るなど、内地からの赴任は予想に反してほとんど行われなかった。

以下に示したのは、山梨総督時代の朝鮮総督府部局長（勅任官）の顔ぶれである。留任者が少なくないのみならず、本国から新しく赴任した官僚は一人もいないことがわかる。

総督府部局長

内務局長　生田清三郎（留任）

警務局長　浅利三朗（留任）

財務局長　草間秀雄（留任）

学務局長　李軫鎬―松浦鎮次郎（一九二九年一月一九日〜）
殖産局長　池田秀雄―今村武志（一九二八年三月二九日〜）
逓信局長　蒲原久四郎―山本犀蔵（一九二八年一月三一日〜）
鉄道局長　大村卓一（留任）
専売局長　水口隆三―松本誠（一九二八年一月三一日〜）
法務局長　松寺竹雄（留任）
山林部長　園田寛―渡辺豊日子（一九二八年一月二一日〜）
土地改良部長　安達房治郎―松村松盛（一九二八年三月二九日〜）

秘書官に元読売新聞記者で鳩山一郎の推薦を受けた依光好秋と元大阪府学務課長を務めた福士末之助を当て、また嘱託として元国民新聞記者尾間立顕を採用した。また休職滋賀県知事であった今村正美（政友会系）を慶北知事に、簡易保険局事務官森義信を逓信事務官に異動させたほか、内地からの赴任は数人に止まった。前の時期に内務大臣や内務次官などが政務総監に就任したことに比べ、大阪警察部長を経て大阪市長に就任した池上では内務省との人事異動に関する交渉能力が落ちたのも一つの原因ではないかと考えられる。

このように内地からの新入者は少なかったものの、「五万円出せば道知事になれるなどの流言」(13)が朝鮮人の間で行われるなど、買官の疑獄が相次いだ。また山梨総督の側近者については「士君子の口にさえするを恥ちるの行為多く有之」(14)と、綱紀紊乱を批判する声が高かった。このような朝鮮総督の周辺に絡む各種疑獄は、山梨総督の評判を一層悪化させた。

次に、「生え抜き官僚」の躍進が見られ、全体的に政党色は薄くなった。一九二八年三月、生田内務局長の建策により本府と地方の入れ替えが行われた。[15] 山梨は一九二八年三月三〇日付で総督府事務分掌規定を改正し、従来、秘書官・外事課・文書課・会計課・審議室の四課一室に分けられていたものを、秘書課・文書課・外事課を併せて総務課とし、審議室と会計課を存続し、二課一室にした。新設した総務課の課長には「生え抜き官僚」でもなく「大正八年組」(斎藤総督と共に朝鮮に赴任した内務省出身官僚)でもない中村寅之助を抜擢した。総督府内に腹心の人物が少なかったので、両派閥に属していない中村を重用することによって勢力均衡を保とうとしたのではないかと思われる。しかしながら、このような山梨の思惑は必ずしも思い通りにはならなかったようだ。松村松盛は山梨総督時代の朝鮮総督府の内部事情について斎藤実に次のように報告していた。

山梨将軍の総務課万能主義は八方非難の中心にして之れは早速解体の必要有之候。勅任課長を置き総務課を以て総務局の実務と実権を握らせるは事務分業の精神を紊ル者ニ候。(中略)其故奈何といふに秘書官は人事及高等政策等迄奪はれて何等の権威なく従て総督自体も空にうかんで足なき幽霊の如き状となり、威令が下に徹せず、小利口な局長は総務課長をだまして種々な細工をして総督総監を牽制し、其の意図を枉げ知らん振りをして居る様な事多々有之候。従て属僚の御殿女中的政治化して真面目に考ふる者は馬鹿馬鹿しくて仕事が出来ぬやうに相成候。[16]

山梨総督は「総務課万能主義」と言われるほど、官房総務課長に実務と実権を握らしめた。だが、腹心の秘書官らは秘書課が廃止され、人事や高等政策まで総務課に奪われたことによって、勢力が弱化し、総督は「空にうかんで足なき幽霊の如き」状態となった。そのうえ、「小利口な局長」[17]が総督と政務総監を牽制し、総督政治は「属僚の御殿女中的」に政治化したと松村は評したのである。勢力均衡のため、中村総務課長を抜擢したが、かえって腹心の勢力を弱化させ、結局、在来の「小利口な」局長が跋扈する有様だったのである。

一方、政務官視された殖産局長や警務局長の中で、警務局長は留任したものの、憲政会系と見られた池田秀雄殖産局長は更迭され、その代わりに生え抜きの今村武志が抜擢された。また斎藤総督時代に優遇されたいわゆる「大正八年組」や総督と同郷であった所謂「東北閥」の勢力が弱化され、その代わりに「生え抜き官僚」が本府に進出した。「大正八年組」である渡辺豊日子殖産局農務課長は当時の総督府の内情を守屋に次のように伝えた。

御承知の通り朝鮮には故木内氏の恩顧を受けたる木内閥あり、之が最近には下岡湯浅と申す憲政系の総監を迎へて大正八年以来一時雌伏し居たる勢力を挽回致し、今日も尚ほ相当暗中に飛躍致居候。殊に彼等の目指す所は銀行会社と申す方面にて之に依り、軍用金を調達せしむとする下心かと思はれ候。吾々同志の立場よりすれば、水野文相並に閣下の衆議院出馬に際しても先づ財力の必要を感ずるのみならず、将来閣下か政務総監又は総督として来鮮せらるゝ際の事を想見するも木内閥を今日より根絶し置くと共に会社銀行等の方面に対し、比較的冷淡たりし従来の態度を一変して今日より要所要所に可成同志の人を配置しおく必要あらす哉に思はれす。(18)

この書翰で登場する木内派とは統監府農商工部総長を務めた木内重四郎が抜擢した大塚常三郎、生田清三郎、青木戒三などいわゆる「生え抜き官僚」である。彼等は三・一運動以後、内務省官僚が数多く朝鮮に赴任することによって一時的に総督府内で勢力を失っていたが、憲政会系の政務総監が赴任してからは徐々に勢力を挽回しはじめ、山梨総督期には内務省出身官僚たちを追い出して主導権を取り戻したのである。ちなみに警務局長、法務局長の留任によって山梨総督の周辺に絡む各種疑獄事件が摘発されるようになる。

二　朝鮮総督府疑獄事件

神奈川県出身の山梨は、陸軍を支配していた長州閥の助けと明晰な頭脳（陸軍士官学校、陸軍大学校を優秀な成績で卒業）により、非主流の限界を克服して陸軍大臣にまで昇進した。山梨は田村怡与造陸軍中将の長女と結婚することによって軍人としての地歩を固め、また陸軍士官学校の同期で長州閥の長者の田中義一との親密な関係を維持することによって、非長州閥ながらも陸軍大臣の地位にまで昇りつめたのであった。田中が政友会に入党して政友会総裁になると、山梨は田中が歩んだ政治軍人の道を踏襲することになった。その後、山梨は鈴木喜三郎、水野錬太郎、大木遠吉等と共に政友会と政友本党を再結合させようとした。そしてこの再結合工作が失敗すると、前述した通り、政友本党議員梅田貫一を買収して政友本党議員の離党を勧誘させたのであるが、この工作が暴露され、衆議院で政治問題になった。政治的野心を燃やしていた山梨は政友会に正式に入党しようとしたが、政友会幹部などの反対によって失敗し、(19)その後、山梨は朝鮮総督就任に意欲を燃やした。田中は、当初山梨の朝鮮総督就任を好ましく思わなかったが、(20)鈴木喜三郎内務大臣が積極的に支持したので、受諾したといわれている。(21)山梨の総督就任が決定されると、世論は朝鮮での政友会の利権獲得活動を憂慮した。湯浅政務総監は山梨総督が朝鮮に赴任する時の状況に対して、内務省先輩の伊沢多喜男に次のように伝えている。

二、雑輩三人を引率赴任何れも高等官待遇之囑托。〈ママ〉右三人直ニ秘書官ならんと暗闘を継続中、大将之ヲ処する能はず。

三、肥田理吉之乾児朝鮮ニ急行し来り平壌京城、大邱より大将歓迎之電報を要路ニ発し匆惶内地ニ去レリト云ふ（当時新聞記者等之探知）。

四、乾新兵衛之乾児利権猟ニ着手。(22)

山梨の周囲には元読売新聞記者依光好秋、元国民新聞記者尾間立顕、肥田理吉など評判の悪い人物達が居並び、各種疑獄事件の中心人物である乾新兵衛も朝鮮利権獲得のため動き回っていたのである。ちなみに乾は田中が政友会に入党する前、三百万円の政治資金を提供して問題になった田中大将事件の張本人でもあった。一方、依光・尾間は政友会幹部である鳩山一郎、森恪が推薦した人物であり、肥田は政友会出身衆議院の肥田琢司の実弟だった。実際、肥田兄弟は、一九二八年三月、内地での選挙で世話になり、朝鮮土木建築の請負界に参入しようとする満洲の土木建築業者榊谷仙次郎に、山梨総督が今の地位にいられるのは、われわれ兄弟の尽力のおかげなので「朝鮮ではどんなことでも出来ます」、「釜山の遊郭地の売払、電鉄の買収、その他水田の小売等の売買ならば、幾らでも条件の良い所を提供する」、「朝鮮で何か利権が必要ならば、容易に得られると思ふから云って貰ひたい」(23)と利権供与をほのめかした。

山梨が朝鮮総督として赴任してまもなく、日本は総選挙に突入する。一九二五年普通選挙法が通過した後、初めて行われた選挙であったが、一般の期待を裏切り多くの政治資金が必要だった。山梨の衆議院選挙介入に対して『東京朝日新聞』は次のように伝えている。

大将が赴任して間もなく総選挙となつたが、大将は某方面から割り当られた二十万円の軍資金支出に窮し、金鉱の払下げを種に某老大貴族その他から十万円を、機密費その他から十万円を調達してやつと重荷を下したとのうわさがまもなく立てられた。(24)

新聞報道であるので信憑性は薄いが、貴族院議員福原俊丸に送った山梨の次の書翰と照らし合わせてみれば、全く根拠がないとは考えられないだろう。

今回撰挙ニハ要必勝候ハ御異議無之ト被存候。右ニ付兼て申上置候通り、二三十万入用有之候へ共、貴台之手ニアラザレバ調達不可能ニ座候へバ貴台ニ於テ此際至急御尽力之上調達方奉懇願候。下院ニ於テモ朝鮮擁護之士有之候ハ必要欠クベカラザル議ニ候へバ御多忙中恐縮ニ候へトモ御願申上候。(25)

山梨は、与党である政友会の選挙勝利のため、福原俊丸に選挙資金の調達をすすめていたのである。これに対して民政党の堤康次郎は「山梨大将ハ年度が変ると二十七万円一口に引出シテ全部政友会ニ出さる」[26]という疑いを提起しているが、その疑獄が事実ならば、総督府機密費が選挙資金に使われていた可能性が高い。

周知のように、第一六回総選挙で行われた内務省の選挙干渉の責任を取って鈴木喜三郎内相は辞任することとなった。強力な後援者である鈴木が失脚すると、山梨も「弱気に相成たる感有之候。中央における力もなく碌々として禄を食む状態」[27]になった。

もっとも、山梨は朝鮮総督でありながらも「内相問題も未だ解決せざる由、人選当を得ざれば党の一致を欠き為めに今後の拡張は不可能と相成り、次之機会には蹉跌を免かれざることと被存候。此辺無論御考慮之事と存候へ共、如何にも不安に不堪候」[28]と露骨な党派的立場を堅持しており、したがって政友会の利権要求に対して断固とした立場が取れなかったことは想像するに難くない。実際、政友会は台湾、関東州などで利権獲得に熱心であって、朝鮮でも雨後の筍のごとく米穀取引所設立の申請が相次いだ。特に、尾間は「黄白に執着すること甚だしき結果、朝鮮総督府高級嘱託としての範を超へ」[29]、釜山米穀取引所、東萊温泉土地払下問題をはじめ各種の疑獄事件にかかわった。

このように総督周辺の側近が利権に介入して、これが政治問題で飛び火することになったのだ。総督周辺の人物は「総督の名を利用し、或は政友会の為と称し、種々の方面より物的利益を収め」[30]ており、総督側近らの間で内部対立が生じて、その非行を告発し合って民間に広く知られるところとなった。のみならず、山梨総督については、その赴任以来「黄白を蓄積する方針の下に利権を漁りつゝありし」、「現在に於ては数十万金を収得しつつあり」、「金坑の採掘権に絡まる問題、其他数件を枚挙すべし」[31]と噂されるほど評判が悪かった。そしてついに一九二九年釜山取引所設立認可をめぐって山梨が肥田から五万円を受け取ったという事件が発覚し、山梨は朝鮮総督を辞任することになった。

朝鮮の最高権力者が検察の召還を受ける未曾有の事態が繰り広げられたのである。山梨は後輩の宇垣一成陸軍大臣の仲介で、軍威信の失墜と植民地統治への悪影響を考慮した政治的な妥協により不起訴処分に処せられた。このように朝鮮総督府疑獄事件は政党に対する政治不信を招き、特に異民族を統治する植民地において政党の弊害に対して批判を強めさせた。昭和天皇は台湾とは違って朝鮮では文官総督任命に反対し、政党の朝鮮進出に歯止めがかけられることになる。(32)

三　普通教育拡張改革と社会政策

山梨総督は就任挨拶で「朝鮮統治に付ては全く白紙」と述べ、世論から「憶面もなく」、「無抱負」だと批判されたが、(33)就任に際しての諭告で、「経済文教其ノ他百般ノ施設ヲシテ、実際生活ニ合致セシムルニ留意」すると述べ、教育と経済方面に重点を置くことを表明した。

その具体的な内容は何か。経済方面では産米増殖計画の進行に伴う農村の疲弊を救済する様々な社会政策的な政策が施行された。まず小農民救済のための勧農資金貸付案＝勧業救済組合案を発表した。これは内務局社会課で内地金融共済組合を模範として立案したもので、韓国併合の恩賜金を財源にして総額六〇〇万円、無担保で小農民に低利資金（二〇―五〇円）を供給して小農救済をはかるとともに、農業を奨励することを目標とした。(34)また前総督の政策を受け継いで、小作調査委員会を設置して小作慣行調査を行い、各道に改善をはからせた。さらに総督府は朝鮮簡易生命保険を開始した。これは一般民衆の生活的安定を図り民力を培養するため、総督府が経営する小口の生命保険であった。この保険は朝鮮総督府が寺内総督時代から計画し、中央政府と数次の折衝を重ねたが、時期尚早として見送られ、一九二九年ようやく実施を見たものである。[35] 総督府はこの制度を導入するため、本国から簡易保険局事務官森義信を総督府逓信局事務官に抜擢した。

文教の方面では、三・一運動以後、全国的に朝鮮人の普通学校増設運動が競争的に行われる中で、[36] 総督府は一九二八年四月、「普通教育拡張案」なる一大方針を発表した。[37] この拡張案は李軫鎬が一九二四年一二月学務局長に就任して以来取り組んできた初等教育の拡張、実科教育の充実、師範教育の改革などの課題から、山梨総督の意を受けて織り込んだものであった。[38] 池上政務総監は東京高等師範学校教授兼文部事務官であった福士末之助を秘書官に抜擢し、福士に総督府学務課長を兼任させ、一面一校主義の計画・立案・実行を強引に押し進めた。もとより一面一校主義は山梨総督の新案ではないが、その実行を急ぐことになったのは山梨総督の発案で、総督の基本方針のもとに具体的な計画が立案された。[39] その計画の大要は普通学校の普及である。池上政務総監は、今後六ヵ年に一面一校を目標として掲げたが、一面一校政策を実現するには、朝鮮の二五〇三面のうち、当時普通学校が未設置であった一一五〇面、すなわち一一五〇校を設置する必要があった。年間約七五万円を道地方費の補助費から振り当て、また経常費として別に必要となる一六万円（初年度）ないし一八〇万円（完成年度）は総督府財政からの補助を予定していた。そして万一総督府財政上の都合から不足が生じる場合は、日本国内における義務教育費国庫負担の例にならって、中央政府に請議することによって解決出来るものとしていた。[40]

朝鮮総督府は一九二八年四月、「朝鮮総督府ニ於ケル普通教育振興ニ関スル第一次計画」を立案し、この案について山梨総督は五月の道知事会議に諮問した。各道知事は財政難と朝鮮の実情を理由に反対意見を表明した。だが、山梨総督は「一喝の下」にその反対意見を退けたという。[41] その後、総督府は朝鮮教育の普及振興の根底を確立するため、臨時教育審議委員会を設けた。委員長には政務総監が就任し、委員には各局部長をはじめ、学校関係者、朝鮮軍（参謀長寺内寿一）、民間有力者（有賀光豊殖産銀行頭取）などを網羅したが、一九二〇年代に総督府主導の委員会へ朝鮮軍関係者が参加したのは珍しいことであった。六月二八日、生田内務局長不在の中で行われた第一回の委員会で、今後の教育方針として初等教育の普及、すなわち一面一校の設置が決定された。具体的な諮問案として一．普通学校普及に関する件、二．普通学校の内容改善に関する件、三．国民学校の新設に関する件、四．師範教育改善に関する件、五．青年訓練所に関する件が提出された。委員会では第一議案に対して「普通学校の卒業生の状況を思想的、社会的に見るに誠に深憂に堪へぬもの」があり、教育内容について「学校教育を受けたるが為めに却つて身を誤らしむが如き事なき様、特段の工夫を要する」という意見が、第二議案では、教育内容について「旧来の陋習を打破して積極的に良風の振興に意を用ふる」必要があり、「国法を遵奉する精神を徹底せしむる」必要があるという意見が、また第五議案について「朝鮮に於ては内地の如く補習教育の普及は洽からざる現状なるを以て、年齢、訓練時間等の点に於て支障なきか」という意見が提出された。[42] しかしながら、委員会は一日しか開催されず、ただ総督府の原案を追認するに止まった。

さて教育振興案が総督府案として決定されると、財務局も一九二九年度総督府予算に一六〇万円を計上したが、総督府は内外からの反対に直面した。当時朝鮮では「旱天相続き植付難ニ会ひ二百万石内外減収予想ニ御座候」[43]状態であった。予算編成に当たって極度の財政不足に直面した総督府は、不急事業の繰り延べを決定した。この中で、二〇万円内外の資金を産米増殖計画費から振り当てるという話が世間に伝えられた。[44] これに対し在朝日本人、民政党や世論から「朝鮮産米増殖計画の改悪」、朝鮮の財政事情を無視した「無謀なる教育拡張案」という批判が相次いだ。一方、内務局は池上政務総監―学務局主導の一面一校設立案に対して「六ヵ年間毎年百数万円の地方費補助を支出するといふことは、それでなくても地方財政の行詰っている今日かゝる多額の地方費負担は到底たへ得るところではない」[45]と、断固として反対した。内務局は、一九二四年の行政整理、一九二六年の税制整理により地方費が激増する中で、朝鮮人の学校費負担が増加し、さらなる増税を余儀なくされることを懸念したのである。元忠北知事朴重陽は、山梨総督に一面一校計画について次のような見解を示していた。

閣下御赴任壁頭ニ朝鮮ニ於ケル初等教育拡張ノ急務アルヲ声明シ、普通学校普及ヲ計画セラルハ一般朝鮮人ノ歓喜スル処ニシテ双手ヲ挙ケ賛成ニ候ヘトモ、朝鮮ノ現状カラ見レバ飢餓ニ泣ク地方農民ハ其予算ヲ教育スル力ノ貧弱ナルヲ考察スル必要モ有之候。教育ノ固ヨリ大切ナルハ論スルマデモナキ事ニ候ヘトモ、彼等ニ衣食ヲ与ヘルハ何ニヨリモ先決スヘキ問題ニ御座候。産業行政ヲ徹底セシメ貧困ナル地方民ヘ生活ノ安定ヲ与ヘルノガ、朝鮮統治上第一要諦ナルコトハ何人ト雖、反対意見ノ有スルモノナカルヘシト信候。初等教育普及ハ財源サヘアレバ何時ナリトモ実行シ得ルモノデアリ、始メカラ声ヲ大ニスル必要無之候。先キニ声ヲ大ニシ後ニ実行ノ供ハサル場合ハ反ツテ苦情ノ種トナリ人ノ鼻笑ヲ買ウニ至ルヘシト存候。[46]

一九二八年五月から八月にかけての朝鮮南部地方の深刻な旱魃により、米穀だけで約一二〇〇万円にのぼる農作物の莫大な被害が発生した。それに同年、咸境道地方と洛東江流域で洪水による被害も発生している。相次ぐ自然災害に朝鮮農民が苦しんでいる状況の中で、朴は普通教育普及よりも、まず生活の安定を期するべきだと山梨総督に政策提言していたのである。一九二八年一〇月、朝鮮を訪問した守屋も当時の総督府の状況について次のように日記に書きとめていた。

今日も朝から多数の来客であつた。折角の訪問故皆御目にかゝつて其の言ふ所をきいた。そのうちには個人的な願もあつたが、現代の総督政治に対する尤もな不平も尠くなかつた。肝腎の総督は病むで居る。しかして総監は無学である。各部局長の意見か疎通しない。これでよい政治か行はれる筈かない。松村［松盛］君の意見も面白くきかれた。[47]

また総督府の教育振興案に対する批判は、財政面からだけではなかった。『東京朝日新聞』は九月一三日付社説を通じて「徒に内地の法制、慣習、言語の同化を強ひ、その目的をもつて教育の急激なる徹底を計ることが、果して彼等の疲弊せる生活を今日以上に攪乱せしむる結果を与へずしてやむかどうか、吾人の疑ひなきを得ないことである」と手厳しく批判した。また学務課長から京城法学専門学校校長に左遷された後、依願免職した平井三男[48]も「教育は徒に、農民としてくわを棄てしめ、大工をして鋸を抛たしむる結果に陥り、怠惰遊食の民とならざれば、放談横議、統治に反逆する不平の輩を養成するのみである[49]」と、教育普及による思想の悪化を警戒した。実際、当時朝鮮人学校で頻繁に発生していたストライキに対して朝鮮総督府はその対策に頭を悩ませており[50]、金谷範三朝鮮軍司令官が「同盟休校は益々多く、放縦不規律なる青年の情態を見ては嘆声を発する事屢々有之候[51]」と嘆くほどだった。ちなみに平井は一九二二年、地方自治および植民地制度視察を目的として、アルジェリア・チュニジア・インドなど欧米各国の植民地への出張を命じられ、現地で植民地教育をうけた青年が独立運動に携わっていることを目撃していた。朝鮮の学務行政に携わってきた平井にとって、山梨の教育振興案は「朝鮮の実情を無視する盲断独断の計画」にほかならなかった。

このように池上政務総監は内務局長、財務局長の反対を押し切って李軫鎬学務局長を支持する態度を取ったものの、朝鮮総督府内では反対の声が絶えなかった[52]。元学務局長渡辺豊日子は当時の朝鮮総督府の事情について次のように回想している。

それに（一面一校の実行　筆者）対し朝鮮に永く居り半島の実情を知っている人は、「早過ぎる。経費の出ようがない、不完全な学校を作って不完全な教育をやるのなら、寧ろやらぬ方がよい」と反対する人も少なくなかった

ようで、殊に総督府の内部においても、この一面一校主義の政策には賛成する者は、少なかったように記憶します。(53)

当時、総督府内では「朝鮮に永く居り半島の実情を知っている人」すなわち、「生え抜き官僚」たちの大方は、一面一校案に反対したことがわかる。こうした状況で、政府部内にも普通学校増設案に対する批判が高まり、特に大蔵省の査定過程で「学校費への国庫補助は当面その大なるを期すべきでなく、学校費負担の増加可能の面より順次着手すること」(54)が決定され、当初の計画より後退を余儀なくされた上、内閣交代によりさらに削減を余儀なくされるようになった。

一方、池上政務総監は翌年一月八日の定例局長会議で、府に議決機関を設置することと「内鮮共学」を一九二九年度の施政方針として決定するなど、朝鮮人初等教育に対する熱意は衰えなかった。ちなみに朝鮮総督府の方針に従って慶尚南道が「一面一校」計画を立てたものの、予算を理由にその実施を延期すると、朝鮮人道評議会議員らが元の計画通り推進することを要求しながら、道当局が諮問を求めた予算案に対して返上案を提出した。これに対して道知事が議員らの予算案返上同意案提出を自身に対する不信任だとし、朝鮮人議員を解任する事件まで起こった。(55)

このように、この時期は「経済発展」と「文化の振興」が二大目標として設定され、具体的な事業としては普通学校の一面一校を目指した増設、小作慣習の調査、小農に対する小額生産資金の貸出、朝鮮簡易生命保険が推進された。このような統治政策は、一方では社会政策的な施策を行いながら、他方では植民地民衆の負担を加重させる矛盾したものにほかならなかった。

四　統治構想

①在満朝鮮人問題

中国では第二次北伐とともに国権回復運動が激化し、田中内閣の積極的な満蒙政策に対抗した。その余勢は日本による侵略の「尖兵」とみなされた在満朝鮮人にも波及し、その関係地域は全てこの運動の攻撃対象とされた。[56]こうした中で、東三省官憲による満洲在住朝鮮人に対する圧迫問題が深刻になり、彼らは朝鮮人に対して帰化の強要、法規外の税金の課税、学校の閉鎖、白衣着用の禁止および中国服の着用の強要、立ち退きの要求など各種の手段によって圧迫を強めた。[57]中国官憲の朝鮮人圧迫が一九二七年一一月、一二月にピークに達すると、朝鮮内でも中国人に対する排斥運動が表面化するなど事態が深刻化した。一九二七年一二月七日、全北裡里で中国人迫害事件が発生して以来、「八、九、十の三日に亘りて全北、全南、忠南の三道に渉りて二百余件の暴行騒擾事件有之。支那人死者二負傷十数名を算し、其後各道に波及し仁川の如きも五百余名の民衆支那人を威迫暴行せし事件[58]」が起こった。これがまた中国で報道され、事態は次第にエスカレートしていった。金谷範三朝鮮軍司令官は一二月一六日付で「支那官民ノ在満鮮人圧迫ニ就テハ帝国ハ正々堂々強硬ニ抗議シ已ムヲ得サレハ威力ニ訴ヘテ速ニ之ヲ解決スルヲ要ス[59]」と陸軍大臣に意見を具申した。山室信一氏がすでに詳述しているように、満蒙問題の導火線は在満朝鮮人問題にあった。[60]

中国官憲の在満朝鮮人圧迫を緩和するために、日本政府が朝鮮人の中国帰化を認める方針をたてたと伝えられると、山梨総督は一九二八年一月一五日、東京記者団に対し、「鮮人の帰化を認めるなどとは、誤伝も甚だしいもので、さる事は絶対にない。在満鮮人保護の為めには、帝国政府は、現に出来得る限りの力を尽して居り、飽くまで鮮人に対し、帝国臣民として彼の地に安住し得るやう、支那政府に厳重なる交渉をして居るのである」と語った(61)。外務省や関東庁は朝鮮人に帰化の自由を認めると主張したのに対して(62)、山梨は朝鮮人をあくまで「帝国臣民」として「保護」の対象にしたのである。

一方、阿部充家は蔣介石の北伐が朝鮮統治に及ぼす影響について懸念し、斎藤元総督に次のように伝えていた。

此間日本の外交上の立場は実に戒慎を要すべく其勢の極る所日本今後の国勢にも一大影響可有之。其第一歩は満洲に於ける日本の勢力範囲に及ほす影響にして其影響を第一番に蒙るものは我か朝鮮にして多年其乗すべき機をねらい居たる国境の匪徒は必らす蜂起すべく、而して常に外来の勢力を借つて其埜望を逞しせんとするに慣れたる鮮内の不平分子も必らす起つて相応しべき形勢を誘致せぬとも限りましく、今日に於て万一に備る対策の確定の必要可有之乎と窃に愚考仕候。特に恐るべきは国民軍中朝鮮の亡命兵は勇悍能く戦ひ居る由にて此等の消息を知り居る鮮内青年客気の徒には既に一種の刺激を与へ、隠微の間鮮人心既に動揺の兆ありと聞込み居候事も有之候。曽て申上け候ふ事も有之候通り、折角に右傾しかけたる人心が支那の動乱の傾向一つには逆転するやも図られざる形勢は不幸にも其実現を見んと致し居申候。鮮内の調子も全く変しかけ居り申候。是れは崔麟の上京など其刺激の一材料なるも重なる原因は支那の変局に有之候ふ事と被存候。此の趨勢より察して此の後半年期は朝鮮も多事ならん事覚悟今日に於て大切と奉存上候(63)。

阿部は「国民軍中朝鮮の亡命兵」、つまり国民革命軍の中核となっていた黄埔軍官学校朝鮮出身者の活躍が朝鮮内の青年などを刺激することを憂慮し、「右傾しかけたる人心」が中国情勢の変化によって大きく揺さぶられることを危惧したのである。

さて一九二八年四月、国民革命軍の北伐が再開されると、一九二八年に入ってからやや下火になった在満朝鮮人圧迫問題も再度浮上した。同年四月一六日、外務省、陸軍省、朝鮮総督府（浅利警務局長、生田内務局長）、関東庁等の関係者が会議を開き、具体的方針を決めた。田中内閣は第二次山東出兵を強行し、五月八日、北伐軍に対する本格的な攻撃を敢行すると、山梨総督は元老西園寺公望の情報係である松本剛吉に対中国政策について次のように語った。

支那事件ハ一タビ徹底的ニ膺懲セザル以上ハ常ニ繰リ返ヘシ可申候。今日迄南方ハ一回モ我日本ノ威武ヲ実見シアラザルガ故、又南京漢口事件ヲ其儘ニ相成リ居ル故ニ我国ヲ馬鹿ニ致シ居ル次第ニ御座候。夫レ故今回ハ軍艦ヲ以テ揚子江ヲ絶チ陸軍ヲ以テ北方ヨリ一撃且之レヲ急進シテ揚子江ニ圧迫シ、城下ノ誓ヲナサシメ、従来ノ懸案迄モ悉皆片付ケ、又約束ヲ実行スル迄ハ山東及河南ノ一部若クハ揚子江沿岸重要都市ヲ占領シ、又再挙スルヲ得ザラシムルコト緊要ト被存候。若シ今回モ亦不徹底的ニ終ランカ、恐ラク其弊尚朝鮮統治ニモ波及シ、鮮民ハ漸ク我実力ヲ疑ヒ、軽蔑スルニ至ルハ必然ニ御座候。今回ハ世界ノ同情モ我々ニ在レハ前記実行ハ難カラザル事ト被存候。又内争ニ没頭セシヨリハ国民ノ意思ヲ支那方面ニ転換セシムルモ為邦家大慶ト被存候。加之南方ニ於テ屈伏セシ暁ハ北方モ自然ニ我意ニ従フ様ニ可相成候。然ル時満蒙ニ於ケル懸案モ片附可申、朝鮮統治モ容易ト可相成候。(64)

山梨は北伐軍を徹底的に「膺懲」して日本軍の「威武」を中国人のみならず朝鮮人に知らしめ朝鮮統治の安定を図る一方、日本国民の関心を中国方面に向けさせることを期待した。以後、済南事件、張作霖謀殺事件が相次ぐなど日中関係が悪化の一路を辿ると、山梨は中国の治安が乱れ、朝鮮に影響を及ぼせば朝鮮軍を出動させなければならないと飽くまで強行方針を堅持した。さらに国境治安の不安定を理由に師団増設の必要を田中首相や陸軍首脳部に力説した。(65)その一方、山梨は朝鮮の民族統一戦線組織である新幹会について大会を禁止しながら、「支部ニ於テハ激烈ノ決議ヲナシタル処モ有」るが、「漸次衰微ニ赴キ候事ト被存候」(66)と認識していた。山梨はこうした民族運動の認識に基づいて斎藤総督—阿部充家という非公式ルートによって推し進められた高等政策を等閑視したが、松村土地改良部長は「人心が総督府より全然離れて民族的に集結するの情勢となり」[67]と危惧した。

②山梨の朝鮮統治認識

前述のように山梨・池上は、朝鮮人教育第一主義を表看板として推し進めた。それは斎藤総督時代の自治論検討とは打って変わり、内地延長主義・同化主義への回帰を示唆している。山梨総督は拓殖省設置反対運動を展開した親日団体に「朝鮮特別ノ事情アル為総督府ノ必要アリ内地ト全然同一ノ事情トナレハ其必要ナシ故ニ朝鮮ノコトヲ改善シ漸次総督ノ事務ヲ減シ結局内地ト同一ナラシムルハ朝鮮人ノ責任」[68]であると含みのある言葉を漏らしている。拓殖省設置反対運動の陳情者に対して、田中首相が「余は将来朝鮮総督府も廃止し内地同様にすべきものと信じ、これに向つて努力する」[69]との旨を言明したように、山梨は朝鮮の特別事情を取り除いて究極的には総督府を廃止し、府県制を実施することを根本方針として念頭に置いたのであろう。そのため「生え抜き官僚」達の反対を押し切り、「忠良の国民」を育成するために「普通教育拡張案」や「内鮮共学」を、強引に推し進めようとしたものと思われる。このような教育にもとづいた同化政策は言うまでもなく膨大な経費を必要とし、その財源を植民地に転嫁することで、植民地統治の矛盾を一層加重させることになった。したがって「生え抜き官僚」たちは教育普及の負担が植民地に押し付けられることによって増税を余儀なくされるのみならず、かえって植民地民衆の民族意識を高揚させ激しい抵抗に逢着するのではないかと懸念したのである。「生え抜き官僚」の財政上の憂慮は、現実的な問題としてあらわれた。一九二八年、田中内閣は行政制度審議会に恩給制度を調査審議させた。同審議会は、恩給制度の改正に関し恩給法改正要領を議決した報告書第八号を、同年一〇月二日、政府に提出し、政府も同報告書を基礎として改正法の立案に着手した。この改正案には、一般会計と自給的特別会計との間に恩給を分担させる内容が含まれていた[70]。田中内閣の恩給改正案について、平井は次のように批判する。

内地人に対する恩給の負担を朝鮮に移すが為に、朝鮮の財政的独立を余儀なくせむとする結果は、最先には内地人官吏の退去を要求し、内地人官吏の加俸の除去を要求する空気を朝鮮人間に雲醸すべしと云はれて居る。一面朝鮮の政治的独立を暗示することゝなり、其の波及する所は直接間接、容易ならざるものがあると観察されて居る。(71)

税制整理に伴う増税、教育費負担の増加、さらに官吏恩給の植民地分担によって朝鮮の財政的負担は過重となり、それが政治的要求を高めるのではないかと懸念していたのである。

小結

本章では山梨総督時代の朝鮮総督府を人事、普通教育拡張政策、朝鮮総督府疑獄事件、統治構想を中心に概括した。その内容をまとめると次のようになる。田中首相は宮中勢力・貴族院・野党などの反対にもかかわらず、斎藤総督を解任して政党色の強い山梨と池上を朝鮮総督と政務総監に任命した。山梨と池上は反対諸勢力を顧慮して、予想とは異なり本国官僚の朝鮮移動を自制し、その結果、相対的に「生え抜き官僚」が浮上することになった。

山梨総督は朝鮮統治に対して白紙状態で赴任したが、主に文教政策と経済政策に力を注いだ。経済政策では勧農資金貸付案、小作慣行調査、朝鮮簡易生命保険実施など、相次ぐ増税と産米増殖計画の実行によって疲弊した農村を救済するための一連の政策を実行したが、これは前任総督の斎藤総督時代に立案された政策だった。文教政策については李軫鎬学務局長の建議を受け入れて普通教育の拡張のために一面一校の計画を立案し、これを積極的に推進した。

これに対して「生え抜き官僚」らは財政上の理由と教育普及による思想悪化を理由に反対した。一方、山梨・池上は、教育拡張案の莫大な財源を用意するために、産米増殖計画に対する国庫補助の残額を充当するという計画をたてたが、民政党・在朝日本人・言論はこれに対して朝鮮産米増殖計画の改悪だと猛烈に批判した。このように、この時期の統治政策は、一方では社会政策的な施策を展開しながらも、他方では植民地民衆の負担を加重させる矛盾を内包していた。

山梨・池上は朝鮮人教育拡張案によって「内鮮共学」に代表される同化政策を積極的に推進しながら、究極的には朝鮮総督府を廃止して府県制を朝鮮に施行する内地延長主義を支持した。これに対して「生え抜き官僚」らは、急速な教育普及がその負担を植民地に押し付け、それに伴う増税が植民地民衆の政治的要求を噴出させるだけでなく、かえって民族意識を高揚させて植民地民衆の抵抗を加重させることになると反対したのだった。

山梨の側近には政友会の推薦を受けた秘書官、嘱託が布陣されていた。これらは各種疑獄事件の主人公たちだった。山梨が総督で赴任してまもなく日本で初の普通選挙が行われて田中内閣は多くの選挙資金を必要とした。山梨は与党の政友会の選挙勝利のために朝鮮で選挙資金を調達していたし、その結果、政友会の利権獲得要求に対して断固たる立場を取ることはできなかった。このような利権獲得に総督側近が介入して結局朝鮮疑獄事件に飛び火し、その結果、朝鮮総督が検察に召還される未曾有の事態がおきたのだった。このように朝鮮疑獄事件は政党の植民地統治に対する不信を招き、その結果、政党の朝鮮進出は阻止されることになった。

注

（1）　この時期を扱った研究は数少ないが、次のような研究が挙げられる。まず、飯沼二郎「山梨総督疑獄事件と米穀取引所」（『朝鮮民衆運動史研究』第三号、一九八六年）は米穀取引所と朝鮮総督府疑獄事件を扱っているが、両者の相関関係に対する具体的な説明が不足している。普通教育拡張案に対する研究としては、欄木寿男「山梨半造朝鮮総督の『普通教育拡張案』」（『海峡』第一号、一九七四年一二月）と稲葉継雄「山梨総督時代の朝鮮教育」（『九州大学大学院教育学研究紀要』第八号、二〇〇五年）が代表的だが、普通教育拡張案に対する評価は対照的である。欄木氏は普通教育拡張案が植民地御用機関と民族運動側の批判を招きながら、急速に終焉を迎えたと評価している。稲葉氏は朝鮮植民統治中期の転換期として山梨総督時代の実質的な教育担当者（総督、政務総監、学務局長、学務課長など）および政策形成過程を検討し、拡張案自体や中心的立案者の李軫鎬局長に対して肯定的に評価している。

（2）斎藤総督の辞任過程については、駄場裕司「斎藤実朝鮮総督更迭をめぐる対立図式」（『日本歴史』第六九〇号、二〇〇五年一一月）、加藤聖文「政党内閣確立期における植民地支配体制の模索—拓務省設置問題の考察—」（『東アジア近代史』一号、一九九八年三月）や岡本真希子『植民地官僚の政治史』三元社、二〇〇八年）を参照。

（3）阿部充家は「西園寺公も此の点には頗る憂慮し居らるや の消息も伝はり居申候」と斎藤総督に伝えていた（一九二七年一二月二七日付斎藤実宛阿部充家書翰（国立国会図書館憲政資料室所蔵『斎藤実関係文書』一八三—一四九所収）。以下「斎藤実文書」と略記す。

（4）一九二七年一二月三〇日付斎藤実宛浅利三朗書翰（前掲「斎藤実文書」二六四—一二）。

（5）樺山資英伝記刊行会編『樺山資英伝』（樺山資英伝記刊行会、一九四二年）四七四—四七五頁。

（6）「池上政務総監物語」（『朝鮮公論』第一六巻第一一号、一九二八年一一月）六五—六七頁。

（7）『守屋栄夫日記』一九二七年一二月一三日条（国文学研究資料館所蔵『守屋栄夫関係文書』所収）。

（8）『関屋貞三郎日記』一九二九年六月二一日条（国立国会図書館憲政資料室所蔵『関屋貞三郎関係文書』所収）。

（9）一九二九年八月二〇日付田中義一宛児玉秀雄書翰（尚友倶楽部児玉秀雄関係文書編集委員会『児玉秀雄関係文書Ⅱ』社団法人尚友倶楽部、二〇一〇年）一五一頁。

（10）木村健二「朝鮮総督府経済官僚の人事と政策」（波形昭一・堀越芳昭編『近代日本の経済官僚』日本経済評論社、二〇〇〇年）はこの時期について「局長・課長ともに日本本国からの新任者が多くを占めることになる」と記述しているが、この記述は誤りであることを指摘しておく。

（11）『東京朝日新聞』一九二七年一二月一一日付。

(12) 前大阪市長池上四郎君彰徳会編『元大阪市長池上四郎君照影』(前大阪市長池上四郎君彰徳会、一九四一年)一一〇—一一一頁。
(13) 一九二八年二月二五日付斎藤実宛細井肇書翰(前掲「斎藤実文書」一三五二—一八六)。
(14) 一九二九年四月一八日付斎藤実宛米田勘太郎書翰(前掲「斎藤実文書」一六四〇—六)。米田は元京畿道知事。
(15) 一九二八年三月一八日付斎藤実宛藤原喜蔵書翰(前掲「斎藤実文書」一三三八—五)。藤原は元斎藤総督の秘書官。
(16) 「総督府人事に関する意見」(前掲「斎藤実文書」七一—一四)。この文書には作成者が書かれていないが、秘書官を務めた松村松盛の筆跡である。
(17) 確定できないが、生田内務局長か浅利警務局長ではないかと思われる。
(18) 一九二八年一月一四日付守屋栄夫宛渡辺豊日子書翰(前掲『守屋栄夫関係文書』一〇—四〇八—九七)。
(19) 肥田理吉『朝鮮疑獄の審かれる迄—政界・財界・徹底暴露秘話—』(山東社、一九三一年)一五一頁。
(20) 馬場恒吾「山梨半造と斎藤実」(『現代人物評論』中央公論社、一九三〇年)三四七頁。
(21) 『守屋栄夫日記』一九二七年一二月八日条。
(22) 一九二七年一二月一九日付伊沢多喜男宛湯浅倉平書翰(伊沢多喜男文書研究会『伊沢多喜男関係文書』芙蓉書房出版、二〇〇一年、四四四頁)。
(23) 榊谷仙次郎『榊谷仙次郎日記』(榊谷仙次郎日記刊行会、一九六九年)一九二八年三月一六日条。
(24) 『東京朝日新聞』一九三〇年一月二一日付。
(25) 一九二八年一月二五日付福原俊丸宛山梨半造書翰(国立国会図書館憲政資料室所蔵『憲政資料室収集文書』二〇三)。
(26) 「小川平吉・山梨半造批判に対する原稿下書」(早稲田大学史料センター所蔵『堤康次郎関係文書』所収)。
(27) 一九二八年五月七日付守屋栄夫宛松村松盛書翰(前掲『守屋栄夫関係文書』九—一六—一七)。
(28) 一九二八年五月一六日付福原男爵宛山梨半造書翰(前掲『憲政資料室収集文書』二〇三)。
(29) 一九二九年五月一六日付上原勇作宛井戸川辰二書翰所収松本剛吉政治日誌抜粋(上原勇作関係文書研究会編『上原勇作関係文書』東京大学出版会、一九七六年、三三—三四頁)。
(30) 一九二九年六月二二日付児玉秀雄宛浅利三朗書翰(前掲『児玉秀雄関係文書』七六頁)。元財務局長で商業銀行頭取であ

った和田一郎は、二九年五月、尹致昊をはじめ朝鮮人有力者に「現在の総督は歴代総督の中で最悪である」と語っていた（大韓民国教科部国史編纂委員会『尹致昊日記』九、国史編纂委員会、二一二頁）。
(31) 前掲、松本剛吉政治日誌抜粋。
(32) 朝鮮での文官総督任命に対する昭和天皇の反対については、加藤聖文「植民地統治における官僚人事―伊沢多喜男と植民地―」（大西比呂志編『伊沢多喜男と近代日本』芙蓉書房出版、二〇〇三年）を参照せよ。
(33) 『東京朝日新聞』一九二七年一二月三一日付。
(34) 田中武雄「研究会第五十回記念集会―朝鮮統治瞥見―」（学習院東洋文化研究所所蔵聴き取りテープT二三、一九五九年録音）。
(35) 朝鮮総督府『施政三十年史』（朝鮮総督府、一九四〇年）二五四―二五六頁。
(36) 朝鮮人の普通学校増設運動については오성철『식민지 초등 교육의 형성』（교육과학사、二〇〇〇年）を参照されたい。
(37) 山梨総督時代の普通教育政策については、前掲稲葉「山梨総督時代の朝鮮教育」が詳しい。本書は総督府内部の議論、つまり財政論や治安対策を中心に一面一校計画を扱う。
(38) 前掲稲葉「山梨総督時代の朝鮮教育」二九頁。
(39) 東邦生「山梨総督の新政策」（『朝鮮及満洲』第二四六号、一九二八年五月）一〇頁。
(40) 『朝鮮総督府ニ於ケル一般国民ノ教育普及振興ニ関スル第一次計画』（出版社不明、一九二八年）、前掲欄木「山梨半造朝鮮総督の『普通教育拡張案』」一六―一七頁。
(41) 『東京朝日新聞』一九二八年九月四日付。
(42) 『京城日報』一九二八年六月三〇日付。
(43) 一九二八年七月三一日付斎藤実宛松村松盛書翰（前掲「斎藤実文書」一四三〇―二八）。
(44) 松村松盛談「一面一校の財源流用問題に就いて」（『朝鮮及満洲』第二五二号、一九二八年一一月）五頁。
(45) 『大阪朝日新聞』朝鮮版一九二八年八月一一日付。
(46) 一九二九年四月一二日付山梨半造宛朴重陽書翰（前掲『守屋栄夫関係文書』八五―四―二―一七、守屋栄夫宛朴重陽書翰所収）。

(47)『守屋栄夫日記』一九二八年一〇月六日条。
(48)平井三男は一八八四年熊本で生まれ、五高、東大を経て一九一〇年朝鮮総督府警部として朝鮮に赴任した。以後試補を経て一九一六年に朝鮮総督府鉄道局参事、朝鮮総督府学務課長を歴任した。そして京城法律専門学校長へ左遷されると辞表を出し、内地に引き上げた。その後青森県知事、山口県知事を歴任した(古庄逸夫『風雪七十年』私家版、一九六五年から作成)。
(49)平井三男「山梨朝鮮総督の秕政」(前掲「斎藤実文書」一〇四―五四)。
(50)警察当局は、当時の同盟休校事件に対して、学校および教員の排斥は表面的理由であり、内実は朝鮮人を帝国臣民たらしめんとする現教育制度を排斥しようとするものであり、学生の行動は「偏見的教育論に雷同し民族の団結抗争の一表現として運動は相当深刻なるものあり」と把握していた(朝鮮総督府警務局編『朝鮮の治安状況・昭和二年版』青丘文庫、一九八四年、六頁)。
(51)一九二八年七月五日付上原勇作宛金谷範三書翰(前掲『上原勇作関係文書』一五八頁)。
(52)水田直昌『朝鮮財政余話』(友邦協会、一九八一年)二〇頁。
(53)渡辺豊日子『朝鮮総督府回顧談』(友邦協会、一九八四年)六一頁。
(54)前掲水田直昌『朝鮮財政余話』二〇頁。
(55)これについては、金東明「1929 년 경상남도 도평의회 예산안반상(返上)사건 연구」(『韓日関係史研究』第三七号、二〇一〇年)を参照されたい。
(56)在満朝鮮人問題については孫春日「満洲事変前の『在満朝鮮人』問題とその苦境」(『東アジア近代史』第五号、二〇〇二年三月)や白榮勛『東アジア政治・外交史研究―「間島協約」と裁判管轄権―』(大阪経済法科大學出版会、二〇〇五年)を参照。
(57)「支那官憲の在満鮮人問題に対する原因と之が対抗策並に反動運動に就いての考察」(南満洲鉄道株式会社総務部調査課『調査時報』第八巻第二号、一九二八年二月)五―八頁。
(58)一九二七年一二月三〇日付斎藤実宛浅利三朗書翰(前掲「斎藤実文書」二六四―一)。
(59)朝鮮軍司令官金谷範三「在満鮮人圧迫ニ関スル意見具申」(アジア歴史資料センター、C01003830500、陸軍省―密大日記

―S3―4―11（防衛省防衛研究所）。
(60) 山室信一『キメラ―満洲国の肖像―』（中央公論新社、二〇〇四年）を参照されたい。
(61) 前掲「支那官憲の在満鮮人問題に対する原因と之が対抗策並に反動運動に就いての考察」九頁。
(62) 『大阪毎日新聞』一九二八年一月三一日付。
(63) 一九二八年二月一二日付斎藤実宛阿部充家書翰（前掲「斎藤実文書」二八三―一五六）。
(64) 一九二八年五月八日付松本剛吉宛山梨半造書翰（国立国会図書館憲政資料室所蔵『松本剛吉関係文書』一二三）。
(65) 『大阪朝日新聞』朝鮮版一九二八年六月二二日付。
(66) 一九二九年四月一一日付田中義一宛山梨半造書翰（国立国会図書館憲政資料室所蔵『田中義一関係文書』）。
(67) 前掲「総督府人事に関する意見」。
(68) 『倉富勇三郎日記』一九二九年五月二五日条（国立国会図書館憲政資料室所蔵『倉富勇三郎関係文書』所収）。
(69) 『朝鮮新聞』一九二九年五月一五日付。
(70) 総理府恩給局編『恩給制度史』（大蔵省印刷局、一九六四年）一三九―一四〇頁。
(71) 前掲「山梨朝鮮総督の秕政」。

第七章　第二次斎藤実総督在任期における統治構想

本章は、第二次斎藤総督期に朝鮮総督府官僚によって立案された朝鮮地方議会設置案について分析するものである。それは、朝鮮半島をめぐる新しい統治環境の変化に対応して作成されたものの、結局は実施されることなく挫折することとなる。一九二九年八月二二日、斎藤実枢密顧問官は昭和天皇より朝鮮総督の任命を受けて、九月に朝鮮に赴任する。辞任から二年を経て、再び朝鮮に赴任することになったのだ。斎藤はかつて、三・一運動後に朝鮮統治改革の使命を帯びて朝鮮に赴任した当時も朝鮮人より爆弾の洗礼をもって迎えられたが、二度目の朝鮮赴任時もやはり統治状況は悪化する一方であった。

すなわち第二次斎藤総督在任期は、次のような時代状況のなかにおかれていた。一九二九年は三・一運動以後、日本の朝鮮統治に対する抵抗運動が最高潮に達した時期であった。新幹会に代表される民族協同戦線運動が拡大し、また元山ゼネストと光州学生運動に代表されるように労働運動や学生運動も最盛期を画した(1)。のみならず政党内閣は、明治憲法体制下における政治権力の割拠性の克服と政党内閣機能の強化を企図して、植民地機関を統制する目的のもと拓務省を設置し、それによって人事をはじめとする植民地統治に制度の面から介入しようとした(2)。さらにインドの独立運動と中国民族主義の高揚が朝鮮での民族運動を刺激した。

このように一九二九年九月の斎藤総督赴任以後、植民地朝鮮をめぐる内外の統治環境が変化する中で、朝鮮総督府は朝鮮民族運動と政党勢力の伸張、その双方に対する対策の一環として朝鮮地方議会を構想することになる。総督府の立案したこの朝鮮地方議会案（朝鮮自治論）に対しては、すでに多くの研究者が関心をよせ、研究を蓄積してきたところである。

まず、朝鮮総督府における自治論の検討を親日派の育成、民族分断政策の一環として位置づけた姜東鎮氏、朴賛勝氏や趙聖九氏の研究が挙げられる。(3) 彼らは朝鮮自治論を民族運動政策の一環として位置づけ、斎藤実総督と総督周辺の人物（阿部充家、細井肇、副島道正）の陰謀や策略として扱った。しかしそれゆえに、支配政策の立案・推進主体である、政務総監をはじめ総督府官僚そのものに対する検討が等閑に付されるという問題を残した。

第二に、総督府の朝鮮自治論を民族運動への対応として把握しながらも、朝鮮自治の政策面に着目し、その実現化する過程について分析したものとして森山茂徳氏、金東明氏、駒込武氏の研究が挙げられる。(4) 金氏は朝鮮自治を植民地政府と被統治者との間で行われるバーゲンニングの材料として理解し、駒込氏は「協力メカニズム」構築の模索として扱った。森山氏は朝鮮民族運動の発展と、その一因となった総督府の経済政策の失敗に注目し、朝鮮自治実現化の構想が縮小され、後には顧みられなくなったと結論付けている。特に森山氏の多角的分析方法は示唆に富むが、朝鮮総督府が様々な選択肢の中で朝鮮自治という方法を選んだことに対する、整合的かつ内在的な説明は必ずしも十分とは言い難い。

第三に、小熊英二氏は官庁としての既特権を防衛する総督府の志向として朝鮮自治論に言及しているが、(5) 史料の年代推定に誤りが多く、時代背景を無視した言説分析に偏った面があるのみならず、分析の枠組みにおいて民族運動や独立運動を考慮していないなど、再考の余地が大きい。

一方で、政党政治と総督政治に関連するものとしては、岡本真希子氏(6)の研究がある。これは日本国内の政党側から、絶えず総督府の人事・官制・予算に対する介入があったが、総督府側は、天皇に直隷した総督の地位を楯にしてこれを拒絶し、独立した行政「地域」として朝鮮が存在し続けたことに注目したものである。しかし、斎藤総督・児玉政務総監が若槻内閣によって更迭された事実や、分析時期を拡大した場合を考えると、総督政治に対する政党政治の介入を防ぐことに成功したとするには議論の余地が残っている。(7)

以上のような先行研究を踏まえて、本章では一方では朝鮮の民族運動に直面し、また他方では政党内閣から予算・人事・政策に対する介入を受けた朝鮮総督府官僚が、国際情勢（インド独立運動の高揚など）を横目に見つつ、目の前の状況をいかに認識し、いかなる政策を立案して、そして何を契機に政策を切り替えようとしたかを、総督府内部の権力構造に注目しながら分析する。

一　総督府人事の政党化

①総督・政務総監人事

一九二九年七月、張作霖爆殺事件で田中（政友会）内閣が総辞職すると、新たに民政党総裁の浜口雄幸が内閣を組織した。この政党間の政権交替は、植民地長官人事を政治問題化させた。浜口首相は政友会の山梨総督を辞任させ、民政党系に連なるとされる元台湾総督伊沢多喜男を朝鮮総督に就任させようとした。伊沢の朝鮮総督就任は、枢密院・陸軍・海軍の反対のみならず昭和天皇もが反対したことによって、決定的に頓挫することになる。「官僚の政党化」に憂慮を表していた昭和天皇は、以降の内閣においても地方官をはじめとする大々的な官吏の更迭に対しては批判的であり、浜口首相も天皇の憂慮を無視してまで伊沢を朝鮮総督に据えることは政治的に得策ではないと判断し、伊沢の擁立を断念した。(8) そして浜口は植民地人事におけるいわゆる摩薩派に対する配慮から斎藤実を推薦し、この結(9)

果、斎藤は八月二二日に親任式を挙げ、再び朝鮮総督に就任することになった。

斎藤総督の朝鮮赴任に対して、朝鮮総督府は必ずしも歓迎一色の雰囲気ではなかった。斎藤の二回目の就任が決定すると、内務省出身の岡崎哲郎全南内務部長は内務省の先輩の守屋栄夫衆議院議員に次の通りに伝えている。

斎藤子之返り咲き意外に存し申候。発表当時ハ無条件に官民之を歓迎せるも時日之経過と共に退鮮当時之倦怠をして今回果して更新せしむるの力ありや政策方面人事行政の刷新方面等より憂慮され出した形に有之。子をして前任時代之名声に磨きをかけぬ迄も失墜せしめさらんとせば相当苦心之存するもの可有之愚考せられ申候。子は従来据膳式を貫き及び候処此之伝統を踏襲するとせば、子之活殺ハ全く児玉伯之双肩にあると申すへきか而して児玉伯に果して其能力と決心あるや八年当時之閣下（守屋栄夫　筆者）の活動振り否な後援振りを今更しみじみ偲はれ申候。(10)

総督府官僚の中には斎藤の朝鮮赴任を意外に思い、斎藤に政策と人事の刷新を期待することに対して懐疑的な反応を見せる者も少なくなかった。(11)

また政友会内閣が任命した児玉政務総監の進退をめぐっても、民政党側はその交替を迫った。そして斎藤実の総督就任以後も、松田源治拓相は斎藤総督に引き続き児玉の罷免を勧告するなど、児玉の政務総監進退問題はその後もなお引き続いていく。

それでは、児玉はなぜ内閣によって更迭が試みられたにも拘らず二年間も政務総監職に居座りつづけられたのか。児玉の留任を可能にしたのは、まずいうまでもなく、斎藤総督の支持が大きかった。昭和天皇から絶対的な支持を受けた斎藤総督は、内閣はもちろん元総督府官僚や政治顧問である細井肇からたえず児玉更迭の勧告を受けるが、朝鮮統治の政党化に反対し、朝鮮を政党の政争圏外に超然とした独立領域として維持することという点で、児玉と一致していた。また児玉を政務総監として田中首相に推薦した斎藤は、朝鮮統治政策・朝鮮自治問題の解決について、児玉政務総監と一心同体となって歩調を合わせた。したがって松田拓相の児玉更迭の要求に対して、「自分としては飽くまでも今やりかゝつている問題ある為めどうも夫れ迄は困る」とはねつけたという。(12)

さらに児玉には彼の政治基盤である貴族院の支持があった。松田拓相の児玉辞任要求に対して、貴族院研究会の野村益三は「児玉伯は将来研究会をせおつて立つ一人である。それを無理に首切ると研究会でも決して政府に好感は持たぬ」と反対の意を表した。(13)また閣内においても宇垣一成陸相は「児玉君のことは浜口君は能く承知して居り、自ら退けるやうなことは断じてせぬ、又た下僚に動かされることもない」と児玉の留任を予想した。(14)宇垣は児玉が貴族院地租委譲特別委員会委員長として委員会を審査未了に導き、間接的に民政党の難関を救った経緯を民政党幹部に思い起こさせ、民政党からの更迭要求を鎮めようとした。そして浜口もこの経緯を知っている以上、貴族院研究会への配慮からも下手に更迭できない事情があった。このように児玉政務総監は斎藤総督、貴族院、宇垣をはじめとする陸軍、枢密院など非選出勢力からの支持によって政務総監の地位を保つことができたのだった。

②斎藤・児玉人事

一九二九年六月、拓務省が新設(15)された際は田中首相が拓務大臣を兼任したが、浜口内閣が組閣してからは松田源治が専任拓務大臣に就任した。専任拓務大臣松田は植民地に対する統制を強化することを意図し、その結果、朝鮮総督と拓務大臣との権限争いが政友会内閣期より激化することとなった。拓務大臣は政党内閣の機能を強化するという名目で総督府人事への露骨な干渉を試みた。元日本通信社社員で腹心であった安岡一郎は、児玉政務総監に八月七日「或人の噺（多分人見長官〈台湾総督府総務長官人見次郎　筆者〉ならんと存し候）松田拓相は朝鮮の内務局長、警務局長及ひ関東庁の内務局長は余程危く、既に後任内定し居る」(16)と伝えている。松田拓相は朝鮮の内務局長、警務局長、関東庁内務局長など植民地統治機関の部局長まで、民政党系列に塗り替えようとしたのである。一九一九年の官制改変以後、内閣の朝鮮総督府人事への関与は主に政務総監を通じて行われたが、松田拓相はこのような前例を無視して、朝鮮総督府の監督機関である拓務省が朝鮮総督府人事に関与することを当然視したのである。更迭対象として取り上げられた内務局長生田清三郎については、民政党の衆議院議員でいわゆる「朝鮮族」と言われる牧山耕蔵も、斎藤総督に「過去一年有半閣下御離鮮の間、生田局長の為幾多有為之良吏罷免せられ治政上甚た遺憾に存候。此侭推移致候ては却て閣下の徳政を傷付くる虞無之哉を掛念仕候(17)」とその交替を勧告していた。松田拓相によるこのような植民地人事の政党化に対して、斎藤総督は「政党的色彩の浸潤を大いに憂」え、極力反対の立場をとっていた。生田内務局長が人心一新の意味から新聞政策として『京城日報』の社長の更迭を進言した際も、総督は「人を代へるもよいか政党屋かはいってこられては……(18)」と、朝鮮統治の政党化について警戒心を募らせていたのだ。

しかしながら、内閣側の総督府人事に対する関与は、露骨に行われた。たとえば前任の学務局長松浦鎮次郎が九州帝国大学総長に転出し、空いたポストに資源局参与武部欽一が就任したが、この武部の学務局長就任は、小橋一太による文部省の主導権掌握と深く関連すると思われる。というのも小橋一太は文相に就任後、文部省人事の刷新を敢行しているからである。武部の学務局長への就任は、一九二九年一〇月に小橋文相の人事(19)によって突如普通学務局長の職を解かれた武部を、ちょうど空席となっていた朝鮮総督府学務局長のポストへあてがおうとする内閣の要求を、児玉が呑む形で実現されたと思われる。これに対して総督府の少壮官僚は「児玉総監のなすなきを痛歎せるもの今尚多く、殊ニ這回学務局長の移入に対し一層其感を深くし到底中央政府に押のきく総監ならずむバ命を托し難し(20)」と反発した。その後、児玉は人事交替について拓務省と協議するため上京するが、斎藤総督は一一月八日の日記に「局部長移動決定ノ旨東京ヨリ公報アリ(21)」と極めて珍しく人事異動について書き記していた。勅任官の進退は閣議で決定される事項だけに、斎藤総督は拓務省の動向についてかなり神経を使ったようだ。実際にも松田大臣は「勿論人事ニ干渉する意思は毫頭なきも協議的になされ度もの也」と言いながらも、総督府が上申した人事案（勅任官で昇進すると同時に退官した三人の人事案）には内閣との妥協を要請し、「二人を先づ昇格退官せしめ一人をバ次回ニ延バす事ニ決定せるも如此事ハ事前ニ協議上之上申願度」[22]と斎藤総督を圧迫した。

こうしたなかで行われた一九二九年一一月の人事異動において、斎藤総督・児玉政務総監は拓務省と協議の上で、拓相からの要求を表面的には呑む形で、一一月八日財務局長草間秀雄、警務局長浅利三朗、内務局長生田清三郎を更迭し、その代わりに警務局長には比較的政党色の薄い森岡二朗[23]を、財務局長と内務局長には各々総督府「生え抜き官僚」である林繁蔵・今村武志を任命、殖産局長には松村松盛を抜擢することにより、全体的には政党的色彩の濃くなることを回避したのだった。内務局長生田清三郎の更迭については内閣からの要求を受け入れ、総督と同じ東北出身で統監府以来児玉の部下であった今村を任命した。殖産局長今村の横滑りによって空いたポストに、東北出身で第一次斎藤総督の秘書官を務めた松村を抜擢することで、斎藤・児玉体制の強化が図られた。この人事異動に対して、守屋は「浅利、草間、生田の三局長は勇退して栃木の森岡氏か警務に就じ、その他は内部から補充するとのこと、真なるとすれば大山鳴動して鼠一匹の観かある」[24]と感想を日記に書き記していた。

二　朝鮮自治論にいたる道程

①政治参与への要求の高揚

一九二九年二月七日、第五六回帝国議会衆議院予算委員会において、元総督府庶務部長で無所属議員の守屋栄夫が朝鮮地方行政および地方自治問題に関して質問をした。これに対して池上四郎政務総監は地方制度の改正について、諮問機関を議決機関とすることを「目下調査ヲ命ジテアルト云フヤウナ状態」であると答え、また選挙方法については「矢張公選ヲ認メルト云フコトガ当然デアル」こと、これらに対しては「朝鮮ノ事情ニ照ラシテ、余程攻究ヲ要スルモノデアル」(25)という答弁を行った。また三月六日には民政党の衆議院議員加藤鯛一が提出した朝鮮の統治に関する質問の中で「池上政務総監ハ本年一月八日最初ノ定例局長会議ニ於テ現在府ノ諮問機関タル協議会ヲ決議機関タラシムヘシトノ意味ヲ宣伝シタリトノコトナルカ其ノ程度及内容如何」という問いを発し、これに対して五月二三日に大臣答弁として「京城、釜山、平壌、大邱等ノ府ニ対シテハ其ノ協議会ヲ決議機関タラシメントスル趣旨ヲ以テ目下折角調査中」であるという返答を得た(26)。

拓務省が設置されると、朝鮮人の参政権問題が内閣においても研究され始めた。六月一八日に小村欣一拓務次官が田中首相を訪れ、将来実現を期する植民地政策の具体策について成案に基づき報告し、一九日には拓相、次官、各局課長が集まり審議を行った。そして同日、その朝鮮に関する部分の具体案要綱として「将来の問題としては、参政権並に財政問題等に関する方針は今や一転機にあり拓務省設置を機会に百年の計を樹つべき」(27)であることが決定された。この拓務省による参政権問題の発表に接して、浅利警務局長は就任間もない児玉政務総監に「此等は可成朝鮮側と打合の後にせらるべき性質とも存せられ、旁新設省との間の連絡に就ては創始の際特に格別の御考慮御交渉を願ふ事多きやに被存候」(28)と、朝鮮内の治安上・統治上重大な問題を総督府との事前打合せなしに発表するという拓務省側の配慮の欠如を指摘した。

このような拓務省による外地参政権付与問題の研究は、内閣交替以後も続いた。松田拓相は就任以来、外地住民の政治的ならびに社会的地位の向上を実現させるための具体案の講究を小村次官に命じた。具体的には一・訴願制度の改正および関東庁、朝鮮での訴願制度制定、二．各外地地方自治権の拡張という二問題について、調査・検討させたのである。(29)

このように日本政府が植民地住民の政治参加問題を研究し始めると、植民地での参政権問題に関する議論は一層活発化した。朝鮮総督に再任した斎藤は、九月六日の釜山着任と同時に長文の諭告を発し、「民度の向上に鑑み民意の暢達に努むる」(30)旨を声明して、朝鮮自治権の拡充の意志を表した。着任早々の斎藤総督による自治権拡充の声明は、朝鮮居住者たちによる政治参与要求の活性化を一層促進したに違いない。たとえば一〇月六日から三日間京城で開催された第六回全鮮公職者大会(31)では、政治参与問題が盛んに議論された。大会では、自治権および参政権に関し「名論卓説を戦はす」中で、「朝鮮の現勢に適合する地方自治制実施促進の件」、「朝鮮に参政権付与要望の件」という議案が可決された。同大会には「朝鮮に貴族院議員たらしむるの途を開かれん事を要望の件」、「朝鮮に特別立法機関を設置方要望の件」(32)が提出された。「朝鮮に特別立法機関の設置を要望する件」は、いったんは日本人公職者らの反対によって撤回されたが、朝鮮人公職者らの多くの支持を得ていた。(33)結局提出された議案は撤回されるにいたるが、政治参与問題が全鮮公職者大会の主要議案として議論され、結果として総督府に圧力をかけることになってゆくのである。

②民政党内閣と総督府財政

一九二八年五月から八月にかけての朝鮮南部地方の深刻な旱魃により、農作物は額にして米穀だけで約一二〇〇万円にいたる莫大な被害をこうむった。加えて同年には、咸鏡道地方と洛東江流域において洪水による被害も発生した。産米増殖計画の実施と増税によってすでに荒廃しつつあった朝鮮の農村は、相次ぐ自然災害によって追い討ちをかけられるかたちとなったのである。これに対して総督府は土木事業を起こし、自然災害の発生による被災民・窮民を救済する対策を講じた。具体的には八月、水利事業および土木事業を起こして労銀を撒布する救済策をたて、救済経費として一〇〇万円を支出する予定であると発表した。ところが、同年一一月の昭和天皇即位式であらゆる行政業務は停止し、追加予算の編成ができない状況に陥ることとなる。[34] 予定されていた予算は翌年に繰り延べられたが、内閣交替によって登場した浜口内閣は財政緊縮政策を断行し、それは植民地統治にも大きな影響を及ぼした。内閣の方針である財政緊縮に基づいて政府側から植民地財政担当者にその指針が示され、草間財務局長や大村卓一鉄道局長は七月一〇日に上京した。総督府を代表する草間や大村は、他の植民地とは異なる朝鮮の特殊事情を説明して政府との折衝に臨んだが、大蔵省は朝鮮の特殊事情を十分考慮せず、内地の一般方針に従って朝鮮でも緊縮財政をとることを草間らに強く迫ったのである。[35] 七月三〇日、上京した山梨総督が井上準之助蔵相と会談して、朝鮮貴族補助費・鉄道・釜山電気買収実行を主張するなど、これらの事業に政府の緊縮方針が影響しないように内閣に働きかけたが、内閣の緊縮方針は変わることはなかった。その結果、一九二九年度実行予算の中、約八八〇万円の節約と、約九六七万円の繰り延べが決定され、朝鮮貴族救済・砂防工事・鉄道の建設・港湾・河川・営繕事業など、総督府の主要事業は大幅な縮小を余儀なくされた。七月三〇日の定例部局長会議では児玉政務総監を中心として予算問題につき協議がなされ、内閣の方針は朝鮮の特殊事情を無視したものとして、断固として予算復活を要求する旨が決定された。[36] このような総督府内の空気を、七月三一日に浅利警務局長は元総督である斎藤実へ次のように伝えている。

朝鮮の現時の状勢は政変に伴ひて頗る晴雲低迷の状態にて殊に最近の新聞紙の報道に伴ひ兎角の揣摩憶説やら流言蜚語行はれ統治上民心に及ほす影響も頗る甚大なるものあり（中略）政府の緊縮方針は朝鮮の特殊事情をも無視する模様なるが遅れたる朝鮮の開発に対して内地の累を及ほす事の如き果して二千万民衆が併合の恵沢を頌歌すべきや。又極端なる緊縮の結果、経済の梗塞と失業の増加を来し、現時に於て既に生活の不安と民族問題と錯綜して統治上の一大難点たり。思想運動は民族主義者の反日思想鼓吹の標的たる実状に顧み寔に深憂に不堪候。

内地と異なる救済対策を講すべき何等の財源を有せざる朝鮮の現状は閣下の特に御諒知の事と存せられ候。機会もあらせられ候はゞ政府にも実状御説示を賜はらば朝鮮の幸福之に過きすと存奉り候。(37)

治安担当者である浅利は、政府の緊縮政策は朝鮮の特殊事情を無視することであり、救済対策を講ずる財源を持たない朝鮮においては緊縮財政が経済の行き詰まりと失業の増加をもたらし、生活の不安が民族運動と交錯して朝鮮統治上の障害となると認識し、緊縮財政によって植民地統治の矛盾が深化し、それに伴って民族運動が高揚することを警戒していたのである。総督府は内閣における予算の整理緊縮方針に対して、「朝鮮ニ於ケル財界並国民消費ノ実情ハ内地ト大ニ其ノ趣ヲ異ニスルコト」「朝鮮ニ於ケル政府ノ施設ハ内地ニ比シ著シク遅レ居リ最小限度ノ要求ヲ満タスニ過キサルコト」、「朝鮮ニ於テ各種事業ヲ緊縮スルトキハ朝鮮人ノ内地渡航ヲ激増セシムル処アルコト」、また民族主義者が「補充金ノ減額ヲ以テ財政独立ノ端緒トシ更ニ進ムテ庶政独立ノ階梯トシテ之ヲ宣伝ノ具ニ供スルコト前例ニ観ルモ明カナル(38)」と朝鮮の特殊事情を参酌することを促した。山梨総督を始め草間財務局長の働きかけの甲斐あってか、総督府実行予算は結局一四〇〇万円程度の削減で食い止められたが、土木工事を通じた窮民救済事業は大きく修正せざるをえなくなった。内閣の交替による財政政策の転換は、本国からの補助金に支えられた総督府財政に制限を加え、それによって朝鮮総督府の政策も修正を余儀なくされたのである。総督府側は朝鮮の特殊事情を楯に予算削減に抵抗するが、浜口内閣の財政方針は貫徹され、内閣の交替は朝鮮の統治を動揺させる大きなファクターになった。このように、内閣の交替によって総督府の政策が変更を余儀なくされる状況は、総督府官僚にとって内閣の交替に影響されない安定的な植民地統治を可能とするシステムを構想させるきっかけとなったに違いない。中でも緊縮財政方針に基づいて、拓務省が研究に乗り出した植民地官吏の在勤加俸の削減問題は、朝鮮総督府官僚を刺激するに十分な材料であった。

三　朝鮮総督府の朝鮮自治の模索

①朝鮮総督府の朝鮮自治立案

児玉政務総監は七月一七日、統監府時代の部下や知人の開催した政務総監歓迎の「昔を語る会」で「この我々の血と肉ととうして身命を堵して築き上げた朝鮮統治に対し聊かの瑕瑾をても付けるものがあったら我々は過去の努力を無にするものとして決して座視すべきでなく、又座視することは出来ない(39)」と意味深長な発言をした。児玉は朝鮮統治を多少なりとも侵すものがあれば、断固たる対応をとる意志を表明した。児玉は朝鮮統治をかく乱させるものとして民族運動だけではなく、政党勢力の朝鮮への浸潤による朝鮮統治の政党化までを念頭に置いていたと思われる。というのも児玉は一九一九年、朝鮮総督府官制改革の際、政党による朝鮮支配を警戒し、朝鮮を政党勢力から超然たる位置を占める独立領域として残すことを考えていたからである。また児玉は、機会あるごとに伊藤博文の遺志を受け継ぐことを主張した。細井肇は「朝鮮統治の上より観れば伊藤公の自治主義と桂公（原敬氏）の内地延長主義とは早晩之を理論の上にも明白にせざるべからざる必要に迫られ居るものと観せざる能はず(40)」と、伊藤博文の保護国統治を自治主義と理解したが、阿部は児玉に対し伊藤博文の朝鮮統治を模範として、時勢に先立って人心を指導することを提言していたのである(41)。斎藤総督の政治顧問として朝鮮人懐柔政策に携わってきた阿部充家は、斎藤実が本国に引き上げ山梨総督が赴任すると、朝鮮人懐柔政策に対する総督の後援を失い、一時退却して主に中央朝鮮協会を中心に活動していた。

そうした中で、京城日報社長時代からの旧知の児玉秀雄が政務総監に赴任すると、朝鮮統治政策の転換に期待をよせ、児玉に接近したのである。児玉の政務総監親任式があった翌日、阿部は「朝鮮に於ける警察方面の弊害は多年の痼病に容易に療治し難きもの有之」[42]と述べ、高等政策への転換を主張した。彼は警察跋扈をしばしば斎藤総督に指摘しながら、絶えず高等政策への転換を主張してきたが、受け入れられないところが多く、結局第一次斎藤総督時期には彼の持論である高等政策はこれといった成果が見られなかった。そのため、もう一度児玉に高等政策を施すことを提言したのである。阿部は八月七日、児玉に朝鮮内地の権威者を網羅して朝鮮総督府の根本的な制度改正のための特別な機関をつくり、朝鮮民心の緩和を図ることを提言した。

日本が収めた貴族階級及び一部親日派の人心すら今日は既に離反しかけて参りたるには候はずや（中略）。先つ攻めては地方制度の改正にても宜しく、此の案は斎藤時代に既に出来て居るやに承り、松村部長（土地改良部長松村松盛　筆者）が当時起草せしやに承り居れば、彼に御聞きあれば分明すべし。併し之れも今日ては既に手後れの憾なしとせす。此の関門を開くれば必らす第二、第三の関門を開放する準備と覚悟となくてはならぬが勢にて御座候。小生は朝鮮制度調査会を設け曾て教育産業問題に就て試みしと同しく、朝鮮内地の斯道の権威者を網羅して根本的朝鮮総督府の制度改正の基地を作るが尤も急務と存候。かくすれば朝鮮の智識を内外に播布する媒介にもなり、間接には朝鮮民心の緩和剤ともなり一挙両得とも可申乎。此の議久しく持して屢々当路にも進言したるも今日まで其実現されさるを遺憾に存し申候。[43]

阿部は民心収攬のため、まず地方制度の改正を提言しているが、それだけでは今の段階では手遅れで、朝鮮人に地方自治以上の政治参与の権利を与えなければならないと提言していた。また彼は一九二一年総督府が開催した産業調査委員会のような朝鮮制度調査会を朝鮮に創設し、朝鮮民心の緩和に努めることを勧めていた。このような阿部の児玉への政策提言は、斎藤総督の朝鮮赴任によって力付を得ることになる。浜口首相は財部彪海軍大臣を通じて斎藤に朝鮮総督就任を慫慂した際、斎藤は「明答ハ得サリシモ出ルトスレハ今度ハ白紙ニテ臨ムコトハ出来ス。参政権付与ニ付何等カノ成算ヲ有セサルヘカラス」[44]といった。また斎藤は朝鮮総督に就任する前、浜口首相に「赴任スル以上ハ鮮人ニ希望ヲ抱カシメサルヘカラサル」ことを主張した。これに対し首相は「朝鮮事情多クヲ知ラス他ノ閣僚トモ協議シテ決定」[45]すると答えた。斎藤は朝鮮総督の職を受諾する際、参政権問題の解決の意志を浜口首相に伝えたのである。宇佐美勝夫資源局長も政策のすべてが行き詰まって辞めた斎藤が「重任シタルニ付テハ何カ考ヘハ為シタル様ナリ」[46]と予測していた。九月八日、斎藤総督は京城に到着するが、斎藤総督の朝鮮着任と共に自治論の論議は具現化してゆく。児玉政務総監は九月一一日「斎藤総督在任の限り、政務総監として力を尽くす」[47]という声明を発表し、斎藤総督と組んで朝鮮統治政策の転換を試みていた。朝鮮自治に対する本格的な研究がいつからはじまったのかを示す史料は見当たらないが、阿部充家は九月二〇日に元国民新聞社長徳富蘇峰に次のように伝えている。

承れば総督総監の間統治の根本策を定め、之を以て政府にも当り人心の安定を謀る腹と申す事にて、役人更迭も行い所謂人心を新にする輿望に副ふ決心なれど、博覧会を眼前に控へての人間の抜き差しも厄介故一ヶ月半の後に断行との事に御座候ふも、或は恐る其間倦怠の情を生じ易きをとの掛念も有之、若し甘く此一関が透過出来れば斎藤子の政治家たる評価も定り可申乎、今更ながら老クハイ腹黒きには驚入り申候。[48]

阿部は児玉と斎藤は朝鮮統治に対する根本策で合意し、博覧会の終わる一ヵ月後に断行すると予想していた。その準備として斎藤は生田内務局長に「朝鮮民族が最終に到達すべき理想的政治組織並にこれに到るまでの過程的段階」の二点に関して、自らの所信と希望を示して、具体的成案の研究を命じた。[49]総督府は生田内務局長を中心とする小委員会を設置し、本格的な朝鮮人への参政権の付与方法についての研究に取りかからせた。研究のさなかの一〇月一五日、児玉は朝鮮博覧会に台臨した閑院宮へ謝意を言上するという名目のもと上京する。児玉の上京の真の目的は政府との予算交渉と共に、朝鮮自治に対する中央政界の要人の態度を探ろうとすることにあった。児玉は、一〇月一八日には浜口首相と松田拓相を訪問して朝鮮統治に関する報告を行い、内閣と協議の上で人事異動を敢行する。

その一方、児玉は関屋貞三郎や宇佐美勝夫など元総督府官僚や中央朝鮮協会の人物を中心に、朝鮮議会の設置を説得するべくはたらきかけた。しかしながら、朝鮮自治論は強い反対に直面することになる。宇垣陸軍大臣は児玉に「朝鮮施政上に於て参政権云々の件一部の世評に上り居り申候。道評議会の権限伸張程度のものなれは兎に角余り進み過きたる計画は申す迄もなく、十二分に慎重に御講究の事専要也と存候」[50]と伝えていた。また松田拓務大臣は「朝鮮議会設置之意見を東京の某方面ニ漏し、宮内省の要職ニある拓相の友人より注意ありもし本件世間ニ広く漏れる事ニならば由々敷事態ニ相成虞ある」[51]と斎藤総督に注意した。さらに水野錬太郎、宇佐美勝夫などの朝鮮関係者も「朝鮮議会など云々事か外に漏れ候時は内鮮人に衝動を起し将来の禍根にも相成候」と憂慮した。[52]朝鮮議会設置の意見が流布することに対して、彼らは警戒心を募らせていたのである。

その後、児玉政務総監は一一月七日に朝鮮から帰る。そして、阿部は児玉の復帰を待ちかねていたかの如く、一一月八日児玉に朝鮮人の状況を報告し、朝鮮自治の実行を訴えた。

印度も一変革見るへき気運。かゝる事は必らす一種の伝染性を帯ひ居るものにて、此の新聞の朝鮮人心に及ほす結果如何と存し居たる所、果然別紙の如く申越したる鮮人有之候。時も時とて御提案も既に出来上る際と申し、何か一種の因縁に有之やに感せられ候ふか、是れか時機の到来とも可申乎。（中略）先つ朝鮮にては内地人、親日鮮人より反対論出て来り可申、韓相竜、朴栄喆など申す連中は必らす自治賛成と申す事になり可申、所謂独立派にては可否の論を言はず徐ろに其成行を見る位の所に止まり可申、崔麟、尹致昊を是非説き伏せ向背を決せしむる必要有之、彼等にして立つ決心出来候はゞ其影響は可なり大なるもの有之候。此に附ては韓相竜の力を要するもの有之。此運動効を奏し候はゞ新聞（諺文）の向背も一変、中外、東亜（『中外新聞』、『東亜日報』筆者）の二つは頗る緩和され来り可申、朝日（『朝鮮日報』筆者）も案外に懐柔も出来得べき見込なきにしも非らす候。[53]

インドにおける自治運動が活発化した影響が朝鮮にも波及し、朝鮮人の中にもすでにその同調者が現れるようになったこと、在朝日本人や親日朝鮮人が反対するかも知れないが、親日朝鮮人の中でも韓相龍・朴栄喆などは自治に賛成するはずであること、朝鮮人側は特に『東亜日報』・『中外新聞』・『朝鮮日報』系列を懐柔できる見込みであること、まさに朝鮮自治実行の時機が熟していることなどを阿部は児玉に説き伏せた。ここで注目すべき点は、早くも総督府案（「御提案」）の作成がある程度進展していたことである。児玉は生田内務局長が主導する小委員会にて作成した朝鮮自治案を持って東京に行き、政府要人や朝鮮関係者にその可能性について打診した。しかし前述のように政府と朝鮮関係者の反応は冷たかった。そこで児玉は一一月七日日本から帰ったその日に、斎藤総督に中央政界の状況を報告し、今後の対策を立てた。

したがって総督府の具体案は、児玉政務総監の復帰以後に作成されたものと思われる。その理由は次の通りである。まず、博覧会以前は博覧会の準備および進行のため、朝鮮総督府官僚が奔走して具体案を作成する余裕がなかったこと。そして第二に、総督府官僚の回顧[54]から見る限り、小委員会のメンバーが総督府内の人事異動を経た後の職名であること。以上のことから、人事異動と児玉政務総監の復帰後に、新しいメンバーも加わって、本格的な具体案の作成に乗り出したものと考えることが出来るのである。総督府官僚の回顧録類を総合すると、少なくとも次のような顔ぶれであることが判明する。

小委員会　内務局　局長今村武志、地方課長富永文一

財務局　局長林繁蔵、税務課長藤本修三

官房審議室　事務官白銀朝則、事務官岸勇一

学務局学務課長神尾弌春、土地改良部長中村寅之助、平南知事　園田寛

委員会のメンバーは、内務局長、財務局長を始めとして、「生え抜き官僚」を中心として構成されていたことが分かる。また中村寅之助は一九二七年斎藤総督の特命で「朝鮮在住者の国政並地方行政参与に関する意見」を作成した経験の持ち主で、園田寛は拓殖局から朝鮮に赴任した植民地関連官僚である。そして学務課長神尾弌春は「朝鮮議会を創ったら、私は辞めて帰ります」とあまり熱意をみせなかったので、結局地方課長富永文一と税務課長藤本修三が実務を担当したという。(55)この小委員会がまとめた成案が『斎藤実関係文書』に含まれている「朝鮮に於ける参政に関する制度の方策」(56)である。具体的な内容は後述するが、この文書においては「内地延長主義の下に適当に制限したる或範囲の自治を認め」るだけで、朝鮮自治の内容を大幅に後退させ、名称も朝鮮地方議会に変更されていた。総督府の人事異動に伴う小委員会メンバーの交替と、前述した朝鮮関係者にさえも冷淡な反応を示されたことを受けて、小委員会はその内容の変更を余儀なくされたと思われる。総督府の朝鮮地方議会案に対して、生田は児玉政務総監に次のように意見を述べている。

尚此の機会に於て自治案に関する白銀案（官房審議室事務官白銀朝則　筆者）に付き卑見一応御参考迄に申上候。白銀案に依れば朝鮮地方議会は朝鮮地方費を審議する機関とし、之を設置するも施行期日を十年後に延期することに候。然れとも小生の意見の如く朝鮮地方議会か国政の審議機関として設置せられんとするならば施行期を十年後とする声明をするも、その重大性に鑑み相当のことゝ存候得共、地方費の審議会となす以上右の如き延期は必すや民族的反感を誘起するに至るものと存候。国政としての朝鮮議会ならば其権限の範囲の広狭如何に不拘、朝鮮民族を主体とし朝鮮に固有の個性を尊重し其の pride を認むるものにして、日本としては大なる譲歩と見ら

る丶故、又朝鮮としては相当大なる希望期待を前途に発見する所以なる故、十年の将来に実現のこと丶今より期待せしむるも支障なしと被存候。然とも単なる地方費の審議会ならば現在道評議会に一歩を進めたるものに過きず、別段に深遠なる意味も此間に啓示する訳に無之、而も尚朝鮮の現状より見て右程度の審議会さへも十年後に非れは施行危険なりとの見解を持する以上、寧ろ此の際何等施策をかへず黙々として現状にて進行せは足るものと存候。其件十年後に右の如き施策を実行する旨此の際発表声明せらる丶とせば却て朝鮮を軽視せる感を深く全鮮民衆に植ふるの結果となり、反日主義者には好個の武器を与ふること丶相成り、統治の将来に回復すへからさる一大瘡痍を与ふること必要と存候。（中略）小生は十年後の施行として国政の議会を設けんとするの決意ありとせば、寧ろ先つ前提として直に地方費制会議を施行するは易々たること丶存候。[57]

生田は、まず白銀案において単なる地方費の審議会に過ぎないとされる朝鮮地方議会でさえも、その施行を一〇年後とすると声明したならば民族的反感を起こす恐れがあり、直ちに施行すべきであること、第二に、生田の具体的な構想は明示されていないが、地方費審議会より審議範囲が広い機関を構想していることが見てとれる。朝鮮議会を国政を審議する場とするならば、それは朝鮮民族を主体とし、朝鮮固有の個性を尊重することを意味し、朝鮮人に日本側の譲歩を示すと同時に、彼らに朝鮮議会に対する希望と期待を抱かしめるに違いないと見通して、生田は一〇年後の実施を宣言してもかまわないと考えたのである。言い換えれば、生田は総督府案が不充分だと指摘しながら、地方費を審議するための会議ならば早期に施行する方が時宜に適っていると促しているのである。

この件については、その後財務局長等とも種々協議がなされ、富永・岸がその立案に当たってようやく成案を得たが、印刷された文書はすべて番号を付して厳密に管理されたようである。[58]そして与党からの更迭要求が絶えない児玉に代わって斎藤総督が政府との交渉に当たることになり、成案を携えて一二月一〇日京城を出発し、上京の途についた。同月一二日東京に到着し、一三日に総理大臣、拓務大臣および水野錬太郎と面談した。当日の新聞は斎藤総督は拓務大臣と懇談したものの、朝鮮自治権の拡張について一部で意見の一致を見ず、総督府側がさらに考究を重ねることとなったと伝えている。(59) 朝鮮自治案の作成に関わった生田元内務局長が「自治問題に付ては総督東上後御折衝の結果拓相と意見を異にし再調のことゝ相成候故新紙上にて拝承洵に遺憾至極に存候」(60)と児玉政務総監に述べているように、その会談ではおそらく地方自治の拡充とともに朝鮮議会についても言及されたはずである。斎藤は次いで一四日に松田拓相、丸山鶴吉警視総監、内務・農林大臣、宇垣陸相と面談し、一六日には枢密院事務所で二上兵治枢密院書記官長と会談した。(61) 自治問題がその重要議題の一つであったと思われるが、交渉はうまく行かなかったようである。

翌年二月、斎藤は内閣との朝鮮自治権拡充の再交渉のために渡日するが、今度は貴族院からの強硬な反対に直面した。三月五日、貴族院研究会は緊急政務審査部会を開き、在京中の斎藤総督を招いて「朝鮮統治問題並に朝鮮に於ける思想問題」に関し懇談を行った。その際、湯地幸平（元台湾総督府警視総長）は朝鮮に自治権を付与する根本方針について質問しながら、地方自治を認めることはつきつめれば代議制を許す事になり、ひいては朝鮮独立問題が起るのではないかと詰問した。これに対して斎藤総督は「目下政府当局との間に慎重に研究しておる問題であるが何れ決定の上で次ぎの議会に説明したい」と直接的な言及を避けた。(62) その後、浜口内閣と斎藤総督との間に交渉が行われたが、三月一一日に地方制度改正のみが閣議決定された。

そして森山氏が指摘するように、この総督府の自治構想はかつて「朝鮮議会」とされていたものが、「朝鮮地方議会」、さらに単なる諮問機関の「朝鮮評議会」へと変えられていくことになったのである。(63)

斎藤実に次いで朝鮮総督となった宇垣一成は、総督代理時代、中央朝鮮協会の招待会で朝鮮統治について「同化ハ勿論容易ナルコトニ非ス。然レトモ絶対ニ見込ナシトハ思ハス。但シ同化セシメントスルニハ十分ニ朝鮮ノ人情風俗其他ノ事情ヲ理解スルコトヲ要ス。又断乎タル決心ト鞏固ナル熱情ヲ要ス。其時ノ模様ニ因リ間ニ合セノ処置ヲ取ル様ノコトニテハ不可ナリ」[64]と述べたことがあり、同化政策に対する強い意思が伺える。

こうして政党内閣期に検討された朝鮮自治論は、斎藤の更迭・宇垣の朝鮮総督赴任によって中心勢力が失われ、さらに民族運動の低迷と政党内閣の没落をもって終止符が打たれた。ただし、宇垣総督は朝鮮統治に、朝鮮在住者の意思を反映するため、一九三二年斎藤内閣に対して朝鮮貴族朴泳孝と殖産銀行頭取有賀光豊を勅撰議員に推薦した。[65]そのこと自体は象徴的意味を持つに過ぎない行為ではあったが、ともかく宇垣総督―斎藤首相によって初の朝鮮人貴族院議員が誕生することになったのである。また宇垣総督は、総督の諮問機関として設けられていた中枢院にはその機能を到底期待できないとして、中枢院を改革しようとした。道制実施と並行して実質的な審議権の拡張、内地人参議の任命、参議の質的向上、建議権付与、制令制定審議権付与などが主な内容であったが、これも枢密院の反対で実現に至らず、地方議員を設置するに止まった。[66]宇垣総督は律令を審議する台湾評議会に倣って中枢院を改組して朝鮮評議会のようなものを創設しようとしたが、それすらも結局中央の容れるところとはならなかったのである。

②朝鮮総督府の朝鮮自治案

「朝鮮に於ける参政に関する制度の方策」では、まず朝鮮から五人以内の貴族院議員を選出すること、そして朝鮮地方議会を設置し、それに教育・衛生・土木・産業など、国家予算から確保されたある一定の項目について、予算の協賛権を付与すること、さらに地方自治の拡張が唱えられている。国家予算のうち朝鮮地方費を区別して設け、朝鮮地方費に対する協賛権を与えるという構想は、かつて三・一運動の善後策として児玉が構想した、地方議会設置案と類似している。しかしこの案をそれ以前の総督府官僚の作成した自治案と比べてみると、朝鮮自治の内容は大幅に後退しており、ここでの朝鮮地方議会は特別立法機関とは言いがたいものとなっている。まず朝鮮地方議会に予算協賛を授ける朝鮮地方費はわずか（約一六八二万円、一九二九年度総督予算の七％）であり、朝鮮地方議会には法律や制令の審議権は与えられず、その権限は朝鮮地方費に属する地方税・使用料および手数料の賦課徴収に関する事項に制限された。なおかつそれも一〇年間の猶予期間をおくなど、骨抜きの自治議会構想にほかならなかったのだった。こうした側面からみるならば、第二次斎藤総督時代に立案された「朝鮮地方議会案」を、自治主義を基本とする統治方針の大転換と見なす先行研究には、再検討の余地があるだろう。(67) 政党内閣による人事・予算・統治政策への介入が強まりつつあるなか、斎藤総督や児玉政務総監は、朝鮮議会設置に対する中央政府の反対を予想し、民族運動対策という名目の下に朝鮮予算の一部に対する自律的な審議・使用を求め、中央政府との妥協を試みたのであろう。

さて児玉をはじめとする総督府官僚は、朝鮮統治に対していかなる認識を抱いて朝鮮地方議会を構想したのであろうか。ここでは一九三〇年に作成されたと見られる、『児玉秀雄関係文書』中の覚書や朝鮮地方議会案を手がかりとして、考察してゆきたい。まず、児玉政務総監は一九三〇年当時の治安状況について、民族主義者は近い将来に独立することが不可能であると自覚して共産党を排斥すると共に、中心的独立論・実力養成に基づく漸進的独立論や内地延長主義を基盤とする合邦的統治方針にも反対し、自治運動を重視するようになってきたと認識した。児玉は、朝鮮自治を総督府が提議するという風聞が盛んに流れるようになると、民族主義者は次のような態度に出るだろうと予測した。すなわち第一には、「独立を高調して其目的に到着すると云ふ旗印の下に自治を主張せんとするもの」、また第二に、「内地延長主義の下に出来得る丈自治を強要せんとするもの」、そして第三に、内地延長主義者、これからはこの三者の政治的意識が錯綜し、総督府の提案する穏健的な「内地延長主義の下における地方自治」に対し、「或は右傾或は左傾として論議せらるゝことか政治上の趨勢と見て差支ない」と予測した。言い換えれば総督府が提案する穏健的な「内地延長主義の下における地方自治」というのは、民族運動の分裂を狙ったものであった。実際に元京城日報社長副島道正は、一九三一年八月一九日に斎藤元総督に崔麟・金性洙、その他の朝鮮人が数回自分を来訪して「将来は自治権の拡張を目標として相進み度旨申候。金も日本の国威の大なることは海外漫遊の結果始めて覚りたるやう申候(68)」と伝えていた。

総督府官僚はまた地税と営業税など直接税を主な審議事項とする朝鮮地方議会の設置によって、朝鮮人の増税への同意を調達する一方、統治費用を安定的に確保しようとした。朝鮮地方費の歳出部門は全体の七九％を臨時費が占めているが、この中には補助費（衛生補助費・土木補助費・勧業補助費・社会事業補助費）、土木費、耕地改良および拡張費などが含まれている。本国からの補助金によって支えられる総督府財政は内閣の交替により動揺を強いられ、その都度総督府の財政政策も変更を余儀なくされてきたため、総督府は予算確保に大変苦労してきたことはすでに指摘した。例えば、一九二七年に作成された「朝鮮在住者の国政並地方行政参与に関する意見」では、朝鮮地方議会設置の理由として事務の迅速を期すること（従来予算はすべて大蔵省の所管であり、ゆえに帝国議会の協賛を不可欠としたが、朝鮮地方議会を設置した際にはそこに付議された予算はその議決によって確定することができる）を挙げていた。まして特に当時は前述したように、総督府が民族運動に直面していた頃である。総督府はその対応のために朝鮮人関連の緊急予算を確保せねばならず、大蔵省に対して朝鮮の特殊事情について繰り返し説明を行うなど、双方の板挟みの位置に置かれていた。このように朝鮮地方議会案は、内閣の財政政策に振り回されない植民地を構築しようとする「生え抜き官僚」の望みが反映したものといえよう。

しかしながら、総督府内が朝鮮議会設置に対して全面的に賛成していたわけでは必ずしもない。例えば一九一九年に水野錬太郎が内務省から抜擢し、斎藤総督の秘書官を長年勤めた松村松盛は、児玉に朝鮮人対策として生活の安定と政治欲を満足させることを提言している。具体的には、まず生活安定策としては内閣が緊縮政策を実施する中で、巨額の政費の支出なしに実行できる事項として「一、産業開発ノ基本的施設ノ充実、二、小作令ノ制定、三、米価調節、米穀法一部ヲ朝鮮ニ施行シ且農業倉庫ヲ設クコト、四、金融機関ノ民衆化、五、副業生産品ノ販売方、六、工業ノ誘致、七、実業救済ト自作農創定及移民」を勧告した。そして朝鮮人の政治欲を満足させる方策としては「道参与官ヲ廃シ道ニ産業部長ヲ置キ各道ニ少クモ一人ノ朝鮮人部長ヲ任命スベシ」、「地方自治」の拡張、「中枢院改造　地方参議数ノ増加ヲ為シ一層之ヲ重要スルコト」、「貴族院ニ数名ノ議員ヲ送ルコト」、「拓務省設置ニ伴ヒ立法府ノ一角ニ朝鮮人議員ヲ送ル」こと、「行政訴訟願ノ制度ノ創始」することを挙げている。(69)「朝鮮に於ける参政に関する制度の方策」に比べると、松村の意見書には朝鮮議会の設置が欠如しており、その代わりとして帝国議会に朝鮮人議員を送ることを提案しているのである。このように朝鮮総督府官僚が民族運動対策として朝鮮人の政治参与問題を考える際、朝鮮自治は様々な対策の選択肢の一つに過ぎないものであった。

小結

本章では朝鮮総督府官僚に着目しつつ、統治政策をめぐる様々な議論や統治意見書などを分析することによって、彼らの朝鮮統治構想について解明を試みた。朝鮮総督府は、政党間で政権交代が行われる状況下、内閣からの人事・予算・政策などを通じた朝鮮統治全般の関与に直面した。

本章では第二次斎藤総督時代の朝鮮総督府を人事・財政政策・朝鮮議会構想を中心に概括した。その内容を整理すれば次のようになるだろう。

朝鮮統治の「政党化」が進展する状況の中で、中央政府における拓務省の設置は、独立性の強い「総合行政」の統治機構としての朝鮮総督府に大きな影響を及ぼした。特に一九二九年以降の民政党内閣からは総督府人事・予算に対する関与が強化され、総督府官僚は「政党化」される朝鮮統治に対して危機感を募らせた。このような状況の中、非政党的な志向をもっていた斎藤総督と児玉秀雄政務総監は、勅任官人事については内閣からの要求を一部呑んで妥協しつつも、それ以外の面では両者連携して自らの体制を強化し、朝鮮統治の転換を試みた。斎藤と児玉は、民族運動への対応と政党勢力によって朝鮮統治が攪乱されることを防止するため、朝鮮地方議会の設置を構想し、政府に交渉した。しかしこの案は政府の受け入れるところとはならず、朝鮮居住者の政治参与問題については結局のところ地方自治を拡大する方向をとるにとどまったのだった。

一方、朝鮮総督府が立案した朝鮮地方議会は、法律や制令に対する審議権は有さぬものの、総督府予算のうちごくわずかの部分に対してではあるが予算審議権を付与された。その側面に注目して、朝鮮地方議会案を自治主義にもとづいた統治政策の大転換と評価する先行研究もあるが、これについては再検討の余地がある。むしろ朝鮮地方議会案は民族運動と政党の植民地への浸透に直面していた総督府が、一方では、内閣の財政政策と関係なく緊急予算を安定的に確保するために、他方では民族運動勢力を懐柔・分裂させるために考案した窮余の策として理解するべきであるだろう。

注

（1）　この時期の民族運動、労働運動については、姜萬吉著・水野直樹訳『韓国民族運動史論』（御茶の水書房、一九八五年）を参照されたい。
（2）　加藤聖文「政党内閣確立期における植民地支配体制の模索―拓務省設置問題の考察―」（『東アジア近代史』第一号、一九九八年三月）。
（3）　姜東鎮『日本の朝鮮支配政策史研究―一九二〇年代を中心にして―』（東京大学出版会、一九七九年）、朴贊勝『한국근대

정치사연구』（역사비평사、一九九七年）、趙聖九『朝鮮民族運動と副島道正』（研文出版、一九九八年）。

（4）駒込武『植民地帝国日本の文化統合』（岩波書店、一九九六年）、森山茂徳「日本の朝鮮支配と朝鮮民族主義」（北岡伸一・御厨貴編『戦争・復興・発展』東京大学出版会、二〇〇〇年）、金東明『지배와 저항、그리고 협력』（경인문화사、二〇〇六年）。

（5）小熊英二『〈日本人〉の境界』（新曜社、一九九八年）。

（6）岡本真希子「総督政治と政党政治―二大政党期の総督人事と総督府官制・予算―」（『朝鮮史研究会論文集』第三八号、二〇〇〇年一〇月）。

（7）例えば、下岡総監によって議会を通過した税務機関官制が潰えるケース（第五章）や、第二次斎藤総督期に釜山電気買収起債が民政党内閣によって全面削減される事例など、必ずしも政党側の干渉を防いだとはいえないだろう。

（8）加藤聖文「植民地統治における官僚人事―伊沢多喜男と植民地―」（大西比呂志編『伊沢多喜男と近代日本』芙蓉書房出版、二〇〇三年）一一八頁。加藤氏は伊沢多喜男の覚書である「朝鮮総督問題について」（伊沢多喜男関係文書研究会『伊沢多喜男関係文書』芙蓉書房出版、二〇〇〇年）を使って、伊沢朝鮮総督就任に対する昭和天皇の反対を明らかにした。

（9）伊藤隆『昭和初期政治史研究』（東京大学出版会、一九六九年）八五頁。

（10）一九二九年八月二三日付守屋栄夫宛岡崎哲郎書翰（国文学研究資料館所蔵『守屋栄夫関係文書』五―一七―一八）。

（11）内務省出身である松村松盛土地改良部長はまた守屋に「斎藤子の返咲きは意外且遺憾とする所ニ御座候」、「内鮮人官民を通じて統治に新味の望むべからざるに失望致居候。若し期待の如く依然旧套を操守するニ於ては子爵の晩年を傷ける結果と可相成」と斎藤総督赴任に対する憂慮を伝えている（一九二九年八月二一日付守屋栄夫宛松村松盛書翰、前掲『守屋栄夫関係文書』八五―四―五―二）。

（12）一九三〇年三月一五日付児玉秀雄宛安岡一郎書翰（尚友倶楽部児玉秀雄関係文書編集委員会『児玉秀雄関係文書Ⅱ』社団法人尚友倶楽部、二〇一〇年）一九二頁。

（13）同右、一九三頁。

（14）一九二九年九月一日付児玉秀雄宛西原亀三書翰（前掲『児玉秀雄関係文書Ⅱ』）一六四頁。

（15）拓務省設置については前掲加藤論文「政党内閣確立期における植民地支配体制の模索―拓務省設置問題の考察―」が詳し

い。
(16) 一九二九年八月七日付児玉秀雄宛安岡一郎書翰（前掲『児玉秀雄関係文書Ⅱ』）一二八頁。
(17) 一九二九年八月二三日付斎藤実宛牧山耕蔵書翰（国立国会図書館憲政資料室所蔵『斎藤実関係文書』一三七五―二）。以下「斎藤実文書」と略記す。
(18) 一九二九年八月二二日付児玉秀雄宛安岡一郎書翰（前掲『児玉秀雄関係文書Ⅱ』）一五七頁。
(19) この人事は、中川健蔵を文部次官に、篠原英太郎を普通学務局長にするなど、省外から（ともに内務省出身）、民政系の人物を入れた。岡本氏は『植民地官僚の政治史』（三元社、二〇〇八年）五一七頁で朝鮮総督府の御用新聞である『京城日報』の記事を引用しながら、この人事を「適材適所」、「人材本位の公平無私な人事」と評価しているが、これは武部学務局長が朝鮮に赴任した政治的な文脈を無視したものではないだろうか。
(20) 一九二九年一〇月一九日付斎藤実宛丸山鶴吉書翰（前掲「斎藤実文書」一四四三―一八）。
(21) 「斎藤実日記」一九二九年一一月八日条（前掲「斎藤実文書」所収）。
(22) 一九二九年一一月二八日付斎藤実宛松村松盛書翰（前掲「斎藤実文書」一四三〇―三九）。
(23) 一九二六年から警務局長に任命される前まで、島根県知事、青森県知事（一九二七年五月）、茨城県知事（一九二七年一一月）、栃木県知事（一九二九年七月）を歴任。実兄は憲政会の代議士であった森岡京二郎。
(24) 『守屋栄夫日記』一九二九年一一月三日条。
(25) 『帝国議会衆議院委員会議録』昭和編九（東京大学出版会、一九九〇年）三三―三四頁。
(26) 国立公文書館所蔵「衆議院議員加藤鯛一提出朝鮮ノ統治ニ関スル質問ニ対スル内閣総理、外務両大臣答弁書」（2A―14―纂―18701）。
(27) 『京城日報』一九二九年六月一九日付。
(28) 一九二九年六月二二日付児玉秀雄宛浅利三朗書翰（前掲『児玉秀雄関係文書Ⅱ』）七六頁。
(29) 『京城日報』一九二九年八月一三日付。
(30) 『朝鮮総督府官報』一九二九年九月六日付第八〇六号。
(31) 全鮮公職者大会については、李昇燁「全鮮公職者大会：一九二四―一九三〇」（『二十世紀研究』第四号、二〇〇三年）が詳しい。

(32)『京城日報』一九二九年一〇月九日付。

(33)『全鮮公職者大会議事録第六回』(出版社不明、一九二九年)。

(34) 即位の大礼に要した費用は巨額(一六二四万余円)で、大礼費は二七年、二八年、二九年の三年度分に分け、大礼施設費(朝鮮総督府特別会計からも負担)は二八年、二九年の二年に分けて支弁されていた(加藤陽子『昭和天皇と戦争の世紀』講談社、二〇一一年、一三三頁)。

(35) 一九二九年七月二〇日付児玉秀雄宛大村卓一書翰(前掲『児玉秀雄関係文書Ⅱ』)一〇一頁。

(36)『京城日報』一九二九年七月三一日付。

(37) 一九二九年七月三一日付斎藤実宛浅利三朗書翰(前掲「斎藤実文書」二六四―四)。

(38)「予算整理緊縮方針ニ関シ朝鮮総督府ニ就キ特ニ考慮セラレ度事項」(前掲「斎藤実文書」七三―三七)。

(39)『京城日報』一九二九年七月一八日付。

(40) 一九二五年一二月一八日付斎藤実宛細井肇書翰(前掲「斎藤実文書」一三五二―一二七)。

(41) 阿部は「人心を新にし、従来の空気を一洗するに非らずんは、朝鮮の前途は中々楽観を許さゞるもの有之候」、「時勢に先つて人心を指導されたる一点は閣下親しく見る所、復た我々努々を須ひす候」、「是非朝鮮統治に於て伊藤公の典型を閣下に依つて見出さん事邦家の為め切に熱望の至りに堪へず候」と伊藤韓国統監の秘書官を務めた児玉に朝鮮統治の転換を期待した(一九二九年八月一〇日付児玉秀雄宛阿部充家書翰前掲『児玉秀雄関係文書Ⅱ』一三七頁)。

(42) 一九二九年六月二三日付児玉秀雄宛阿部充家書翰(前掲『児玉秀雄関係文書Ⅱ』)八四頁。

(43) 一九二九年八月七日付児玉秀雄宛阿部充家書翰(前掲『児玉秀雄関係文書Ⅱ』)一三〇―一三一頁。

(44)「財部彪日記」一九二九年八月一五日条(国立国会図書館憲政資料室所蔵『財部彪関係文書』所収)。前掲岡本『植民地官僚の政治史』五二七頁。

(45)「関屋貞三郎日記」一九二九年八月一八日条(国立国会図書館憲政資料室所蔵『関屋貞三郎関係文書』所収)。以下「関屋貞三郎文書」と略記す。

(46)「倉富勇三郎日記」一九二九年九月一二日条(国立国会図書館憲政資料室所蔵『倉富勇三郎関係文書』所収)。

(47)『京城日報』一九二九年九月一一日付。
(48)一九二九年九月二〇日付徳富蘇峰宛阿部充家書翰（酒田正敏他編『徳富蘇峰関係文書　第三巻』山川出版社、一九八七年、一一四頁）。
(49)生田清三郎「斎藤総督の大慈悲念願」（「有賀さんの事蹟と思い出」編纂会『有賀さんの事蹟と思い出』研文社、一九五三年、二五六頁）。
(50)一九二九年一一月七日付児玉秀雄宛宇垣一成書翰（前掲『児玉秀雄関係文書Ⅱ』）一七五頁。また宇垣は「現状に於て鮮人に参政自治を許すことは天の吾人に対する負託に背くものである。半島二千万の同胞をして内争と混乱と飢饉と衰亡に導く以外には何者をも収得し難きの感がする」と日記に書いていた（角田順校訂『宇垣一成日記１』みすず書房、一九六八年、一九二九年一一月八日条）。
(51)一九二九年一一月二八日付斎藤実宛松村松盛書翰（前掲「斎藤実文書」一四三〇—三九）。この書翰で登場する「宮内省の要職にある拓相の友人」とは関屋貞三郎宮内次官ではないかと思われる。児玉は総督府時代同僚であり中央朝鮮協会理事である関屋に朝鮮議会について意見を打診し、その話が松田拓務大臣の耳に入ったのではないかと思われる。
(52)前掲岡本「総督政治と政党政治—二大政党期の総督人事と総督府官制・予算—」。また関屋貞三郎は小河正儀秘書官を通じて、朝鮮地方制度改正につき憂慮を表した。これに対して児玉は「漸進穏健ナル順序方法ニ基キ政治的向上ヲ図ル」こと、つまり総督案としては一〇年間猶予期間を置くなど漸進的な順序と方法を以て朝鮮居住者の「政治的向上」をはかると安心させた（一九二九年一二月八日付関屋貞三郎宛児玉秀雄書翰　前掲「関屋貞三郎文書」二九九—一）。
(53)一九二九年一一月八日付児玉秀雄宛阿部充家書翰（前掲『児玉秀雄関係文書Ⅱ』）一七五—一七六頁。
(54)「朝鮮自治領制度の研究・起案」（『朝鮮近代史料研究集成三』朝鮮近代史料研究会、一九六〇年）、「朝鮮の地方自治について」（『東洋文化研究』四号、二〇〇二年三月）、「朴重陽について」（『東洋文化研究』第四号、二〇〇二年三月）などがある。
(55)前掲「朴重陽について」。
(56)「斎藤実文書」にはこの方策以外にも四種類の参政権問題に関する書類が含まれているが、最終的に採択されたのは、この文書ではないかと思われる。なぜならば、この案だけが活版印刷をされており、かつこの文書は「斎藤実文書」以外にも

『児玉秀雄関係文書』、『渡辺忍関係文書』（友邦協会所蔵）に含まれている（ただし、『渡辺忍関係文書』には手書きの形で残っている）からである。
(57) 一九二九年一二月一四日付児玉秀雄宛生田清三郎書翰（前掲『児玉秀雄関係文書Ⅱ』）一八二―一八三頁。
(58) 今村武志「半世紀の朝鮮」（前掲『朝鮮近代史料研究集成三』）一七九頁。
(59) 『読売新聞』一九二九年一二月一三日付。
(60) 前掲児玉秀雄宛生田清三郎書翰。
(61) 前掲「斎藤実日記」一九二九年一二月一三日、一四日条。
(62) 『読売新聞』一九三〇年三月六日付。
(63) 前掲森山「日本の朝鮮支配と朝鮮民族主義」二二一―二二三頁。
(64) 前掲「倉富勇三郎日記」一九二七年八月九日条。
(65) 斎藤総督は原内閣期に朝鮮貴族から三名ほどを貴族院議員に選出することを企図したが、種々の事情によって結局実現できなかったと回顧している（読売新聞政治部編『思ひ出を語る』千倉書房、一九三四年、三六頁）。
(66) 『東亜日報』一九三三年三月二四日付。
(67) 制令や法律に対する審議権がないという点から朝鮮地方議会を自治主義への転換とみなす前掲金東明氏の研究は再考の余地がある。
(68) 一九三一年八月一九日付斎藤実宛副島道正書翰（前掲「斎藤実文書」九五五―九六）。
(69) 松村松盛土地改良部長「意見書」（『児玉秀雄関係文書』）。松村は一九二八年三月から一九二九年一一月まで土地改良部長を務めていた。この史料は、引用されている「拓務省」という名称や緊縮財政について言及している部分から判断すると一九二九年七月から一一月までの間に作成されたと見られる。一九二九年八月二一日付で松村は守屋栄夫に「地方制度を改正して地方自治の中に一歩を進め、郡に諮問機干を設けて地方有識者の政治欲を去勢し、中枢院地方参議数の増加を図り且つ之を重要するの方針に出で、尚貴族院に勅撰議員数名を送る」ことを斎藤総督に進言するように頼んでいる（一九二九年八月二一日付守屋栄夫宛松村松盛書翰、前掲『守屋栄夫関係文書』八五―四―五―二）。

結論

本書は従来の研究ではあまり注目されてこなかった朝鮮総督府官僚、特に「生え抜き官僚」に重点を置きながら、統治政策を巡る様々な議論や意見書の分析を通して、官僚人事および政策への影響、またその根底にある統治構想の解明を試みた。各章の要約は「小結」として各章末尾に記したので、以下では、序論で設定した本書の課題への応答をまとめておきたい。

1　本国政治史との相関関係（多元的な統治構造）

「生え抜き官僚」が生まれた構造的背景には、彼らを生み出す要因が大日本帝国の政治体制にあったということを理解しなくてはならない。しかしながら、彼らを意図的に生み出す制度があったというよりも、むしろ多様な政治的要因や意図せざる制度間の関係が彼らを生み出したと言った方が妥当であろう。ここでは、まず彼らが生まれる前提として、そもそも朝鮮総督府が「生え抜き官僚」に存在の場を提供できるような条件を持っていたことを指摘したい。

一般的に植民地長官（特に朝鮮総督）は立法権（制令・律令）のみならず、各省大臣の職権（ただし軍部大臣の特殊権限を除く）とほぼ同一の権限を持つといわれている。しかしながらこのような植民地長官の立法・行政・司法に渉る「総合行政権」は、議会・枢密院・内閣など憲法機関から全く自立していたわけではない。

植民地長官の立法権は内閣法制局の査定を、官制や教育については枢密院からの強力なチェックを受けなければならなかった。また天皇の立法権を協賛している帝国議会も予算や法律審議という制度的な装置を通じて総督政治に関与していた。このように朝鮮総督は憲法機関から決して「独立的」な存在ではなかった。だからといって朝鮮総督は内閣や帝国議会に対して完全に従属的であったというわけでもなかった。

一九一〇年代は官制上、朝鮮総督は天皇に直隷し、朝鮮駐箚の陸海軍を統率し、憲兵隊を指揮・監督するために、陸海軍の現役長官でなければならなかった。そのため、一九一〇年代朝鮮統治に対する軍部・陸軍の発言権が強く、朝鮮総督には寺内正毅、長谷川好道など陸軍の長老山県有朋と繋がる長州閥の人物が任命された。

しかし内閣からの朝鮮総督の「総合行政権」に対する挑戦は絶えず行われた。挑戦の第一波は大正政変後に訪れた。第一次護憲運動に押し上げられるかたちで政権を握った山本権兵衛内閣は、大正政変で噴出した反軍閥・反藩閥のエネルギーを利用し、行財政整理、宮中席次改正、東拓首脳部の交替、財政独立（補助金削減）、朝鮮総督府官制改正など内閣の政策や方針をトップ・ダウン方式で朝鮮総督府に押し付けた。朝鮮総督府は、官制改正については天皇の権威を楯に取って反発したが、全体としては守勢的な立場に置かれていた。シーメンス事件により、山本内閣が崩れて官制改革は失敗に帰することになったが、内閣の方針により当初計画した日程より早く地租増徴と新税の創設、阿片専売を内容とする財政独立五ヵ年計画を一九一四年に発表した。

朝鮮総督の「総合行政権」に対する挑戦の第二波は原敬内閣成立後に訪れた。原内閣は第一次山本内閣で失敗した植民地官制を再び改革しようとするが、その最中に勃発した三・一運動が官制改革への追い風となった。原内閣下に行われた植民地官制改革によって、植民地帝国日本における中心的統合勢力として、政党が本格的に植民地に進出するようになった。

第二次護憲運動後、政党内閣は予算（大蔵省）や法令（法制局）の審議を通じて、植民地政策へ介入しようとし、政党中心の政策遂行を建前として植民地官僚を自党の人物と入れ替え、植民地統治の政党化を促した。特に一九二〇年代の政党内閣によって任命された政務総監は、総督府人事権を掌握し、植民地政策において主導権を行使し、政党主導の植民地統治を実現しようとした。政党内閣は絶えず朝鮮総督府の人事、予算のほか統治政策に介入しようとし、これに対して朝鮮総督府は朝鮮特殊事情論を引き合いに出し、その介入を拒み続けようとした。

このような中で、政党内閣は明治憲法体制下における政治権力の割拠制を克服し、政党内閣機能を強化することを目指して、植民地統治機構をコントロール下に置くことを目的に拓殖省の設置を構想した。拓務省設立以後、内閣は制度的に植民地人事をはじめとする植民地統治へ介入しようとした。浜口内閣は伊沢多喜男を初の文官朝鮮総督に任命しようとしたが、昭和天皇や宮中側近から、政党色が強いことを理由に拒絶され、その後、朝鮮における文官総督の道は閉ざされる。また忠清南道道庁移転問題のように、政党が露骨に朝鮮統治に介入しようとする際には、朝鮮総督は天皇の親任を引き合いに出したり、他の政治勢力（非選出勢力）と提携したりすることによってこれを退けようとした。(1) こうした植民地統治の政党化は、天皇、宮中勢力、枢密院、貴族院、軍部などから政党政治の弊害という烙印を押されることになり、政党中心の帝国統合に歯止めがかけられた。

明治憲法は国務大臣、帝国議会、裁判所、枢密院、陸海軍など憲法機関からそれぞれ独立して天皇に輔弼、または協賛の責任を負う型を取っていたため、権力が分散され一元的な意思決定を下し難い体制だった。(2) 天皇が能動的な統治行為を行わない以上、こうした権力分立を避けるためには実質的な統合者、統合勢力を必要とした。明治期の元老、一九二〇年代の政党内閣制、一九四〇年代の大政翼賛会、東条独裁体制などはこうした明治憲法が持っている権力の割拠性を克服するために登場したが、天皇主権を否定する「幕府的な存在」であると批判され挫折した。(3) このような明治憲法体制に内在する権力分散的構造の存在によって、朝鮮総督が「自律性」を一定程度確保しえた点も看過できない。だが、こうした朝鮮総督の「自律性」は、本国との政治力学の中で規定された、あくまでも「相対的自律性」であっただけで、官制上、法律上における自律性を意味するものではなかった(4)。

このように見ると朝鮮総督の権限と自律性は本国の政治変動（たとえば政権交替）や総督の政治力と緊密に連動しつつ、変化してきたと見られる。つまり朝鮮統治は明治憲法という多元的な統治構造の中で多様なアクター間の相互作用によって決められる。したがって植民地—国内双方における政治過程を統一的にとらえなければ、植民地政治史は描くのが難しくなる。

2　朝鮮総督府内の権力構造（「生え抜き官僚」対「移入官僚」・軍事官僚）

一九一〇年の韓国併合から一九一九年八月の官制改正までの総督府の官僚制は、「日本陸軍による政治的独立領域の形成」という枠組みによって基本的には規定されていた。もとより、朝鮮総督府を動かす中心的主体は、陸軍、特に長州閥、その中でも初代総督寺内正毅に連なる勢力であった。寺内総督は一九一二年に官制改正を行い、各部局の事務を総督官房に集中させ、腹心を配置し、官制上のみならず警察・人事・会計・法制など、地方行政を除く総督府の全権を掌握した。だが、この時期の総督府の内実を丹念に見てゆくと、必ずしも一枚岩とは言い難かった。同じ山県閥である寺内総督と山県伊三郎政務総監は、それぞれ憲兵と内務部を中心とした人脈を築き上げ、両者の間には総督府設置当初から感情的な対立が伏在していたのである。警務総監部と内務部の業務が重複する衛生、地方行政、道路行政をめぐって激しく対立したが、この時代は寺内の強力なリーダーシップによって両者の対立はある程度抑えられた。

だが、長谷川総督が赴任すると、事務一切を統理していた寺内前総督時代とは雰囲気が変わり、総督府内で影の薄かった山県政務総監もまた、本来の総督府官制上の権限を取り戻すために、さらに憲兵武断統治の悪弊を是正するために、動きだした。そのため文官と武官との対立は次第に顕在化した。その対立は、大陸経営を中心とする寺内ら武官と朝鮮統治の安定を優先する山県政務総監をはじめとする文官との統治構想の相違にも起因していた。山県派の文官は政友会内閣と手を結び、憲兵による武断統治を打破しようとしたが、三・一運動が勃発すると、その責任を負い、ほとんどが内地に引き上げるに至った。

その後、原内閣は朝鮮総督府官制改革と総督府人事交代によって朝鮮統治の改革を図った。原内閣の朝鮮統治改革によって朝鮮総督の権限は縮小され、内閣から送られた政務総監が人事権を握り、統治を主導することになった。原敬首相の意向を受け継いだ水野政務総監は、朝鮮総督府内において、空前絶後といわれる大規模な人事異動を敢行した。内地からの内務省幹部抜擢と並行し、総督府幹部の大量更迭も行われた。水野人事によって、一九一〇年代に内務省から赴任していた官僚、外務省出身官僚や大蔵省出身官僚らは内地に引き上げ、統監府設置後に朝鮮へ赴任した官僚らが次第に台頭した。以後一九二〇年代の朝鮮総督府人事は内地の政治変動とほぼ連動しながら、二大政党の政権交代に伴って総督および政務総監から部局の課長クラスにいたるまで頻繁な人事異動が行われた。その結果、総督府では「生え抜き官僚」、水野派残留組（主に大正八年組）、政務総監が連れてきた新来の官僚が競い合うことになった。新来の官僚数は多くはないものの、税制整理、普通教育拡張計画など総督府の重要政策を実行した。しかし、山梨総督期からはその数がさらに減り、その代わりに「生え抜き官僚」が次第に政策の主導権を握った。

一方、海軍出身で宮中勢力とも関係の深い斎藤総督は台湾総督とは異なり、長期間朝鮮総督の座に居座り続けたが、政務総監とは微妙な関係にあった。水野や下岡のような強力な政務総監に押さえつけられ存在感が薄かった斎藤総督は、自分で交渉して抜擢した湯浅政務総監時代から次第にリーダーシップを発揮しようとしたが、二回にわたって政党内閣により更迭された。

このように、朝鮮総督府は一枚岩ではなく、一九一〇年代には武官と文官との間に、一九二〇年代には「生え抜き官僚」と「移入官僚」との間に、一九三〇年代後半になると「生え抜き官僚」と「満洲組」(「満州国」統治に関わった後、総督府へ異動してきた官僚たち)や朝鮮軍との間に、それぞれ朝鮮統治をめぐっての対立や葛藤、競合および妥協、交渉を行う等の緊張関係が絶えなかった。言い換えれば、「生え抜き官僚」は朝鮮支配の主導権をめぐって軍事官僚や内務省官僚に代表される「移入官僚」と絶えず緊張関係を保ちつづけたのである。

本書において一枚岩ではない支配側に注目し、政策決定過程を分析したのは、単に支配政策担当者の論理を内在的に理解し、統治の合理性や統治のリアリズムを確認するためではない(5)。ここで強調したいのは、支配者が一枚岩ではないからこそ、被支配者側も多様な政策の選択肢を見出し、被支配者側が政策への対応の仕方については選択ができたということである。そうすることによって、支配者と被支配者との間に、不平等かつ不均衡でありながらも、展開された抵抗・懐柔・妥協・交渉などの植民地政治が一層明らかになるだろう。

3　朝鮮総督府官僚の政策観(「非同化主義」)

最後に、「生え抜き官僚」の政策観がいかなる変遷をたどってきたかを時期別にまとめることで本書の結びとしたい。

寺内総督は総督府官僚を本国から採用せず、朝鮮内で養成し補充する官僚養成システムとして試補制度を導入した。内地とは超然とした植民地経営を試みる寺内総督の庇護の下で、ゼネラリストとして成長した試補らや統監府時代から朝鮮で官僚生活を始めた官僚らは、その過半数が朝鮮で官僚生活を終え、内地官僚とは異なるキャリア・パスを歩んだ。彼らは自らを「朝鮮通」と自認し、内地官僚とは異なる独自の官僚意識を培った。

三・一運動後に行われた朝鮮総督府官制改革と総督府首脳部の更迭によって朝鮮総督府は新しい転機を迎えた。こうしたなかで内地から赴任した内務省出身官僚、司法省出身官僚、大蔵省出身官僚、文部省出身官僚など新来官僚と「生え抜き官僚」との間には、それぞれ、地方制度、法制（朝鮮民事令）、税制、教育（普通教育機関拡張計画）など統治政策をめぐって激しい議論が繰り広げられた。それだけでなく、「生え抜き官僚」は水野系内務省出身官僚が中心となって推し進めた参政権請願運動についても冷ややかな態度を示すなど、民族運動対策においても様々な対立が生じた。この時期に次々と進められた制度および法律改正は両者の競合、せめぎあいの中で形成された折衷・妥協の産物にほかならなかった。「生え抜き官僚」らは、内地延長主義がトップ・ダウン方式で朝鮮に導入されていく状況のもと、朝鮮の特殊事情、つまり治安状況、「皇民化」の度合い、「民度」、「民力」を楯に、植民地の現実を直視した統治政策を立案・実行しようとした。

さて、今までの先行研究は朝鮮総督府の朝鮮自治論決定に至る過程を民族運動と結びつけて説明してきた。しかし朝鮮総督府官僚が民族運動対策として朝鮮人の政治参与問題を考える際、朝鮮自治は様々な対策の選択肢の一つに過ぎないものであった。したがって朝鮮人の政治参加問題について、朝鮮総督府官僚は民族運動のみならず政策決定の諸ファクター（内閣、議会、軍部、在朝日本人など）や国際環境を考慮したのである。本書では大塚常三郎や生田清三郎など「生え抜き官僚」が朝鮮議会を構想した契機として、主に第一次世界大戦後全世界的に行われていた脱植民地化、アイルランド問題、インドの独立運動、中国のナショナリズム高揚など世界情勢の変化のほかに植民地への政党政治の影響に注目した。

特に三・一運動に衝撃を受けた彼らは、第一次世界大戦後の欧米各国やその植民地への出張を通じて世界的な脱植民地化傾向を目のあたりにしながら(6)、民族運動への対案として、連邦制や複合国家のような国家形態、つまり植民地議会を検討しはじめた。政党内閣が総督府人事、予算に介入する中で、民族運動の高揚と朝鮮統治の「政党化」との板ばさみとなった「生え抜き官僚」にとって、朝鮮議会は、朝鮮人を帝国統治の枠内につなぎとめる民族運動対策であったのみならず、政党政治からの自己の「独立領域」や既得権益を守るための防波堤にほかならなかった。

一九三〇年代から朝鮮と内地との間で問題となった重要産業統制法の朝鮮への適用問題についても、「生え抜き官僚」は内地資本の導入を促進するため、内地同様の統制法適用に強く反対した。こうした「生え抜き官僚」のセクショナリズムは彼らの持つ土着性によるところが大きいであろう。一九二〇年代に緩やかな帝国統合を構想した「生え抜き官僚」が、南総督時期、「満洲組」や朝鮮軍によって強引に推し進められた「皇民化」政策や一元的な戦時統制に反対したことはいうまでもない。長い間朝鮮統治に携わった彼らは、朝鮮の現実を無視した形式的な同化政策が、かえって朝鮮支配に悪影響を及ぼすこと、ひいては日本帝国の安定を危うくすることを懸念したのである。植民地統治の理念が希薄な中で「内地の同化主義と韓人の民族性(7)」の狭間で苦心しつつ、植民地統治を現地で担っている「生え抜き官僚」に言わせると「同化政策」は高い統治コストと民族的な抵抗を随伴する実現不可能な政策であった。のみならず内地延長主義（制度的同化）が実現されると朝鮮総督府は廃止され、民族差別は撤廃され、朝鮮で官僚千年王国を夢見る植民地官僚としての特権も失ってしまう。したがって朝鮮という植民地政治空間だからこそ圧倒的な権限を行使できる「生え抜き官僚」にとって「同化主義」とは到底受け入れ難い政策であったのである(8)。

このような「生え抜き官僚」の朝鮮統治観や統治認識は日本帝国の崩壊とともに消滅したわけではない。帰還した「生え抜き官僚」は戦後、「文化国家」、「平和国家」を目指す日本社会の急な変化の中で行われた知識人や文化人の植民地支配に対する批判に遭遇しながら、友邦協会（会長　元殖産局長穂積真六郎）を組織して統治史料を収集・整理・

出版した。植民地研究者も多く利用する友邦協会の編纂物は戦後日本社会を生きていく総督府官僚たちの植民地経験の反芻の産物であり、植民地支配に対する自己肯定、自己正当化の道具だった。帰還した総督府官僚の植民地支配経験は戦後日本社会の植民地認識に大きな影響を及ぼしているのである(9)。本書の枠組みからは、この問題を十分に検討することはできなかったが、帰還した朝鮮総督府官僚の植民地経験と彼らの植民地認識が戦後韓日関係にどのように反映し、彼らが戦後韓日交渉と韓日関係にどのような関係を持ったのかを明らかにすることはこれからの課題の一つであろう。

注

(1) 忠清南道道庁移転問題をめぐる朝鮮総督府と民政党の対立については岡本真希子「総督政治と政党政治—二大政党期の総督人事と総督府官制・予算—」(『朝鮮史研究会論文集』第三八号、二〇〇〇年一〇月)を参照されたい。

(2) 明治憲法の割拠性については、池田順『日本ファシズム体制史論』(校倉書房、一九九七年)を参照されたい。

(3) 明治憲法体制の割拠性を克服するために「幕府的な存在」を必要としたという指摘については、三谷太一郎「政党内閣期の条件」(中村隆英・伊藤隆編『近代日本研究入門』東京大学出版会、一九七七年)を参照されたい。

(4) アメリカ学会では植民地期における植民地国家(朝鮮総督府)について「強盛国家」(strong state)としての中央集権的・官僚制的特性を指摘し、植民地国家の自立性を強調しながら、解放後資本主義開発国家の原型として位置づけている。代表的な研究はブルース・カミングス著、鄭敬謨・林哲共訳『朝鮮戦争の起源』第一巻(シアレヒム社、一九八九年)、エッカート、カーター・J著、小谷まさ代訳『日本帝国の申し子—高敞の金一族と韓国資本主義の植民地起源 1876–1945』(草思社、二〇〇四年)、McNamara, Dennis L, *The Colonial Origins of Korean Enterprise*, 1910–1945, Cambridge University Press, 1990, Hagen Koo, eds., *State and Society in Contemporary Korea*, Cornell University Press, 1993, を参照されたい。アメリカにおける植民地国家に対する議論については、홍순권「미국 역사학계의 한국근현대사 연구 실태와 연구 경향」(『한국민족운동사연구』三一、二〇〇二年)を参照されたい。但し、Lynn Hyung-gu 氏は二〇〇一年ハーバード大学に提出した博士論文で植民地国家の限界を指摘した(Lynn Hyung-gu, *Limits of the Colonial State: Interest

Intersections and the State in Colonial Korea, 1919–1942, Ph.D. diss., Harvard University, 2001)。また永井和氏は朝鮮総督は、官制上、植民地主務大臣である内閣総理大臣、内務大臣、拓務大臣の監督を受ける規定がないが、朝鮮総督に対する中央政府の指揮監督による統制ができると指摘している（「田中義一内閣時の朝鮮総督官制改定問題と倉富勇三郎」松田利彦・やまだあつし編『日本の朝鮮・台湾支配と植民地官僚』思文閣出版、二〇〇九年）。

（5）すでに松田利彦氏によって指摘されている（松田利彦『日本の朝鮮植民地支配と警察』校倉書房、二〇〇九年、一九頁）。

（6）当然のことながらも、朝鮮の民族主義者もまた同時に世界的に展開されている脱植民地化傾向に敏感に反応していた。朝鮮の民族主義者のアイルランド統治やインド統治問題に対する認識については、이옥순『식민지 조선의 희망과 절망、인도』（푸른역사、二〇〇六年）や윤덕영『일제하. 해방직후 동아일보계열의 민족운동과 국가건설노선』（연세대학교 사학과박사논문、二〇一〇年）を参照されたい。

（7）穂積真六郎「新春御挨拶」（『同和』第二二九号、一九六七年一月）。

（8）一九四二年八月、内閣総力戦研究所で、朝鮮人の同化が可能か否かの公演をおこなった朝鮮総督府企画部計画課長の山名酒喜男は、朝鮮人が異民族であり、「長年に亘り培はれきたりたる伝統的民族的潜在意識と偏見は一朝に芟除は望み難い」と述べると同時に、望ましい日本人と朝鮮人との関係について、「常に朝鮮人の寄って立つべき内地人が朝鮮人よりも二足も三足も先に向上して、朝鮮人を導き、また朝鮮人も内地人にたいし感謝の念をもって見倣ふ」べしと主張していた。宮田節子氏は朝鮮人にとって「同化」とは、たえず二歩も三歩も先を歩み続ける日本人のあとを従順について行かなければならない、たとえ距離を縮めることはあっても、決して肩を並べることのない差別を内包していたと指摘した（宮田節子『朝鮮民衆と「皇民化」政策』未来社、一九八五年、一六六―一六七頁）。また台湾生まれの文芸評論家尾崎秀樹は日本の統治者が望む「皇民化」の実態が、台湾人が「日本人として生きる」ことではなく、「日本人として死ぬ」ことであったと鋭く批判している（『近代文学の傷痕―旧植民地文学論』岩波書店、一九九一年、一三九頁）。

（9）試論ではあるものの、帰還した総督府官僚の植民地支配認識については拙論「패전후 귀환한 조선총독부관료들의 식민지지배인식과 그 영향」（『韓国史研究』一五三号、二〇一一年六月）を参照されたい。

あとがき

本書は、二〇〇八年に東京大学に提出した博士論文『朝鮮総督府官僚の統治構想』の一部に加筆・修正をしたものである。修士論文や博士論文、またその後に日本と韓国の学術雑誌に投稿した論文が本書の各章のもととなった。初出の論文については、以下のとおりである。

序論　書き下ろし
第一章「무단통치 초기 (1910.10–1914.4) 의　조선총독부」(『日本歴史研究』第三三号、二〇一一年六月)
第二章　書き下ろし
補論「1910 년대　朝鮮総督府의　인사정책」(『韓日軍史文化研究』第一三号、二〇一二年四月)
第三章「「文化統治」初期における朝鮮総督府官僚の統治構想」(『史学雑誌』第一一五編第四号、二〇〇六年四月)
第四章「중간내각시대 (1922.6–1924.7) 의　조선총독부」(『東洋史学研究』第一一三号、二〇一〇年一二月)
第五章「政党内閣期(一九二四～一九三一年)の朝鮮総督府官僚の統治構想」第一章(『東京大学日本史学研究室紀要』第一〇号、二〇〇七年三月)
第六章「야마나시총독 (山梨総督) 시대의　조선총독부」(고려대학교일본사연구회편『동아시아　속의　한일관계사』(하) 제이앤씨、二〇一〇年)

第七章　「政党内閣期（一九二四～一九三二年）の朝鮮総督府官僚の統治構想」第三章（『東京大学日本史学研究室紀要』第一〇号、二〇〇七年三月）

結論　書き下ろし

本書は二〇〇一年日本留学から一二年間にわたって取り組んだ朝鮮総督府と朝鮮統治に関する研究テーマに対する一つの締めくくりである。私は朝鮮総督府官僚たちがどういう統治構想を持ち、究極的に植民地朝鮮をどう統治しようとしたのかが知りたかった。一視同仁、内鮮一体など表向きに語られる言説ではなく、公には表すことができない統治者の本音が知りたかった。本書は私のそのような素朴な問題意識に対する一種の中間報告である。

私がはじめて朝鮮総督府官僚について関心を持つようになったのは、高麗大学の大学院時代である。一九九九年に高麗大学の大学院に進学して東洋史を専攻したが、韓国近代史の授業も受講した。当時の植民地研究は朝鮮総督府の支配政策とそれに対する民族運動の抵抗という二項対立的な研究が主流であり、不思議なことに実際に朝鮮を三六年間支配した朝鮮総督府や朝鮮総督府官僚そのものに関する研究は殆どなかった。朝鮮総督や政務総監など朝鮮総督府の高等官は、寺内正毅、斎藤実や水野錬太郎などの名前を挙げるまでもなく日本近代政治史の中でもかなり重要な人物たちである。また、彼ら朝鮮総督府の高官に関する研究は日本近代史の領域であると同時に植民地研究の領域でもあったので、韓国の日本近代史研究者ならではの立場から微力ながらも学界に役に立つ仕事ができるのではないかと安易に思った。だが、実際は苦難の連続であった。先行研究が薄い分、制度や人事異動の把握など一からやらなければならない仕事が多く、そのうえ一次史料の不足や同時に進行していた他の研究に悩む日が多かった。幸いに修士論文を執筆する時から次々と一次史料にめぐり合い、史料や同時進行中の研究と格闘しながら、研究を進め、日本の学術雑誌に投稿し、博士論文を提出した。投稿論文の中で、『日本歴史』に投稿した「南次郎総督時代における中央朝鮮協会」が、二〇〇九年第十回日本歴史学会賞を受賞する栄光を手にした。私には過分な賞ではあったが、受賞者には吉川弘文館から博士論文が出版される特典が与えられ、博士論文を四年かけて修正してなんとか本書にまとめることができた。

外国人研究生時代から今まで一筋に研究しつづけたテーマを拙いながらもまとめることができたのは感無量ではあるが、一方では多忙な韓国での生活のため、充分な時間を原稿作成に注げなかったことについては忸怩たる思いが残る。また史料的な制約のため、分析時期が韓国併合から始まり、一九三一年に終わったことは自らの非力を嘆くほかない。一九三一年の宇垣総督就任から敗戦までの時期についてはこれからの研究課題としたい。

拙い書物ではあるが、完成までには実に数え切れない多くの方々にお世話になった。

まず、指導教授の加藤（野島）陽子先生には、研究生時代から、修士、博士、研究員時代まで、公私ともに大変お世話になった。修士課程、博士課程を無事に終え、博士論文が出版できるようになったのはひとえに先生のご指導のお陰である。時には胃が痛むほど緊張感溢れるゼミの中で、様々な角度から歴史を見る方法をご指導下さったことは、いまではとても懐かしい思い出である。野島先生は、史料館や遺族に対する紹介状を筆者のために何度もご用意くださったほか、研究活動についても研究助成金の申請など数々の御支援を頂いた。先生にたまわったこれまでの学恩に対し、あらためてこの場で感謝申し上げたい。先生は折に触れて学問に取り組む者のあるべき姿勢を説かれたが、その厳しく優しい教えがあってこそ、今日の自分があることをしみじみと感じている。

また同じく日本史学科の鈴木淳先生には外国人研究生となって以来、長年お世話になった。まだ来日まもなく、つたない史料読解力しかなかった自分に対しても、先生は懇切丁寧に一次史料の大切さと史料の正確な読み方を教えて下さった。

大学院生時代には、北岡伸一先生をはじめ、武田晴人先生、木畑洋一先生、若林正丈先生、酒井哲哉先生、並木真人先生、駒込武先生、月脚達彦先生、林雄介先生には、直接ご指導を頂く機会に恵まれた。また、東京大学日本史学研究室の土田宏成、森田貴子、金宗植、金英淑、今津敏晃、川越美穂、谷口裕信、松澤裕作、鈴木多聞、松田忍、若月剛史、李啓彰、楊典錕、池田勇太、近藤秀行、中野弘喜、満薗勇、井内智子の諸氏には大変お世話になった。出版原稿の準備にあたっては、安原徹也、立本紘之、湯川文彦、山本ちひろ、太田仙一、国分航士、中西啓太、池田真歩、佐々木政文、金耿昊、通堂あゆみ、金蓮玉、鄭淳一の諸氏にお世話になった。

部外者にも関わらずゼミ参加を許し、いつも暖かく迎えてくださり、数々のご指導と激励をして下さった安在邦夫先生、まだ原稿の段階から目を通して頂き、多くの貴重なコメントを下さった松田利彦先生、博士号取得後、研究の場を与えて頂いた外村大先生、学問の道に導いて下さった高麗大学の金鉉球先生、趙明哲先生、李領先生に厚くお礼を申し上げたい。他にも、数多くの研究会において、宮田節子先生、春山明哲先生、糟谷憲一先生、広瀬貞三先生、水野直樹先生、永井和先生、木村健二先生、尹海東先生、藤永壮先生、青野正明先生、浅野豊美先生、加藤聖文先生、岡本真希子先生、清水唯一朗先生、張信先生、文明基先生、廉馥圭先生、洪宗旭先生、李昇燁先生、大浜郁子先生、鄭駿永先生の諸先生にお世話になった。

本書の出版にあたり、松下幸之助記念財団、小林節太郎記念基金、高麗大学日本研究センターからの補助を得た。関係各位に謝意を表したい。また、出版界の厳しい情勢の中で、商業性とはまったく無縁の拙著を出版して頂いた吉川弘文館に謝意を申し上げたい。

最後に私事になるが、一生苦労しながらも深い愛情を持って育ててくれた父母に感謝を述べたい。父は筆者の研究生時代に不帰の人となったが、いつも筆者のことを気にかけ、留学生活中もつねに精神的に支えてくれた。父が生きていたら本書の出版を一番に喜んでくれただろうと思う。本書を亡き父李東休に捧げたい。

二〇一二年一二月

李 炯 植

索　引

あ　行

か　行

さ　行

た　行

な　行

は　行

ま　行

や　行

わ 行

著者略歴

一九七三年　韓国全南生まれ
一九九九年　高麗大学東洋史学科卒業
二〇〇八年　東京大学大学院人文社会系研究科日本史学研究室博士課程修了
現在　嘉泉大学アジア文化研究所研究教授

〔主要論文〕
「「文化統治」初期における朝鮮総督府官僚の統治構想」(『史学雑誌』第一一五編第四号、二〇〇六年四月)
「南次郎総督時代における中央朝鮮協会」(『日本歴史』第七二〇号、二〇〇八年五月)
「패전 후 귀환한 조선총독부관료들의 식민지 지배 인식과 그 영향」(『韓国史研究』第一五三号、二〇一一年六月)

朝鮮総督府官僚の統治構想

二〇一三年(平成二十五)三月一日　第一刷発行

著者　李《イ》　炯《ヒョン》　植《シク》

発行者　前田求恭

発行所　株式会社　吉川弘文館
郵便番号一一三―〇〇三三
東京都文京区本郷七丁目二番八号
電話〇三―三八一三―九一五一(代)
振替口座〇〇一〇〇―五―二四四番
http://www.yoshikawa-k.co.jp/

印刷＝株式会社 理想社
製本＝株式会社 ブックアート
装幀＝山崎　登

ISBN978-4-642-03821-8